李老师的水浒课

王召强 丛书主编　李金财 编著

这是一本配备家长交流群的名著阅读书

建/议/配/合/二/维/码/一/起/使/用/本/书

■ 入群步骤

01	02	03
用微信扫描二维码；	根据提示，选择加入感兴趣的交流群；	群内回复关键词领相应学习资源。

■ 本书含有以下家长交流群

▶ 地域群　　基于家长所在位置建立的社群参加线下活动。

▶ 读书话题群　同本书其他家长陪孩子探讨读书心得。

▶ 阅读任务群　通过阅读任务帮孩子养成良好学习习惯。

微信扫描二维码 ◀
加入本书读者微信交流群

南京大学出版社

主编的话

经典阅读，离不开名师领读

我在小学阶段，几乎没有读过一本完整的课外书，那时家里唯一的藏书，是一本父亲在煤矿上培训时发放的有关爆破的油印资料，被母亲拿来夹带"鞋样子"。我那时根本看不懂里面的化学符号，也就只能拿来随便翻翻，欣赏里面母亲收集的各式各样的"鞋样子"。

到了初中，我才有机会接触课外读物。初一的语文老师家里有很多藏书，我跟同学一起到他家里玩时，发现他是一个藏书颇丰的人。我当即鼓足勇气，向他借阅了一套《水浒传》。那时山东电视台经常播放自制的电视连续剧《武松》，让我们这些自诩为"山东好汉"的毛头小子对《水浒传》产生了浓厚的兴趣。

真没想到，我这辈子读的第一部小说竟然就是《水浒传》，这可能就是我们山东人的宿命，仿佛冥冥之中自有天意。"少不读水浒，老不读三国"这种告诫完全不适用于我们。这次阅读《水浒传》的经历，让我对中国古代的历史文化产生了浓厚的兴趣，对我后来走上文科的道路产生了深远的影响。可惜这位语文老师只教了我们一年，后来我就只能在同学中借阅图书了。

考上高中以后，我才有意识地拓展课外阅读。为此，舅舅特地带我去了一趟城里的新华书店，我直奔文学书架而去。从此以后，我就打开了一个课外阅读的新天地，像《简·爱》《爱玛》《巴黎圣母院》《悲惨世界》《罗宾汉的故事》《钢铁是怎样炼成的》《童年》《在人间》《我的大学》《三国演义》《红楼梦》《西游记》《王朔文集》《穆斯林的葬礼》这类小说，我就是在高中紧张的学习生活中抽空读完的。高中三年，我从来没有因为语文成绩而苦恼过，几乎每次考试都是名列前茅。即便是在高考复习极度紧张的高三学年，我还是坚持读完了雨果的长篇小说《悲惨世界》。

直到现在，我还清楚地记得高一时，每周日晚上回到家后，夜读《三国演义》的情景。那时我读的是寄宿制高中，每周只有小半天的休息时间，周日回到家时，已是下午四五点钟，吃完晚饭后，我就开始独享"阅读的至乐"了。

我当时读的是繁体字的竖排本，居然没有碰到什么阅读障碍，就这样津津有味地读了进去。《三国演义》是半文半白的文体，对于培养阅读文言文的语感，是再好不过的了。我想我高中三年语文成绩比较突出，主要跟我在阅读"四大名著"中养成的语感有关。

就阅读状态而言，我现在最怀念高中时期读小说的情景。因为那时我还处于庄子所描述的混沌状态，无论何种类型、何种题材的小说，于我而言都是陌生而新鲜的，我都是带着一颗赤子之心贪婪地阅读着，没有任何功利性的目的。

我当时语文成绩很好，并不指望课外阅读来帮我提高分数，反而每每为了提高数学成绩而挤压课外阅读的时间。考进大学中文系以后，读书时间虽然得到了充分的保障，图书馆里的图书也基本上满足了我读书的需求，但读书的功利性、目的性明显增强了许多，再也回不到那个"无目的阅读"的自然状态。

大学期间，我紧跟着大学老师讲述文学作品选和文学史的节奏，阅读了古今中外大量的文学作品，单就小说而言，我尤其钟爱 20 世纪以降的西方现代派作品。虽然我也是一个在野地里生长起来的孩子，原本应该更亲近《边城》这种现实题材的作品。但奇怪的是，我对现代派小说情有独钟，像法国的新小说、美国的黑色幽默小说、拉丁美洲的魔幻现实主义小说等等，一读起来就有一种舍不得读完的感觉。即便是卡夫卡那些未完成的小说片段，我都能津津有味地读进去。

不过，在大三、大四的时候，我又回归了中国古典小说的阅读，当时我选了一门陈大康老师的《红楼梦》导读课，在陈老师的指导下，细读了一遍《红楼梦》，并把王国维、胡适以来研究红学的重要著作，几乎都通读了一遍。我这才发现《红楼梦》的博大精深之处，只怪我高中时年少无知，错过了细读《红楼梦》的时机。

我在教学过程中开始整本书阅读教学的摸索，是在我工作的第二年（2004年），当时我在上海市松江二中开设的一门自主选修课程，就是《红楼梦》导读，对于一个新教师而言，其难度之大可想而知。在还没有听闻过"整本书阅读"这个教学理念的当时，我就像一头闯进瓷器店里的大象一样，茫然不知所措，现在回想起来，真是令人汗颜。

我原本打算以《红楼梦》第五回"游幻境指迷十二钗　饮仙醪曲演红楼梦"中的判词为纲，逐一梳理"金陵十二钗"的命运遭际和性格特点，从而引导学生共同探讨《红楼梦》在人物形象塑造上的艺术成就。

没想到具体操作起来，简直是难于上青天，选修这门课的学生只有一人在选课前完整地读过一遍《红楼梦》，其他学生根本没有精力在短时间内把《红楼梦》通读一遍，所以这门"人物形象"课最终就演变成了我对"红学"的梳理课。好在"红学"博大精深，足以填满一个学期的选修课时。

2017年，《普通高中语文课程标准》出来以后，我惊喜地发现"整本书阅读"被纳入了十八个学习任务群，而在"部编本"中学语文教材中，"四大名著"赫然在列。这就意味着今后每一位中学生都要在语文老师的指导下，整本书阅读"四大名著"了。

遥想当初我开设《红楼梦》导读的选修课的惨痛经历，不禁让我思考，整本书阅读"四大名著"谈何容易！

其实从2004年开始，我就一直在思考这个问题：究竟如何开展整本书阅读教学。在过去两年的教学实践中（2017年9月至今），我总算摸索出了一点整本书阅读教学的门道。于是决定跟王健瑶、李金财、耿荣、葛承程这四位老师合作，研发出一套整本书阅读"四大名著"的课程化教材来。

　　王健瑶老师是我在松江二中的老同事，相交十数年来默契最深；李金财、耿荣老师与我同为黄玉峰老师门下弟子，是我到杨浦工作以来新结识的志同道合之友；葛承程老师原系复旦大学的研究生，曾在我校实习，因毕业论文研究的课题是批判性课程，故而结缘。

　　此番合作研发"领读经典"书系，四位老师用心最苦，用力最深，在卷帙浩繁的原著中精选出二十到三十回，悉心编排，并加之以精读指导，旨在落实新课标的教育理念，为广大中学师生提供一个整本书阅读"四大名著"的课程化教材，以弥补目下整本书阅读教学之不足。疏漏之处，在所难免，还望各位读者多多指教。

王召强

2019年4月23日

前言

如何使用这本书

这是一本什么书？

这是一本引领你走进《水浒传》的书。

谁来引领？

我请来了两个读"水浒"的大家。一个是明朝思想家、文学家李贽，一个是明末清初的文学批评大家金圣叹。这两个人有很多共同点，比如都有大才，都玩世不恭，喜欢与主流思想唱反调，自然都不得志，都死于刀下，都在身后赢得大名。当然，他们还有一个最大的共同点，就是都对《水浒传》特别感兴趣，而且遵循"不动笔墨不读书"的古训，边读边批注，各自留下一本"水浒批评"巨著。

读这本书之前，我们有必要稍微了解一下这两个不走寻常路的批评家。

李贽（1527—1602），汉族，初姓林，名载贽，后改姓李，名贽，字宏甫，号卓吾，别号温陵居士、百泉居士等，福建泉州人。原来李贽本不姓李，姓林，祖辈具有泉州人独有的国际眼界，从事对外贸易，他爷爷的爷爷还娶了一个外国女子！到了李贽爷爷这一辈，不知怎么，得罪了一个姓林的御史，没办法，林子里随便选了一棵树，于是改姓了李。这时李贽的父亲已经不再经商，转行做了教书先生，因为这一层原因，少年李贽开始读书，而且聪颖异常，进步飞快。然而，骨子里的商人基因却注定他不能好好做一个儒家正统的读书人。12岁那年，他就写了一篇《老农老圃论》，把孔子视种田人为"小人"的言论大大嘲讽了一番，轰动乡里。他26岁中举，30岁为官，干了15年，就辞官不干了。干吗呢？子承父业，教书！

　　李贽教书难道是要传承孔孟之道？不！他是专门捣乱来的。你说"男尊女卑"，我偏说"男女平等"。他冒天下之大不韪，敢于招收女弟子，收获"女粉丝"无数。世传李贽每到一地讲学，深闺中的女子得到消息，都闻风而动，抛却娇羞冲出家门，去听李贽老师上课。如果那时候有网络，他一定是最红的网红老师！李贽反对儒家礼教，处处与孔孟学说唱反调：儒家重农抑商，他就提倡重商——也可能是基因作祟；儒家讲谨言慎行，他让学生蹦蹦跳跳，扯着喉咙大声读书，大胆质疑；儒家强调道统，他对假道学大加贬斥；别人白天教书，他偏要晚上教书；后来他嫌弃家人老拿世俗之事烦扰他，干脆落发为僧……真是一个特立独行的狂狷之士！

　　正如他在《自赞》中所言：

　　　　其性褊急，其色矜高，其词鄙俗，其心狂痴，其行率易，其交寡而面见亲热。其与人也，好求其过，前不悦其所长；其恶人也，既绝其人，又终身欲害其人。志在温饱，而自谓伯夷、叔齐；质本齐人，而自谓饱道饫德。分明一介不与，而以有莘借口；分明毫毛不拔，而谓杨朱贼仁。动与物迕，口与心违。其人如此，乡人皆恶之矣。昔子贡问夫子曰："乡人皆恶之何如？"子曰："未可也。"若居士，其可乎哉！

　　从中我们可以看出，他对自己的这种反传统，是有明确的认识的，他对自己这种行为的后果，是有所预见的，后来他被诬下狱，将以76岁高龄待罪回乡。结果他骗狱卒说自己要理发，趁狱卒不注意，用剃刀割喉自杀，两日后才咽气。一直到死，他都扮演着一个不合作者。

　　他死后，他的福建老乡，也是一个不合作者，据说写过123封辞职信的大学士，叫李廷机，给李贽写了一篇悼文——《祭李卓吾文》，评价他："心胸廓八肱，识见洞千古。孑然置一身于太虚中，不染一尘，不碍一物，清净无欲，先生有焉。盖吾乡士大夫未有如先生者，即海内如先生者亦少矣。"给予其极高的评价。袁中道《李温陵传》评价他："……骨坚金石，气薄云天；言有触而必吐，意无往而不伸。排拓胜己，跌宕王公，孔文举调魏武若稚子，嵇叔夜视锺会如奴隶。鸟巢可复，不改其凤味，鸾翮可铩，不驯其龙性，斯所由焚芝锄蕙，衔刀若卢者也。嗟乎！才太高，气太豪……"把他与孔融、嵇康并举，称其为龙凤之才，评价更高。

而《四库全书总目提要》则评价他："贽非圣无法，敢为异论。虽以妖言逮治，惧而自刭，而焦竑等盛相推重，颇荧众听，遂使乡塾陋儒，翕然尊信，至今为人心风俗之害。故其人可诛，其书可毁，而仍存其目，以明正其名教之罪人，诬民之邪说。"

《四库全书总目·别史类存目》评价他："贽书皆狂悖乖谬，非圣无法，惟此书抨击孔子，另立褒贬，凡千古相传之善恶，无不颠倒易位，尤以罪不容诛者。其书可毁，其名亦不足以污简牍，特以贽大言欺世，至今乡曲陋儒，震其虚名，如置之不论恐贻害人心，故特存其目，以深曝其罪。"

又把他定为"名教罪人""大言欺世"之徒，认为他"贻害人心""其书可毁""其人可诛"。一边把他捧上九天，一边把他打入地狱，褒贬差距如此之大的人，必然是个个性鲜明而且真实的人。

我认为《水浒传》就应该这样的人来点评。

另一位金圣叹，也评论过李贽，他在《读第五才子书法》中写道："近世不知何人，不晓此意，却节出李逵事来，另作一册，题曰'寿张文集'，可谓咬人屎橛，不是好狗。"（李卓吾评点的容与堂百回本《水浒传》卷首有"和尚读《水浒传》……特为手订《寿张县令黑旋风集》"一句，"和尚"显然是指李贽）直接骂李贽是"咬人屎橛的坏狗"，可见其本人也是一个个性鲜明、不走寻常路的人物。

· 3 ·

金圣叹（1608—1661），名采，字若采。一说原姓张。明亡后改名人瑞，字圣叹，自称泐庵法师。明末清初苏州吴县人，著名的文学家、文学批评家。他的一生，可以说就是不断"捣蛋"的一生。小时候，他出身贫困，但天资聪颖，九岁开始读书，很快考取秀才。但是他狂傲不羁的性格却使他在接下来的考试中屡屡受挫，而这种挫折，完全是他"自找"的。

他第一次参加考试时，试题为：吾岂匏瓜也哉，焉能系而不食。他在试卷上绘了一个光头和尚，一把剃刀。主考官非常奇怪，问他这是什么缘故，他回答说：此亦匏瓜之意形也。如此戏弄考官，其结果可想而知。

第二次参加科考时，题目为：吾四十而不动心。金圣叹在试卷上连续地写"动动动动……"，一口气写了三十九个。主考官又问原因，他回答："孟子曰四十不动心，则三十九岁之前必动心矣。"被戏弄的主考官勃然大怒，他当然榜上无名。

第三次参加考试，题目很亲民，以"杀鸡"为题。他提笔写道："为雄鸡，为雌鸡，不雄不雌为阉鸡，姑勿论也，杀之而已矣。为红鸡，为白鸡，不红不白为花鸡矣，姑勿论也，杀之而已矣。"主考官大怒，落榜！

又一次岁试，题目：西子。金圣叹提笔写道："出其东门，西子不来；出其南门，西子不来；出其北门，西子不来；出其西门，西子来乎？西子来乎？"主考官又大怒，落榜！

不过，他也有正经的时候，那次试题为：原壤夷俟，阙党童子将见。他的答卷中写道："原壤夷俟，夫子以杖叩其头，原壤三魂渺渺，七魄茫茫，一阵清风，化而为阙党童子。"

主考大为惊叹，在其试卷上批曰：如此奇才，岂可不中。

他的玩世不恭，实际上是对科举取士种种弊端的不满，这种非暴力不合作，几乎贯穿他的一生。

明明是读书人,他却从事了一个很不着调的工作——扶乩,说白了,就是一个装神弄鬼的神汉。但是他聪明啊,口才又好,总能借鬼神之口,把人哄得一愣一愣的。当时的一些达官贵人,都喜欢请他扶乩。他古文极好,甚至连顺治皇帝都对他赞赏有加。

有一次,金圣叹的舅舅钱谦益过生日,当天宾客盈门,清客们谀词如潮,金圣叹却默不作声。这时一个清客为了拍马,走到金圣叹面前说:"钱大人的外甥是江南才子,应该给舅舅题一副寿联。"金圣叹提笔就写:"一个文官小花脸——"人们大惊失色,不过知道金才子喜欢恶作剧,还以为他要先抑后扬,抖一个"这个婆娘不是人"的包袱,因此都伸长脖子、瞪大双眼,等着下文。金圣叹看看那些趋炎附势的清客,续完下联"三朝元老大奸臣",然后掷笔而去,留下目瞪口呆的一屋子人和气急败坏的钱谦益。原来,钱谦益本是明朝的礼部尚书,却又投靠了南明的奸相马士英,最后又变节降清。一副对联,骂得痛快淋漓,连亲舅舅的面子都不给。

金圣叹除了恶搞,还痴迷批书。他很小的时候就开始读《水浒传》,然后就批水浒(就是本书引用的内容),还觉得施耐庵的《水浒传》后半段写得不好,干脆删去了;后来读《西厢记》,又批西厢,别人把西厢看作淫秽之书,他却大加赞赏。有一次他住在报国寺里,半夜批书的瘾上来了,却无书可批,干脆直接找方丈要求批佛经。佛家经典岂能让人妄加评点,方丈又不能直接拒绝,就投金圣叹所好,给他出了一个对子:半夜三更半。金圣叹一时被难住了,方丈的佛经才幸免于难。

后来,金圣叹因为"哭庙案"要被问斩,他的两个儿子,一个叫莲儿,一个叫梨儿(两个儿子的小名也起得很搞笑)哭得很伤心。于是他又开起了儿子们的玩笑。他说,我有一个上联,你们来对——莲子心中苦。两个儿子资质有限,半天对不出来。金圣叹长叹一声,自己对出了下联——梨儿腹内酸。一语双关,精妙至极。

临刑之前,他无意中问儿子,今天是什么日子了?儿子答,今天是中秋节。金圣叹一听，惊喜地大叫：有了！原来，他突然灵光闪现，对出了当年方丈的上联：半夜三更半；中秋八月中。可惜的是，他再也没有机会批佛经了。

还有一个段子，是他最后的一次恶搞。当时一同问斩的有十几个人，金圣叹不忍见他们人头落地，就跟行刑的刽子手说："我左右耳朵里各有一张银票，你先砍我的头，银票归你。"刽子手答应了。手起刀落之后，刽子手果然从金圣叹的耳朵里掏出两个纸团。打开一看，哪是什么银票，只见一张纸上写一个"好"字，另一张纸上写一个"疼"字。临死还成功地戏耍了刽子手。真是一个"娱乐至死"的高手。

以上这些不见于正史，但却各个饶有趣味，今天我们如果看他批的水浒，也能随处看到他的幽默。

当然如果仅仅是善于幽默搞笑，金圣叹不可能有今日文学史上的地位。可以说，通俗文学批评始于李贽，而金圣叹成为高峰，后来的小说批评家，如毛宗岗、张松坡等，无一不受其影响。胡适称其为"大怪杰"，林语堂称他"17世纪伟大的印象主义批评家"。

介绍完我请来的两位帮手，再说说我编选本书的目的。

我选编的这本"领读水浒"，节选自《忠义水浒传》（简称《水浒传》，120回本）中表现重要人物、重要情节的22个章节，借助李、金两位批评大家的相关评论，试图引领读者跟随两位批评家的笔触，对水浒产生兴趣，并"照着葫芦画瓢"学习总批、夹批、旁批等文学评论的手法，并且通过模仿、揣摩、接受、质疑、思辨的思维路径，逐步走进全本《水浒传》，最终能选择一个自己感兴趣的研究角度，进行广泛深入的研究。

事实上，对《水浒传》的研究历史悠久、成果丰富，不同时期有不同的学术成果。20世纪50至80年代，出现了诸如《〈水浒传〉资料汇编》《水浒研究论文集》《水浒研究论著索引》《〈水浒传〉在海外的传播》

等著作。截至 2005 年 10 月，中国国家图书馆馆藏关于《水浒传》的书籍共 639 种，从《中国期刊全文数据库》中搜索关于《水浒传》的论文，从 1979 至 2006 年 9 月，大约有 397 篇。

  我们的研究，当然不排除学术研究，水浒爱好者大可查阅资料，旁征博引，推陈出新。但是对于一般学生而言，我们的阅读指导，希望能更贴近学生的实际情况，尽量选择学生感兴趣的话题、角度、形式，成果的展示也可以多种多样，一次讨论、一段模仿评论、一幅连环画等等，一段场景表演亦未尝不可。总之，能激发学生们读《水浒传》的兴趣，进而能由浅入深地欣赏、分析、评论、思辨，就达到了本书的编写目的。

  如何使用这本书？

  首先介绍一下每回目后的栏目设置。本书针对不同层次的学生设置了不同难度的活动内容以供师生选择。

  【批注】本书节选了 22 回《水浒传》原著。在正文边上特意留下一块空白，目的是给学生们即兴进行批注。可以模仿金圣叹和李卓吾的批评方式，边读边批，日积月累，必有收获。这个栏目类似金圣叹的夹批，可以逐字逐句点评，有话则长，无话则短。

  【本回我评论】这个栏目的设立，主要是希望小读者阅读完本文之后，把自己读本回的整体感悟和评论记录下来，不求系统，但求真实，一鳞半爪，记录自己的读书轨迹。这个栏目不同于旁批，更强调整体的阅读感悟。

  【煮酒论英雄】这个栏目的设立，主要基于"水浒批评"的两位大家——金圣叹与李卓吾。每回将节选二人的部分观点，供同学们讨论分析，既可以沿着他们的思路解读，也可以反驳他们的观点。基于金圣叹只点评了前七十回，后面的选文只选取了李卓吾的点评，但基本思路不变。这个栏目一般设置 2~3 个针对金、李二人评论的问题，有一定难度，也有极大的开放性，主要是为开展课堂研讨设置。当然答题前学生需要进行一定的准备，查阅资料，深入思考，形成观点，列出发言提纲，等等。

【水浒校场】设置这个栏目，主要目的是让同学们"动动笔"，或弄斧到班门，与前代学者唱唱对台戏；或另起炉灶、另辟蹊径，来一点再创造；或洞幽烛微，进行一些新的、有趣的探索，等等。这个栏目不同于简单的旁批，也不是整体的评论，而是在第三个栏目"动口"的基础上"动笔"，要写出点"新意思"。可以改编一个英雄人物传记，可以改写一个场景，也可以针对一个问题，来一场辩论赛，看看谁胜谁负。这里是一个可以让大家尽情驰骋的天地。

【水浒绣像】这个栏目是专门为喜欢画画或者喜欢剪贴的同学设置的。鲁迅曾在《从百草园到三味书屋》里写到描绣像的情景。希望小读者们能搜集整理或者自己创作关于水浒人物、故事情节的画作。把文字转换成图片是一项富有创造力的活动，发挥你的想象力，期待你的大作。

从活动方式看，这些栏目，有的动口，有的动手，有的独立完成，有的需要团队合作，尽量做到以读激趣，以读促说，以读促写，以读促活动，以读促思辨，逐步培养学生的理性思维。

从量上看，可多可少，完全可以根据不同层次学生的学习能力进行选择分配。老师也可以根据需要，确定必做题、选做题。

当然，由于时间和水平所限，本书难免诸多疏漏，在此诚请方家赐教。

2018 年 9 月　于五浦汇

目录

第一篇　章回小说的传统开篇

第一回　张天师祈禳瘟疫　洪太尉误走妖魔……………………3

第二篇　天罡地煞的人物传奇

第三回　　史大郎夜走华阴县　鲁提辖拳打镇关西…………19
第七回　　花和尚倒拔垂杨柳　豹子头误入白虎堂…………35
第八回　　林教头刺配沧州道　鲁智深大闹野猪林…………50
第十二回　梁山泊林冲落草　　汴京城杨志卖刀………………64
第十六回　杨志押送金银担　　吴用智取生辰纲………………77
第十八回　美髯公智稳插翅虎　宋公明私放晁天王……………95
第十九回　林冲水寨大并火　　晁盖梁山小夺泊………………113
第二十一回　虔婆醉打唐牛儿　宋江怒杀阎婆惜………………130
第二十三回　横海郡柴进留宾　景阳冈武松打虎………………151
第二十九回　施恩重霸孟州道　武松醉打蒋门神………………166
第三十九回　浔阳楼宋江吟反诗　梁山泊戴宗传假信…………178
第四十三回　假李逵剪径劫单人　黑旋风沂岭杀四虎…………201
第五十八回　三山聚义打青州　众虎同心归水泊………………221
第六十一回　吴用智赚玉麒麟　张顺夜闹金沙渡………………239
第七十一回　忠义堂石碣受天文　梁山泊英雄排座次…………258

· 1 ·

第三篇　招安的是是非非

第七十四回　燕青智扑擎天柱　李逵寿张乔坐衙……………… 275

第七十五回　活阎罗倒船偷御酒　黑旋风扯诏谤徽宗……………… 290

第八十回　张顺凿漏海鳅船　宋江三败高太尉……………… 301

第八十二回　梁山泊分金大买市　宋公明全伙受招安……………… 320

第四篇　英雄的落幕

第九十九回　鲁智深浙江坐化　宋公明衣锦还乡……………… 339

第一百回　宋公明神聚蓼儿洼　徽宗帝梦游梁山泊……………… 360

第一篇
章回小说的传统开篇

第一回

张天师祈禳瘟疫　洪太尉误走妖魔

诗曰：

绛帻鸡人报晓筹，尚衣方进翠云裘。
九天阊阖开宫殿，万国衣冠拜冕旒。
日色才临仙掌动，香烟欲傍衮龙浮。
朝罢须裁五色诏，佩声归到凤池头。

话说大宋仁宗天子在位，嘉祐三年三月三日五更三点，天子驾坐紫宸殿，受百官朝贺。但见：

祥云迷凤阁，瑞气罩龙楼。含烟御柳拂旌旗，带露宫花迎剑戟。天香影里，玉簪珠履聚丹墀；仙乐声中，绣袄锦衣扶御驾。珍珠帘卷，黄金殿上现金舆；凤尾扇开，白玉阶前停宝辇。隐隐净鞭三下响，层层文武两班齐。

当有殿头官喝道："有事出班早奏，无事卷帘退朝。"只见班部丛中，宰相赵哲、参政文彦博出班奏曰："目今京师瘟疫盛行，民不聊生，伤损军民多矣。伏望陛下释罪宽恩，省刑薄税，以禳天灾，救济万民。"天子听奏，急敕翰林院随即草诏：一面降赦天下罪囚，应有民间税赋悉

批注

皆赦免；一面命在京宫观寺院，修设好事禳灾。不料其年瘟疫转盛。仁宗天子闻知，龙体不安。复会百官，众皆计议。向那班部中，有一大臣越班启奏。天子看时，乃是参知政事范仲淹。拜罢起居，奏曰："目今天灾盛行，军民涂炭，日夕不能聊生，人遭缧绁之厄。以臣愚意，要禳此灾，可宣嗣汉天师星夜临朝，就京师禁院修设三千六百分罗天大醮，奏闻上帝，可以禳保民间瘟疫。"仁宗天子准奏。急令翰林学士草诏一道，天子御笔亲书，并降御香一炷，钦差内外提点殿前太尉洪信为天使，前往江西信州龙虎山，宣请嗣汉天师张真人星夜临朝，祈禳瘟疫。就金殿上焚起御香，亲将丹诏付与洪太尉为使，即便登程前去。

洪信领了圣敕，辞别天子，不敢久停。从人背了诏书，金盒子盛了御香，带了数十人，上了铺马，一行部从，离了东京，取路径投信州贵溪县来。于路上但见：

遥山叠翠，远水澄清。奇花绽锦绣铺林，嫩柳舞金丝拂地。风和日暖，时过野店山村；路直沙平，夜宿邮亭驿馆。罗衣荡漾红尘内，骏马驱驰紫陌中。

且说太尉洪信赍擎御书丹诏，一行人从上了路途，夜宿邮亭，朝行驿站，远程近接，渴饮饥餐，不止一日，来到江西信州。大小官员出郭迎接，随即差人报知龙虎山上清宫住持道众，准备接诏。次日，众位官同送太尉到于龙虎山下。只见上清宫许多道众，鸣钟击鼓，香花灯烛，幢幡宝盖，一派仙乐，都下山来迎接丹诏，直至上清宫前下马。太尉看那宫殿时，端的是好座上清宫。但见：

青松屈曲，翠柏阴森。门悬敕额金书，户列灵符玉篆。虚皇坛畔，依稀垂柳名花；炼药炉边，掩映苍松老桧。左壁厢天丁力士，参随着太乙真君；右势下玉女金童，簇捧定紫微大帝。披发仗剑，北方真武踏龟蛇；靸履顶冠，南极老人伏龙虎。前排二十八宿星君，后列三十二帝天子。阶砌下流水潺湲，墙院后好山环绕。鹤生丹顶，龟长绿毛。树梢头献果苍猿，莎草内衔芝白鹿。三清殿上鸣金钟，道士步虚；四圣堂前敲玉磬，真人礼斗。献香台砌，彩霞光射碧琉璃；召将瑶坛，赤日影摇红玛瑙。早来门外祥云现，疑是天师送老君。

当下上至住持真人，下及道童侍从，前迎后引，接至三清殿上，请将诏书，居中供养着。洪太尉便问监宫真人道："天师今在何处？"住持真人向前禀道："好教太尉得知：这代祖师号曰'虚靖天师'，性好清高，倦于迎送，自向龙虎山顶，结一茅庵，修真养性。因此不住本宫。"太尉道："目今天子宣诏，如何得见？"真人答道："容禀：诏敕权供在殿上，贫道等亦不敢开读。且请太尉到方丈献茶，再烦计议。"当时将丹诏供养在三清殿上，与众官都到方丈。太尉居中坐下，执事人等献茶，就进斋供，水陆俱备。斋罢，太尉再问真人道："既然天师在山顶庵中，何不着人请将下来相见，开宣丹诏？"真人禀道："太尉，这代祖师虽在山顶，其实道行非常，清高自在，倦惹凡尘。能驾雾兴云，踪迹不定，未尝下山。贫道等如常亦难得见，怎生教人请得下来！"太尉道："似此如何得见！目今京师瘟疫盛行，今上天子特遣下官为使，赍捧御书丹诏，亲奉龙香，来请天师，要做三千六百分罗天大醮，以禳天灾，救济万民。似此怎生奈何？"真人禀道："朝廷天子要救万民，只除是太尉办一点志诚心，斋戒沐浴，更换布衣，休带从人，自背诏书，焚烧御香，步行上山礼拜，叩请天师，方许得见。如若心不志诚，空走一遭，亦难得见。"太尉听说便道："俺从京师食素到此，如何心不志诚！既然恁地，依着你说，明日绝早上山。"当晚各自权歇。

次日五更时分，众道士起来，备下香汤斋供。请太尉起来，香汤沐浴，换了一身新鲜布衣，脚下穿上麻鞋草履，吃了素斋，取过丹诏，用黄罗包袱背在脊梁上，手里提着银手炉，降降地烧着御香。许多道众人等，送到后山，指与路径。真人又禀道："太尉要救万民，休生退悔之心，只顾志诚上去。"太尉别了众人，口诵天尊宝号，纵步上山来。将至半山，望见大顶直侵霄汉，果然好座大山。正是：

根盘地角，顶接天心。远观磨断乱云痕，近看平吞明月魄。高低不等谓之山，侧石通道谓之岫，孤岭崎岖谓之路，上面极平谓之顶，头圆下壮谓之峦，隐虎藏豹谓之穴，隐风隐云谓之岩，高人隐居谓之洞，有境有界谓之府，樵人出没谓之径，能通车马谓之道，流水有声谓之涧，古渡源头谓之溪，岩崖滴水谓之泉。左壁为掩，右壁为映。出的是云，纳的是雾。锥尖像小，崎峻似峭，悬空似险，削礤如平。千峰竞秀，万壑争流。瀑布斜飞，藤萝倒挂。虎啸时风生谷口，猿啼时月坠山腰。恰似青黛染成千块玉，碧纱笼罩万堆烟。

这洪太尉独自一个，行了一回，盘坡转径，揽葛攀藤。约莫走过了数个山头，三二里多路，看看脚酸腿软，正走不动，口里不说，肚里踌躇，心中想道："我是朝廷贵官公子，在京师时重茵而卧，列鼎而食，尚兀自倦怠；何曾穿草鞋，走这般山路！知他天师在那里，却教下官受这般苦！"又行不到三五十步，掇着肩气喘。只见山凹里起

第一回 张天师祈禳瘟疫　洪太尉误走妖魔

一阵风，风过处，向那松树背后奔雷也似吼一声，扑地跳出一个吊睛白额锦毛大虫来。洪太尉吃了一惊，叫声："阿呀！"扑地望后便倒。偷眼看那大虫时，但见：

　　毛披一带黄金色，爪露银钩十八只。
　　睛如闪电尾如鞭，口似血盆牙似戟。
　　伸腰展臂势狰狞，摆尾摇头声霹雳。
　　山中狐兔尽潜藏，涧下獐狍皆敛迹。

那大虫望着洪太尉，左盘右旋，咆哮了一回，托地望后山坡下跳了去。洪太尉倒在树根底下，唬的三十六个牙齿捉对儿厮打，那心头一似十五个吊桶，七上八落的响，浑身却如重风麻木，两腿一似斗败公鸡，口里连声叫苦。大虫去了一盏茶时，方才爬将起来，再收拾地上香炉，还把龙香烧着，再上山来，务要寻见天师。又行过三五十步，口里叹了数口气，怨道：皇帝御限，差俺来这里，教我受这场惊恐。"说犹未了，只觉得那里又一阵风，吹得毒气直冲将来。太尉定睛看时，山边竹藤里簌簌地响，抢出一条吊桶大小、雪花也似蛇来。太尉见了，又吃一惊，撇了手炉，叫一声："我今番死也！"望后便倒在盘陀石边。微闪开眼来看那蛇时，但见：

　　昂首惊飙起，掣目电光生。动荡则折峡倒冈，呼吸则吹云吐雾。鳞甲乱分千片玉，尾梢斜卷一堆银。

那条大蛇径抢到盘陀石边，朝着洪太尉盘做一堆，两只眼迸出金光，张开巨口，吐出舌头，喷那毒气在洪太尉脸上。惊得太尉三魂荡荡，七魄悠悠。那蛇看了洪太尉一回，望山下一溜，却早不见了。太尉方才爬得起来，说道："惭愧！惊杀下官！"看身上时，寒粟子比馉饳儿大小。口里骂那道士："叵耐无礼，戏弄下官，教俺受这般惊

▶ 批注

7

恐！若山上寻不见天师，下去和他别有话说。"再拿了银提炉，整顿身上诏敕并衣服巾帻，却待再要上山去。正欲移步，只听得松树背后隐隐地笛声吹响，渐渐近来。太尉定睛看时，只见那一个道童，倒骑着一头黄牛，横吹着一管铁笛，转出山凹来。太尉看那道童时，但见：

　　头绾两枚丫髻，身穿一领青衣；腰间绦结草来编，脚下芒鞋麻间隔。明眸皓齿，飘飘并不染尘埃；绿鬓朱颜，耿耿全然无俗态。

　　昔日吕洞宾有首牧童诗道得好：

　　　　草铺横野六七里，笛弄晚风三四声。
　　　　归来饱饭黄昏后，不脱蓑衣卧月明。

　　只见那个道童，笑吟吟地骑着黄牛，横吹着那管铁笛，正过山来。洪太尉见了，便唤那个道童："你从那里来？认得我么？"道童不采，只顾吹笛。太尉连问数声，道童呵呵大笑，拿着铁笛，指着洪太尉说道："你来此间，莫非要见天师么？"太尉大惊，便道："你是牧童，如何得知？"道童笑说："我早间在草庵中伏侍天师，听得天师说道：'朝中今上仁宗天子，差个洪太尉赍擎丹诏御香，到来山中，宣我往东京做三千六百分罗天大醮，祈禳天下瘟疫。我如今乘鹤驾云去也。'这早晚想是去了，不在庵中。你休上去，山内毒虫猛兽极多，恐伤害了你性命。"太尉再问道："你不要说谎？"道童笑了一声，也不回应，又吹着铁笛转过山坡去了。太尉寻思道："这小的如何尽知此事？想是天师分付他，已定是了。"欲待再上山去，方才惊唬的苦，争些儿送了性命，不如下山去罢。

　　太尉拿着提炉，再寻旧路，奔下山来。众道士接着，请至方丈坐下。真人便问太尉道："曾见天师么？"太尉说道:"我是朝廷中贵官,如何教俺走得山路,吃了这般辛苦,争些儿送了性命!为头上至半山里,跳出一只吊睛白额大虫,惊得下官魂魄都没了。又行不过一个山嘴,竹藤里抢出一条雪花大蛇来,盘做一堆,拦住去路。若不是俺福分大,如何得性命回京。尽是你这道众,戏弄下官!"真人复道:"贫道等怎敢轻慢大臣,这是祖师试探太尉之心。本山虽有蛇虎,并不伤人。"太尉又道:"我正走不动,方欲再上山坡,只见松树傍边转出一个道童,骑着一头黄牛,吹着管铁笛,正过山来。我便问他:'那里来识得俺么?'他道:'已都知了。'说天师分付,早晨乘鹤驾云望东京去了。下官因此回来。"真人道:"太尉可惜错过,这个牧童正是天师。"太尉道:"他既是天师,如何这等猥獕?"真人答道:"这代天师非同小可,虽然年幼,其实道行非常。他是额外之人,四方显化,极是灵验。世人皆称为道通祖师。"洪太尉道:"我直如此有眼不识真师,当面错过!"真人道:"太尉但请放心,既然祖师法旨道是去了,比及太尉回京之日,这场醮事祖师已都完了。"太尉见说,方才放心。真人一面教安排筵宴,管待太尉;请将丹诏收藏于御书匣内放了,留在上清宫中,龙香就三清殿上烧了。当日方丈内大排斋供,设宴饮酌。至晚席罢,止宿到晓。

次日早膳已后,真人道众并提点执事人等请太尉游山。太尉大喜。许多人从跟随着,步行出方丈,前面两个道童引路,行至宫前宫后,看玩许多景致。三清殿上,富贵不可尽言。左廊下,九天殿、紫微殿、北极殿;右廊下,太乙殿、三官殿、驱邪殿。诸宫看遍,行到右廊后一所去处。洪太尉看时,另外一所殿宇:一遭都是捣椒红泥

批注

批注

墙；正面两扇朱红槅子；门上使着胳膊大锁锁着，交叉上面贴着十数道封皮，封皮上又是重重叠叠使着朱印；檐前一面朱红漆金字牌额，上书四个金字，写道："伏魔之殿"。太尉指着门道："此殿是甚么去处？"真人答道："此乃是前代老祖天师锁镇魔王之殿。"太尉又问道："如何上面重重叠叠贴着许多封皮？"真人答道："此是祖老大唐洞玄国师封锁魔王在此。但是经传一代天师，亲手便添一道封皮，使其子子孙孙不敢妄开。走了魔君，非常利害。今经八九代祖师，誓不敢开。锁用铜汁灌铸，谁知里面的事。小道自来住持本宫三十余年，也只听闻。"洪太尉听了，心中惊怪，想道："我且试看魔王一看。"便对真人说道："你且开门来，我看魔王甚么模样。"真人告道："太尉，此殿决不敢开。先祖天师叮咛告戒：今后诸人不许擅开。"太尉笑道："胡说！你等要妄生怪事，煽惑百姓良民，故意安排这等去处，假称锁镇魔王，显耀你们道术。我读一鉴之书，何曾见锁魔之法。神鬼之道，处隔幽冥，我不信有魔王在内。快疾与我打开，我看魔王如何。"真人三回五次禀说："此殿开不得，恐惹利害，有伤于人。"太尉大怒，指着道众说道："你等不开与我看，回到朝廷，先奏你们众道士阻当宣诏，违别圣旨，不令我见天师的罪犯；后奏你等私设此殿，假称锁镇魔王，煽惑军民百姓。把你都追了度牒，刺配远恶军州受苦。"真人等惧怕太尉权势，只得唤几个火工道人来，先把封皮揭了，将铁锤打开大锁。众人把门推开，看里面时，黑洞洞地，但见：

昏昏默默，杳杳冥冥。数百年不见太阳光，亿万载难瞻明月影。不分南北，怎辨东西。黑烟霭霭扑人寒，冷气阴阴侵体颤。人迹不到之处，妖精往来之乡。闪开双目有

第一回　张天师祈禳瘟疫　洪太尉误走妖魔

如盲，伸出两手不见掌。常如三十夜，却似五更时。

众人一齐都到殿内，黑暗暗不见一物。太尉教从人取十数个火把点着，将来打一照时，四边并无别物，只中央一个石碑，约高五六尺，下面石龟趺坐，太半陷在泥里。照那碑碣上时，前面都是龙章凤篆，天书符箓，人皆不识。照那碑后时，却有四个真字大书，凿着"遇洪而开"。却不是一来天罡星合当出世，二来宋朝必显忠良，三来凑巧遇着洪信。岂不是天数！洪太尉看了这四个字，大喜，便对真人说道："你等阻当我，却怎地数百年前已注我姓字在此？'遇洪而开'，分明是教我开看，却何妨！我想这个魔王，都只在石碑底下。汝等从人与我多唤几个火工人等，将锄头铁锹来掘开。"真人慌忙谏道："太尉，不可掘动！恐有利害，伤犯于人，不当稳便。"太尉大怒，喝道："你等道众，省得甚么！碑上分明凿着遇我教开，你如何阻当！快与我唤人来开。"真人又三回五次禀道："恐有不好。"太尉那里肯听。只得聚集众人，先把石碑放倒，一齐并力掘那石龟，半日方才掘得起。又掘下去，约有三四尺深，见一片大青石板，可方丈围。洪太尉叫再掘起来。真人又苦禀道："不可掘动！"太尉那里肯听。众人只得把石板一齐扛起，看时，石板底下却是一个万丈深浅地穴。只见穴内刮刺刺一声响亮，那响非同小可，恰似：

天摧地塌，岳撼山崩。钱塘江上，潮头浪拥出海门来；泰华山头，巨灵神一劈山峰碎。共工奋怒，去盔撞倒了不周山；力士施威，飞锤击碎了始皇辇。一风撼折千竿竹，十万军中半夜雷。

那一声响亮过处，只见一道黑气，从穴里滚将起来，掀塌了半个殿角。那道黑气直冲上半天里，空中散作百十

批注

道金光，望四面八方去了。众人吃了一惊，发声喊，都走了，撇下锄头铁锹，尽从殿内奔将出来，推倒撷翻无数。惊得洪太尉目睁痴呆，罔知所措，面色如土。奔到廊下，只见真人向前叫苦不迭。太尉问道："走了的却是甚么妖魔？"那真人言不过数句，话不过一席，说出这个缘由。有分教：一朝皇帝，夜眠不稳，昼食忘餐。直使宛子城中藏猛虎，蓼儿洼内聚飞龙。毕竟龙虎山真人说出甚言语来，且听下回分解。

本回我评论：

煮酒论英雄

此一回，古本题曰"楔子"。楔子者，以物出物之谓也。以瘟疫为楔，楔出祈禳；以祈禳为楔，楔出天师；以天师为楔，楔出洪信；以洪信为楔，楔出游山；以游山为楔，楔出开碣；以开碣为楔，楔出三十六天罡、七十二地煞，此所谓正楔也。中间又以康节、希夷二先生，楔出劫运定数；以武德皇帝、包拯、狄青，楔出星辰名字；以山中一虎一蛇，楔出陈达、杨春；以洪福骄情傲色，楔出高俅、蔡京；以道童猥獗难认，直楔出第七十回皇甫相马作结尾，此所谓奇楔也。

——金圣叹

《水浒传》事节都是假的，说来却似逼真，所以为妙。常见近来文集，乃有真事说做假者，真钝汉也。何堪与施耐庵、罗贯中作奴！

——李卓吾

《宣和遗事》具载三十六人姓名，可见三十六人是实有。只是七十回中许多事迹，须知都是作书人凭空造谎出来。如今却因读此七十回，反把三十六个人物都认得了，任凭提起一个，都似旧时熟识，文字有气力如此。

——金圣叹

1. 谈谈你对金圣叹"楔子"说法的认识。

2. 李卓吾说"水浒"的情节都是假的，对此你有何评论？（可参看《大宋宣和遗事》和《宋史》的有关记述。）

水浒校场

真人等惧怕太尉权势，【夹批：真人犹怕太尉权势，况其他哉！】只得唤几个火工道人来，先把封皮揭了，将铁锤打开大锁。众人把门推开，一齐都到殿内，黑洞洞不见一物。太尉教从人取十数个火把点着，将来打一照时，四边并无别物，只中央一个石碣，约高五六尺，下面石龟趺坐，太半陷在泥里。【夹批：一部大书七十回，以石碣起，以石碣止，奇绝。碣字俗本讹作碑字。】照那碑碣上时，前面都是龙章凤篆，天书符篆，人皆不识；【夹批：与第七十回一样作章法。】照那碑后时，却有四个真字大书，凿着"遇洪而开"。【夹批：奇事奇文。】洪太尉看了这四个

字,大喜,【夹批:次又喜。】便对真人说道:"你等阻当我,却怎地数百年前已注我姓字在此?'遇洪而开',分明是教我开看,却何妨!我想这个魔王都只在石碣底下。汝等从人与我多唤几个火工人等,将锄头铁锹来掘开。"

真人慌忙谏道:"太尉,不可掘动,恐有利害,伤犯于人,不当稳便"。【夹批:又禀。】太尉大怒,【夹批:次又怒。】喝道:"你等道众,省得甚么!碣上分明凿着遇我而开,你如何阻当!快与我唤人来开。"

真人又三回五次禀道:"恐有不好。"太尉那里肯听。【夹批:详书真人一禀、再禀、又禀、又禀者,以深明天罡地煞出世之不容易也。】只得聚集众人,先把石碣放倒,一齐并力掘那石龟,半日方才掘得起。又掘下去,约有三四尺深,见一片大青石板,方可丈围。【夹批:石碣之下石龟,石龟之下石板,写得郑重之至。】洪太尉叫再掘起来。真人又苦禀道:"不可掘动!"【夹批:掘到石板,又复苦禀,写得郑重之至。】太尉那里肯听。众人只得把石板一齐扛起,看时,石板底下,却是一个万丈深浅地穴。只见穴内刮喇喇一声响亮,那响非同小可。响亮过处,只见一道黑气,从穴里滚将起来,掀塌了半个殿角。那道黑气直冲上半天里,空中散作百十道金光,望四面八方去了。【夹批:骇人之笔。他日有称我者,有称俺者,有称小可者,有称洒家者,有称我老爷者,皆是此句化开。】众人吃了一惊,发声喊,都走了,撇下锄头铁锹,尽从殿内奔将出来,推倒撷翻无数。惊得洪太尉目睁痴呆,罔知所措,面色如土。奔到廊下,只见真人向前叫苦不迭。太尉问道:"走了的却是甚么妖魔?"真人道:"太尉不知,此殿中当初是老祖天师洞玄真人传下法符,嘱付道:'此殿内镇锁着三十六员天罡星,七十二座地煞星,一共是一百单八个魔君在里面。上立石碣,凿著龙章凤篆天符,镇住在此。【夹批:楔者,以物出物之谓。此篇因请天师,误开石碣,所谓楔也。俗本不知,误入正书,失之远矣。】若还放他出世,必恼下方生灵。'如今太尉放他走了,怎生是好!他日必为后患。"洪太尉听罢,浑身冷汗,捉颤不住;急急收

拾行李，引了从人，下山回京。真人并道众送官已罢，自回宫内修理殿宇，竖立石碣，不在话下。【夹批：了。】

1.《水浒传》版本众多，本书选择的是一百二十回本，金圣叹批评本是七十回本，前半部分回目略有差异，文字也有不同，但大体一致。上文是金圣叹版本中节选的一段"夹批"原文。可以模仿其批评方法，选择本回感兴趣的段落进行"旁批"，也可以针对"金批"进行再批评。

2.这是开篇第一回，为后文展开埋下了许多伏笔，圈画文中可能是伏笔之处，并旁批出（写出）你对后文的猜想。如果已经熟读本书，可以写出对应回目或具体内容。

第二篇

天罡地煞的人物传奇

武松打虎

第三回

史大郎夜走华阴县　鲁提辖拳打镇关西

诗曰：

　　暑往寒来春夏秋，夕阳西下水东流。
　　时来富贵皆因命，运去贫穷亦有由。
　　事遇机关须进步，人当得意便回头。
　　将军战马今何在？野草闲花满地愁。

批注

　　话说当时史进道："却怎生是好？"朱武等三个头领跪下道："哥哥，你是干净的人，休为我等连累了。大郎可把索来绑缚我三个出去请赏，免得负累了你不好看。"史进道："如何使得！恁地时，是我赚你们来捉你请赏，枉惹天下人笑我。若是死时，与你们同死，活时同活。你等起来，放心别作缘便。且等我问个来历缘故情由。"

　　史进上梯子问道："你两个都头，何故半夜三更来劫我庄上？"那两个都头答道："大郎，你兀自赖哩。见有原告人李吉在这里。"史进喝道："李吉，你如何诬告平人？"李吉应道："我本不知，林子里拾得王四的回书，一时间把在县前看，因此事发。"史进叫王四问道："你说无回书，

批注

如何却又有书？"王进道："便是小人一时醉了，忘记了回书。"史进大喝道："畜生，却怎生好！"外面都头人等惧怕史进了得，不敢奔入庄里来捉人。三个头领把手指道："且答应外面。"史进会意，在梯子上叫道："你两个都头都不要闹动，权退一步，我自绑缚出来解官请赏。"那两个都头却怕史进，只得应道："我们都是没事的，等你绑出来同去请赏。"史进下梯子，来到厅前，先叫王四，带进后园，把来一刀杀了。喝教许多庄客，把庄里有的没的细软等物，即便收拾，尽教打叠起了；一壁点起三四十个火把。庄里史进和三个头领，全身披挂，枪架上各人跨了腰刀，拿了朴刀，拽扎起，把庄后草屋点着。庄客各自打拴了包裹。外面见里面火起，都奔来后面看。

且说史进就中堂又放起火来，大开了庄门，呐声喊，杀将出来。史进当头，朱武、杨春在中，陈达在后，和小喽啰并庄客，一冲一撞，指东杀西。史进却是个大虫，那里拦当得住？后面火光竟起，杀开条路，冲将出来，正迎着两个都头并李吉。史进见了大怒，仇人相见，分外眼明。两个都头见势头不好，转身便走。李吉也却待回身，史进早到，手起一朴刀，把李吉斩做两段。两个都头正待走时，陈达、杨春赶上，一家一朴刀，结果了两个性命。县尉惊得跑马走回去了。众士兵那里敢向前，各自逃命散了，不知去向。史进引着一行人，且杀且走，众官兵不敢赶来，各自散了。史进和朱武、陈达、杨春，并庄客人等，都到少华山上寨内坐下，喘息方定。朱武等到寨中，忙教小喽啰一面杀牛宰马，贺喜饮宴，不在话下。

一连过了几日，史进寻思："一时间要救三人，放火烧了庄院。虽是有些细软，家财粗重什物尽皆没了。"心内

第二回　史大郎夜走华阴县　鲁提辖拳打镇关西

蹉跎，在此不了，开言对朱武等说道："我的师父王教头，在关西经略府勾当，我先要去寻他，只因父亲死了，不曾去得。今来家私庄院废尽，我如今要去寻他。"朱武三人道："哥哥休去，只在我寨中且过几时，又作商议。如是哥哥不愿落草时，待平静了，小弟们与哥哥重整庄院，再作良民。"史进道："虽是你们的好情分，只是我心去意难留。我想家私什物尽已没了，再要去重整庄院，想不能勾。我今去寻师父，也要那里讨个出身，求半世快乐。"朱武道："哥哥便只在此间做个寨主，却不快活。虽然寨小，不堪歇马。"史进道："我是个清白好汉，如何肯把父母遗体来点污了。你劝我落草，再也休题。"

批注

史进住了几日，定要去。朱武等苦留不住。史进带去的庄客，都留在山寨。只自收拾了些少碎银两，打拴一个包裹，余者多的尽数寄留在山寨。史进头带白范阳毡大帽，上撒一撮红缨，帽儿下裹一顶混青抓角软头巾，项上明黄绦带，身穿一领白纻丝两上领战袍，腰系一条查五指梅红攒线搭膊，青白间道行缠绞脚，衬着踏山透土多耳麻鞋，跨一口铜钹磬口雁翎刀，背上包裹，提了朴刀，辞别朱武等三人。众多小喽啰都送下山来，朱武等洒泪而别，自回山寨去了。

只说史进提了朴刀，离了少华山，取路投关西五路，望延安府路上来。但见：

崎岖山岭，寂寞孤村。披云雾夜宿荒林，带晓月朝登险道。落日趱行闻犬吠，严霜早促听鸡鸣。山影将沉，柳阴渐没。断霞映水散红光，日暮转收生碧雾。溪边渔父归村去，野外樵夫负重回。

史进在路，免不得饥餐渴饮，夜住晓行。独自一个，

批注

　　行了半月之上，来到渭州。"这里也有经略府，莫非师父王教头在这里？"史进便入城来看时，依然有六街三市。只见一个小小茶坊，正在路口。史进便入茶坊里来，拣一副坐位坐了。茶博士问道："客官吃甚茶？"史进道："吃个泡茶。"茶博士点个泡茶，放在史进面前。史进问道："这里经略府在何处？"茶博士道："只在前面便是。"史进道："借问经略府内有个东京来的教头王进么？"茶博士道："这府里教头极多，有三四个姓王的，不知那个是王进。"道犹未了，只见一个大汉大踏步竟入来，走进茶坊里。史进看他时，是个军官模样。怎生结束？但见：

　　头裹芝麻罗万字顶头巾，脑后两个太原府纽丝金环，上穿一领鹦哥绿纻丝战袍，腰系一条文武双股鸦青绦，足穿一双鹰爪皮四缝干黄靴。生得面圆耳大，鼻直口方，腮边一部络腮胡须。身长八尺，腰阔十围。

　　那人入到茶坊里面坐下。茶博士便道："客官要寻王教头，只问这个提辖便都认得。"史进忙起身施礼，便道："官人请坐拜茶。"那人见了史进长大魁伟，像条好汉，便来与他施礼。两个坐下，史进道："小人大胆，敢问官人高姓大名？"那人道："洒家是经略府提辖，姓鲁，讳个达字。敢问阿哥，你姓甚么？"史进道："小人是华州华阴县人氏，姓史名进。请问官人，小人有个师父，是东京八十万禁军教头，姓王名进，不知在此经略府中有也无？"鲁提辖道："阿哥，你莫不是史家村甚么九纹龙史大郎？"史进拜道："小人便是。"鲁提辖连忙还礼，说道："闻名不如见面，见面胜似闻名。你要寻王教头，莫不是在东京恶了高太尉的王进？"史进道："正是那人。"鲁达道："俺也闻他名字。那个阿哥不在这里。洒家听得说，他

第三回 史大郎夜走华阴县 鲁提辖拳打镇关西

在延安府老种经略相公处勾当。俺这渭州，却是小种经略相公镇守。那人不在这里。你既是史大郎时，多闻你的好名字，你且和我上街去吃杯酒。"鲁提辖挽了史进的手，便出茶坊来。鲁达回头道："茶钱洒家自还你。"茶博士应道："提辖但吃不妨，只顾去。"

　　两个挽了胳膊，出得茶坊来，上街行得三五十步，只见一簇众人围住白地上。史进道："兄长，我们看一看。"分开人众看时，中间里一个人，仗着十来条杆棒，地上摊着十数个膏药，一盘子盛着，插把纸标儿在上面，却原来是江湖上使枪棒卖药的。史进看了，却认的他，原来是教史进开手的师父，叫做打虎将李忠。史进就人丛中叫道："师父，多时不见。"李忠道："贤弟如何到这里？"鲁提辖道："既是史大郎的师父，同和俺去吃三杯。"李忠道："待小子卖了膏药，讨了回钱，一同和提辖去。"鲁达道："谁奈烦等你，去便同去。"李忠道："小人的衣饭，无计奈何。提辖先行，小人便寻将来。贤弟，你和提辖先行一步。"鲁达焦躁，把那看的人一推一跤，便骂道："这厮们挟着屁眼撒开，不去的洒家便打。"众人见是鲁提辖，一哄都走了。李忠见鲁达凶猛，敢怒而不敢言，只得陪笑道："好急性的人。"当下收拾了行头药囊，寄顿了枪棒，三个人转湾抹角，来到州桥之下，一个潘家有名的酒店。门前挑出望竿，挂着酒斾，漾在空中飘荡。怎见得好座酒肆？正是：李白点头便饮，渊明招手回来。有诗为证：

　　　　风拂烟笼锦斾扬，太平时节日初长。
　　　　能添壮士英雄胆，善解佳人愁闷肠。
　　　　三尺晓垂杨柳外，一竿斜插杏花傍。
　　　　男儿未遂平生志，且乐高歌入醉乡。

批注

批注

　　三人上到潘家酒楼上，拣个济楚阁儿里坐下。鲁提辖坐了主位，李忠对席，史进下首坐了。酒保唱了喏，认得是鲁提辖，便道："提辖官人，打多少酒？"鲁达道："先打四角酒来。"一面铺下菜蔬果品案酒，又问道："官人，吃甚下饭？"鲁达道："问甚么！但有，只顾卖来，一发算钱还你。这厮只顾来聒噪！"酒保下去，随即盪酒上来，但是下口肉食，只顾将来，摆一桌子。三个酒至数杯，正说些闲话，较量些枪法，说得入港，只听得隔壁阁子里有人哽哽咽咽啼哭。鲁达焦躁，便把碟儿盏儿都丢在楼板上。酒保听得，慌忙上来看时，见鲁提辖气愤愤地。酒保抄手道："官人要甚东西，分付卖来。"鲁达道："洒家要甚么！你也须认的洒家，却怎地教甚么人在间壁吱吱的哭，搅俺弟兄们吃酒。洒家须不曾少了你酒钱。"酒保道："官人息怒。小人怎敢教人啼哭，打搅官人吃酒。这个哭的，是绰酒座儿唱的父子两人，不知官人们在此吃酒，一时间自苦了啼哭。"鲁提辖道："可是作怪，你与我唤的他来。"酒保去叫，不多时，只见两个到来。前面一个十八九岁的妇人，背后一个五六十岁的老儿，手里拿串拍板，都来到面前。看那妇人，虽无十分的容貌，也有些动人的颜色。但见：

　　鬓松云髻，插一枝青玉簪儿；袅娜纤腰，系六幅红罗裙子。素白旧衫笼雪体，淡黄软袜衬弓鞋。蛾眉紧蹙，汪汪泪眼落珍珠；粉面低垂，细细香肌消玉雪。若非雨病云愁，定是怀忧积恨。大体还他肌骨好，不搽脂粉也风流。

　　那妇人拭着泪眼，向前来深深的道了三个万福。那老儿也都相见了。鲁达问道："你两个是那里人家？为甚啼哭？"那妇人便道："官人不知，容奴告禀。奴家是东京人氏，因同父母来这渭州投奔亲眷，不想搬移南京去了。母亲在客店里染病身故。子父二人流落在此生受。此间有个财主，叫做镇关西郑大官人，因见奴家，便使强媒硬保，要奴作妾。谁想写了三千贯文书，虚钱实契，要了奴家身体。未及三个月，他家大娘子好生利害，将奴赶打出来，不容完聚。着落店主人家，追要原典身钱三千贯。父亲懦弱，和他争执不的，他又有钱有势。当初不曾得他一文，如今那讨钱来还他。没计奈何，父亲自小教得奴家些小曲儿，来这里酒楼上赶座子。每日但得些钱来，将大半还他，留些少子父们盘缠。这两日酒客稀少，违了他钱限，怕他来讨时，受他羞耻。子父们想起这苦楚来，无处告诉，因此啼哭。不想误触犯了官人，望乞恕罪，高抬贵手。"鲁提辖又问道："你姓甚么？在那个客店里歇？那个镇关西郑大官人在那里住？"老儿答道："老汉姓金，排行第二。孩儿小字翠莲。郑大官人便是此间状元桥下卖肉的郑屠，绰号镇关西。老汉父子两个，只在前面东门里鲁家店安下。"鲁达听了道："呸！俺只道那个郑大官人，却原来是杀猪的郑屠。这个腌臜泼才，投托着俺小种经略相公门下，做个肉铺户，却原来这等欺负人。"回头看着李忠、史进道："你两个且在这里，等洒家去打死了那厮便来。"史进、李忠抱住劝道："哥哥息怒，明日却理会。"两个三回五次劝得他住。

鲁达又道："老儿，你来。洒家与你些盘缠，明日便回东京去如何？"父子两个告道："若是能勾得回乡去时，便是重生父母，再长爷娘。只是店主人家如何肯放？郑大官人须着落他要钱。"鲁提辖道："这个不妨事，俺自有道理。"便去身边摸出五两来银子，放在桌上，看着史进道：

批注

"洒家今日不曾多带得些出来,你有银子借些与俺,洒家明日便送还你。"史进道:"直甚么,要哥哥还。"去包裹里取出一锭十两银子,放在桌上。鲁达看着李忠道:"你也借些出来与洒家。"李忠去身边摸出二两来银子。鲁提辖看了,见少,便道:"也是个不爽利的人。"鲁达只把这十五两银子与了金老,分付道:"你父子两个将去做盘缠。一面收拾行李。俺明日清早来发付你两个起身,看那个店主人敢留你!"金老并女儿拜谢去了。

鲁达把这二两银子丢还了李忠。三人再吃了两角酒,下楼来叫道:"主人家,酒钱洒家明日送来还你。"主人家连声应道:"提辖只顾自去,但吃不妨,只怕提辖不来赊。"三个人出了潘家酒肆,到街上分手。史进、李忠各自投客店去了。只说鲁提辖回到经略府前下处,到房里,晚饭也不吃,气愤愤的睡了。主人家又不敢问他。

再说金老得了这一十五两银子,回到店中,安顿了女儿,先去城外远处觅下一辆车儿;回来收拾了行李,还了房宿钱,算清了柴米钱,只等来日天明。当夜无事。次早五更起来,子父两个先打火做饭,吃罢,收拾了。天色微明,只见鲁提辖大踏步走入店里来,高声叫道:"店小二,那里是金老歇处?"小二哥道:"金公,提辖在此寻你。"金老开了房门,便道:"提辖官人里面请坐。"鲁达道:"坐甚么!你去便去,等甚么!"金老引了女儿,挑了担儿,作谢提辖,便待出门。店小二拦住道:"金公,那里去?"鲁达问道:"他少你房钱?"小二道:"小人房钱,昨夜都算还了。须欠郑大官人典身钱,着落在小人身上看管他哩。"鲁提辖道:"郑屠的钱,洒家自还他。你放这老儿还乡去。"那店小二那里肯放。鲁达大怒,叉开五指,去那小二脸上只一掌，打的那店小二口中吐血，再复一拳，打下当门两个牙齿。小二扒将起来，一道烟走了。店主人那里敢出来拦他。金老父子两个，忙忙离了店中，出城自去寻昨日觅下的车儿去了。

且说鲁达寻思，恐怕店小二赶去拦截他，且向店里掇条凳子，坐了两个时辰。约莫金公去的远了，方才起身，径投状元桥来。

且说郑屠开着两间门面，两副肉案，悬挂着三五片猪肉。郑屠正在门前柜身内坐定，看那十来个刀手卖肉。鲁达走到门前，叫声："郑屠！"郑屠看时，见是鲁提辖，慌忙出柜身来唱喏道："提辖恕罪。"便叫副手掇条凳子来："提辖请坐。"鲁达坐下道："奉着经略相公钧旨，要十斤精肉，切做臊子，不要见半点肥的在上头。"郑屠道："使头，你们快选好的切十斤去。"鲁提辖道："不要那等腌臜厮们动手，你自与我切。"郑屠道："说得是，小人自切便了。"自去肉案上拣了十斤精肉，细细切做臊子。那店小二把手帕包了头，正来郑屠家报说金老之事，却见鲁提辖坐在肉案门边，不敢拢来，只得远远的立住在房檐下望。这郑屠整整的自切了半个时辰，用荷叶包了，道："提辖，教人送去？"鲁达道："送甚么！且住，再要十斤都是肥的，不要见些精的在上面，也要切做臊子。"郑屠道："却才精的，怕府里要裹馄饨。肥的臊子何用？"鲁达睁着眼道："相公钧旨分付洒家，谁敢问他。"郑屠道："是。合用的东西，小人切便了。"又选了十斤实膘的肥肉，也细细的切做臊子，把荷叶来包了。整弄了一早辰，却得饭罢时候。那店小二那里敢过来，连那要买肉的主顾也不敢拢来。郑屠道："着人与提辖拿了，送将府里去。"鲁达道："再要十

批注

斤寸金软骨，也要细细地剁做臊子，不要见些肉在上面。"郑屠笑道："却不是特地来消遣我。"鲁达听罢，跳起身来，拿着那两包臊子在手里，睁眼看着郑屠说道："洒家特的要消遣你！"把两包臊子劈面打将去，却似下了一阵的肉雨。郑屠大怒，两条忿气从脚底下直冲到顶门，心头那一把无明业火，焰腾腾的按纳不住，从肉案上抢了一把剔骨尖刀，托地跳将下来。鲁提辖早拔步在当街上。众邻舍并十来个火家，那个敢向前来劝，两边过路的人都立住了脚，和那店小二也惊的呆了。

郑屠右手拿刀，左手便来要揪鲁达。被这鲁提辖就势按住左手，赶将入去，望小腹上只一脚，腾地踢倒了在当街上。鲁达再入一步，踏住胸脯，提起那醋钵儿大小拳头，看着这郑屠道："洒家始投老种经略相公，做到关西五路廉访使，也不枉了叫做镇关西。你是个卖肉的操刀屠户，狗一般的人，也叫做镇关西！你如何强骗了金翠莲？"扑的只一拳，正打在鼻子上，打得鲜血迸流，鼻子歪在半边，却便似开了个油酱铺：咸的、酸的、辣的，一发都滚出来。郑屠挣不起来，那把尖刀也丢在一边，口里只叫："打得好！"鲁达骂道："直娘贼！还敢应口。"提起拳头来就眼眶际眉梢只一拳，打得眼棱缝裂，乌珠迸出，也似开了个彩帛铺的：红的、黑的、绛的，都滚将出来。两边看的人惧怕鲁提辖，谁敢向前来劝？郑屠当不过讨饶。鲁达喝道："咄！你是个破落户，若是和俺硬到底，洒家倒饶了你。你如何叫俺讨饶，洒家却不饶你！"又只一拳，太阳上正着，却似做了一个全堂水陆的道场：磬儿、钹儿、铙儿一齐响。鲁达看时，只见郑屠挺在地下，口里只有出的气，没了入的气，动掸不得。鲁提辖假意道："你这厮诈死，洒家再打。"只见面皮渐渐的变了，鲁达寻思道："俺只指望痛打这厮一顿，不想三拳真个打死了他。洒家须吃官司，又没人送饭，不如及早撒开。"拔步便走，回头指着郑屠尸道："你诈死，洒家和你慢慢理会。"一头骂，一头大踏步去了。街坊邻舍并郑屠的火家，谁敢向前来拦他。

　　鲁提辖回到下处，急急卷了些衣服盘缠，细软银两，但是旧衣粗重都弃了。提了一条齐眉短棒，奔出南门，一道烟走了。

　　且说郑屠家中众人，救了半日不活，呜呼死了。老小邻人径来州衙告状。正直府尹升厅，接了状子，看罢，道："鲁达系是经略府提辖。"不敢擅自径来捕捉凶身。府尹随即上轿，来到经略府前，下了轿子，把门军士入去报知。经略听得，教请到厅上，与府尹施礼罢。经略问道："何来？"府尹禀道："好教相公得知，府中提辖鲁达，无故用拳打死市上郑屠。不曾禀过相公，不敢擅自捉拿凶身。"经略听说，吃了一惊，寻思道："这鲁达虽好武艺，只是性格粗卤。今番做出人命事，俺如何护得短？须教他推问使得。"经略回府尹道："鲁达这人，原是我父亲老经略处军官。为因俺这里无人帮护，拨他来做提辖。既然犯了人命罪过，你可拿他依法度取问。如若供招明白，拟罪已定，也须教我父亲知道，方可断决。怕日后父亲处边上要这个人时，却不好看。"府尹禀道："下官问了情由，合行申禀老经略相公知道，方敢断遣。"府尹辞了经略相公，出到府前，上了轿，回到州衙里，升厅坐下。便唤当日缉捕使臣押下文书，捉拿犯人鲁达。

　　当时王观察领了公文，将带二十来个做公的人，径到

批注

鲁提辖下处。只见房主人道："却才挍了些包裹，提了短棒，出去了。小人只道奉着差使，又不敢问他。"王观察听了，教打开他房门看时，只有些旧衣旧裳和些被卧在里面。王观察就带了房主人，东西四下里去跟寻，州南走到州北，捉拿不见。王观察又捉了两家邻舍并房主人，同到州衙厅上回话道："鲁提辖惧罪在逃，不知去向。只拿得房主人并邻舍在此。"府尹见说，且教监下。一面教拘集郑屠家邻佑人等，点了仵作行人，着仰本地坊官人并坊厢里正，再三检验已了。郑屠家自备棺木盛殓，寄在寺院。一面叠成文案，一壁差人杖限缉捕凶身。原告人保领回家；邻佑杖断有失救应；房主人并下处邻舍，止得个不应。鲁达在逃，行开个海捕文书，各处追捉。出赏钱一千贯，写了鲁达的年甲贯址，画了他的模样，到处张挂。一干人等疏放听候。郑屠家亲人自去做孝，不在话下。

且说鲁达自离了渭州，东逃西奔，却似：

失群的孤雁，趁月明独自贴天飞；漏网的活鱼，乘水势翻身冲浪跃。不分远近，岂顾高低。心忙撞倒路行人，脚快有如临阵马。

这鲁提辖忙忙似丧家之犬，急急如漏网之鱼，行过了几处州府。正是：逃生不避路，到处便为家。自古有几般：饥不择食，寒不择衣，慌不择路，贫不择妻。鲁达心慌抢路，正不知投那里去的是。一迷地行了半月之上，在路却走到代州雁门县。入得城来，见这市井闹热，人烟辏集，车马骈驰，一百二十行经商买卖，诸物行货都有，端的整齐。虽然是个县治，胜如州府。鲁提辖正行之间，不觉见一簇人众，围住了十字街口看榜。但见：

扶肩搭背，交颈并头。纷纷不辨贤愚，攘攘难分贵贼。张三蠢胖，不识字只把头摇；李四矮矬，看别人也将脚踏。白头老叟，尽将拐棒拄髭须；绿鬓书生，却把文房抄款目。行行总是萧何法，句句俱依律令行。

　　鲁达看见众人看榜，挨满在十字路口，也钻在丛里听时，鲁达却不识字，只听得众人读道："代州雁门县，依奉太原府指挥使司该准渭州文字，捕捉打死郑屠犯人鲁达，即系经略府提辖。如有人停藏在家宿食，与犯人同罪。若有人捕获前来，或首告到官，支给赏钱一千贯文。"鲁提辖正听到那里，只听得背后一个人大叫道："张大哥，你如何在这里？"拦腰抱住，直扯近县前来。

　　不是这个人看见了，横拖倒拽将去，有分教：鲁提辖剃除头发，削去髭须，倒换过杀人姓名，薅恼杀诸佛罗汉。直教禅杖打开危险路，戒刀杀尽不平人。毕竟扯住鲁提辖的是甚人，且听下回分解。

本回我评论：

煮酒论英雄

　　描写鲁智深，千古若活，真是传神写照妙手。且《水浒传》文字妙绝千古，全在同而不同处有辨。如鲁智深、李逵、武松、阮小七、石秀、呼延灼、刘唐等，众人都是急性的。渠形容刻画来，各有派头，各有光

李老师的水浒课

景,各有家数,各有身份,一毫不差,半些不混,读去自有分辨,不必见其姓名,一睹事实就知某人某人也。读者亦以为然乎?读者即不以为然,李卓老自以为然不易也。

——李卓吾

此回方写过史进英雄,接手便写鲁达英雄;方写过史进粗糙,接手便写鲁达粗糙;方写过史进爽利,接手便写鲁达爽利;方写过史进剀直,接手便写鲁达剀直。作者盖特地走此险路,以显自家笔力,读者亦当处处看他所以定是两个人,定不是一个人处,毋负良史苦心也。

——金圣叹

写鲁达为人处,一片热血直喷出来,令人读之深愧虚生世上,不曾为人出力。孔子云:"诗可以兴。"吾于稗官亦云矣。

——金圣叹

1. 你怎样看待金李二人的评价?你对"鲁智深"这个名字有何感悟?

2. 鲍鹏山教授对鲁智深这个人物喜爱有加,可以阅读《鲍鹏山说水浒》或网络搜索"百家讲坛"中关于鲁智深的论述,谈谈你的看法。

水浒校场

金老开了房门,道:"提辖官人,里面请坐。"鲁达道:"坐甚么?你去便去,等甚么?"【夹批:直截爽快,何处更有此人?】金老引了女儿,挑了担儿,作谢提辖,便待出门。店小二拦住道:"金公,那里去?"鲁达问道:"他少了你房钱?"小二道:"小人房钱,昨夜都算还了;须欠郑大官人典身钱,着落在小人身上看管他哩。"鲁提辖道:"郑屠的钱,洒家自还他,你放这老儿还乡去!"【夹批:三个字掉下人泪来。】那店小二那里肯放。鲁达大怒,揸开五指,去那小二脸上只一掌,【眉批:一路鲁达文中皆用只一掌、只一拳、只一脚,写鲁达阔绰,打人亦打得阔绰。】打的那店小二口中吐血;再复一拳,【夹批:一掌一拳,只算先做个样儿也。】打落两个当门牙齿。小二爬将起来,一道烟跑向店里去躲了。店主人那里敢出来拦他。金老父女两个,忙忙离了店中,出城自去寻昨日觅下的车儿去了。【夹批:写得好。】

1. 模仿金圣叹批注鲁智深打店小二,批注"鲁提辖拳打镇关西"的部分。

2. "《水浒传》一个人出来,分明便是一篇列传。至于中间事迹,又逐段自成文字,亦有两三卷成一篇者,亦有五六句成一篇者。"(金圣叹语)如果你喜欢鲁智深这个人物,可以尝试通读全书,梳理有关鲁智深的情节,创作一部《鲁智深传》。

水浒绣像

1. 搜集各种鲁智深的人物形象,剪贴在下面,选出你认为最符合鲁智深形象的一幅图片,并把你的理由用简洁的文字写下来。

A	B	C	D

我最喜欢（　），理由：

2. 如果你擅长绘画，能否画一幅九宫格漫画，表现鲁提辖拳打镇关西的故事？

第七回

花和尚倒拔垂杨柳　豹子头误入白虎堂

诗曰：

在世为人保七旬，何劳日夜弄精神。
世事到头终有尽，浮花过眼总非真。
贫穷富贵天之命，事业功名隙里尘。
得便宜处休欢喜，远在儿孙近在身。

批注

话说那酸枣门外三二十个泼皮破落户中间，有两个为头的，一个叫做过街老鼠张三，一个叫做青草蛇李四。这两个为头接将来，智深也却好去粪窖边，看见这伙人都不走动，只立在窖边，齐道："俺特来与和尚作庆。"智深道："你们既是邻舍街坊，都来廨宇里坐地。"张三、李四便拜在地上，不肯起来。只指望和尚来扶他，便要动手。智深见了，心里早疑忌道："这伙人不三不四，又不肯近前来，莫不要撅洒家？那厮却是倒来捋虎须，俺且走向前去，教那厮看洒家手脚。"

智深大踏步近前，去众人面前来。那张三、李四便道："小人兄弟们特来参拜师父。"口里说，便向前去，一个来抢左脚，一个来抢右脚。智深不等他占身，右脚早起，腾的把李四先踢下粪窖里去。张三恰待走，智深左脚早起，两个泼皮都踢在粪窖里挣扎。后头那二三十个破落户，惊的目瞪痴呆，都待要走。智深喝道："一个走的，一个下去！两个走的，两个下去！"众泼皮都不敢动掸。只见那张三、李四在粪窖里探起头来。原来那座粪窖没底似深，两个一身臭屎，头发上蛆虫盘满，立在粪窖里，叫道："师父，饶恕我们！"智深喝道："你那众泼皮，快扶那鸟上来，我便饶你众人。"众人打一救，揿到葫芦架边，臭秽不可近前。智深呵呵大笑道："兀那蠢物！你且去菜园池子里洗了来，和你众人说话。"两个泼皮洗了一回，众人脱件衣服与他两个穿了。

智深叫道："都来廨宇里坐地说话。"智深先居中坐了，指着众人道："你那伙鸟人，休要瞒洒家，你等都是什么鸟人，来这里戏弄洒家？"那张三、李四并众火伴一齐跪下，说道："小人祖居在这里，都只靠赌博讨钱为生。这片菜园是俺们衣饭碗，大相国寺里几番使钱要奈何我们不得。师父却是那里来的长老？恁的了得！相国寺里不曾见有师父。今日我等愿情伏侍。"智深道："洒家是关西延安府老种经略相公帐前提辖官，只为杀的人多，因此情愿出家，五台山来到这里。洒家俗姓鲁，法名智深。休说你这三二十个人直什么，便是千军万马队中，俺敢直杀的入去出来！"众泼皮喏喏连声，拜谢了去。智深自来廨宇里房内，收拾整顿歇卧。

次日，众泼皮商量，凑些钱物，买了十瓶酒，牵了一个猪，来请智深。都在廨宇安排了，请鲁智深居中坐了，两边一带坐定那二三十泼皮饮酒。智深道："什么道理，叫

第七回　花和尚倒拔垂杨柳　豹子头误入白虎堂

你众人们坏钞。"众人道:"我们有福,今日得师父在这里,与我等众人做主。"智深大喜。吃到半酣里,也有唱的,也有说的,也有拍手的,也有笑的。正在那里喧哄,只听得门外老鸦哇哇的叫。众人有扣齿的,齐道:"赤口上天,白舌入地。"智深道:"你们做什么鸟乱?"众人道:"老鸦叫,怕有口舌。"智深道:"那里取这话!"那种地道人笑道:"墙角边绿杨树上新添了一个老鸦巢,每日只聒到晚。"众人道:"把梯子去上面拆了那巢便了。"有几个道:"我们便去。"智深也乘着酒兴,都到外面看时,果然绿杨树上一个老鸦巢。众人道:"把梯子上去拆了,也得耳根清净。"李四便道:"我与你盘上去,不要梯子。"智深相了一相,走到树前,把直裰脱了,用右手向下,把身倒缴着,却把左手拔住上截,把腰只一趁,将那株绿杨树带根拔起。众泼皮见了,一齐拜倒在地,只叫:"师父非是凡人,正是真罗汉!身体无千万斤气力,如何拔得起!"智深道:"打甚鸟紧!明日都看洒家演武使器械。"众泼皮当晚各自散了。从明日为始,这二三十个破落户见智深匾匾的伏,每日将酒肉来请智深,看他演武使拳。

　　过了数日,智深寻思道:"每日吃他们酒食多矣,洒家今日也安排些还席。"叫道人去城中买了几般果子,沽了两三担酒,杀翻一口猪,一腔羊。那时正是三月尽,天气正热。智深道:"天色热!"叫道人绿槐树下铺了芦席,请那许多泼皮团团坐定。大碗斟酒,大块切肉,叫众人吃得饱了。再取果子吃酒,又吃得正浓,众泼皮道:"这几日见师父演力,不曾见师父家生器械,怎得师父教我们看一看也好。"智深道:"说的是。"自去房内取出浑铁禅杖,头尾长五尺,重六十二斤。众人看了,尽皆吃惊,都道:"两臂

批注

李老师的水浒课

批注

膊没水牛大小气力，怎使得动！"智深接过来，飕飕的使动，浑身上下，没半点儿参差。众人看了，一齐喝采。

智深正使得活泛，只见墙外一个官人看见，喝采道："端的使得好！"智深听得，收住了手看时，只见墙缺边立着一个官人。怎生打扮？但见：

头戴一顶青纱抓角儿头巾，脑后两个白玉圈连珠鬓环。身穿一领单绿罗团花战袍，腰系一条双搭尾龟背银带。穿一对磕瓜头朝样皂靴，手中执一把折叠纸西川扇子。

那官人生的豹头环眼，燕颔虎须，八尺长短身材，三十四五年纪，口里道："这个师父端的非凡，使的好器械！"众泼皮道："这位教师喝采，必然是好。"智深问道："那军官是谁？"众人道："这官人是八十万禁军枪棒教头林武师，名唤林冲。"智深道："何不就请来厮见？"那林教头便跳入墙来。两个就槐树下相见了，一同坐地。林教头便问道："师兄何处人氏？法讳唤做甚么？"智深道："洒家是关西鲁达的便是。只为杀的人多，情愿为僧。年幼时也曾到东京，认得今尊林提辖。"林冲大喜，就当结义智深为兄。智深道："教头今日缘何到此？"林冲答道："恰才与拙荆一同来间壁岳庙里还香愿。林冲听得使棒，看得入眼，着女使锦儿自和荆妇去庙里烧香。林冲就只此间相等。不想得遇师兄。"智深道："洒家初到这里，正没相识，得这几个大哥每日相伴。如今又得教头不弃，结为弟兄，十分好了。"便叫道人再添酒来相待。

恰才饮得三杯，只见女使锦儿慌慌急急，红了脸，在墙缺边叫道："官人，休要坐地！娘子在庙中和人合口！"林冲连忙问道："在那里？"锦儿道："正在五岳楼下来，撞见个诈奸不级的，把娘子拦住了，不肯放。"林冲慌忙

第七回 花和尚倒拔垂杨柳　豹子头误入白虎堂

道："却再来望师兄，休怪，休怪！"林冲别了智深，急跳过墙缺，和锦儿径奔岳庙里来。抢到五岳楼看时，见了数个人拿着弹弓、吹筒、粘竿，都立在栏干边。胡梯上一个年小的后生，独自背立着，把林冲的娘子拦着道："你且上楼去，和你说话。"林冲娘子红了脸道："清平世界，是何道理，把良人调戏！"林冲赶到跟前，把那后生肩胛只一扳过来，喝道："调戏良人妻子，当得何罪！"恰待下拳打时，认的是本管高太尉螟蛉之子高衙内。原来高俅新发迹，不曾有亲儿，无人帮助，因此过房这高阿叔高三郎儿子在房内为子。本是叔伯弟兄，却与他做干儿子，因此高太尉爱惜他。那厮在东京倚势豪强，专一爱淫垢人家妻女。京师人惧怕他权势，谁敢与他争口，叫他做花花太岁。

　　当时林冲扳将过来，却认得是本管高衙内，先自手软了。高衙内说道："林冲，干你甚事，你来多管？"原来高衙内不认得他是林冲的娘子，若还认得时，也没这场事。见林冲不动手，他发这话。众多闲汉见闹，一齐拢来劝道："教头休怪，衙内不认的，多有冲撞。"林冲怒气未消，一双眼睁着瞅那高衙内，众闲汉劝了林冲，和哄高衙内出庙上马去了。林冲将引妻小并使女锦儿，也转出廊下来。只见智深提着铁禅杖，引着那二三十个破落户，大踏步抢入庙来。林冲见了，叫道："师兄，那里去？"智深道："我来帮你厮打！"林冲道："原来是本官高太尉的衙内，不认得荆妇，时间无礼。林冲本待要痛打那厮一顿，太尉面上须不好看。自古道：不怕官，只怕管。林冲不合吃着他的请受，权且让他这一次。"智深道："你却怕他本官太尉，洒家怕他甚鸟！俺若撞见那撮鸟时，且教他吃洒

批注

家三百禅杖了去。"林冲见智深醉了，便道："师兄说得是。林冲一时被众人劝了，权且饶他。"智深道："但有事时，便来唤洒家与你去。"众泼皮见智深醉了，扶着道："师父，俺们且去，明日再得相会。"智深提着禅杖道："阿嫂休怪，莫要笑话。阿哥，明日再得相会。"智深相别，自和泼皮去了。林冲领了娘子并锦儿取路回家，心中只是郁郁不乐。

且说这高衙内引了一班儿闲汉，自见了林冲娘子，又被他冲散了，心中好生着迷，怏怏不乐，回到府中纳闷。过了三两日，众多闲汉都来伺候，见衙内自焦，没撩没乱，众人散了。数内有一个帮闲的，唤作干鸟头富安，理会得高衙内意思，独自一个到府中伺候。见衙内在书房中闲坐，那富安走近前去道："衙内近日面色清减，心中少乐，必然有件不悦之事。"高衙内道："你如何省得？"富安道："小子一猜便着。"衙内道："你猜我心中甚事不乐？"富安道："衙内是思想那'双木'的。这猜如何？"衙内笑道："你猜得是。只没个道理得他。"富安道："有何难哉！衙内怕林冲是个好汉，不敢欺他，这个无伤。他见在帐下听使唤，大请大受，怎敢恶了太尉？轻则便刺配了他，重则害了他性命。小闲寻思有一计，使衙内能勾得他。"高衙内听的，便道："自见了多少好女娘，不知怎的只爱他，心中着迷，郁郁不乐。你有甚见识，能勾他时，我自重重的赏你。"富安道："门下知心腹的陆虞候陆谦，他和林冲最好。明日衙内躲在陆虞候楼上深阁，摆下些酒食，却叫陆谦去请林冲出来吃酒。教他直去樊楼上深阁里吃酒，小闲便去他家对林冲娘子说道：'你丈夫教头和陆谦吃酒，一时重气，闷倒在楼上，叫娘子快去看哩。'赚得

第七回 花和尚倒拔垂杨柳 豹子头误入白虎堂

他来到楼上。妇人家水性，见了衙内这般风流人物，再着些甜话儿调和他，不由他不肯。小闲这一计如何？"高衙内喝采道："好条计！就今晚着人去唤陆虞候来分付了。"原来陆虞候家只在高太尉家隔壁巷内。次日，商量了计策，陆虞候一时听允，也没奈何，只要衙内欢喜，却顾不得朋友交情。

且说林冲连日闷闷不已，懒上街去，巳牌时，听得门首有人叫道："教头在家么？"林冲出来看时，却是陆虞候，慌忙道："陆兄何来？"陆谦道："特来探望，兄何故连日街前不见？"林冲道："心里闷，不曾出去。"陆谦道："我同兄长去吃三杯解闷。"林冲道："少坐拜茶。"两个吃了茶起身。陆虞候道："阿嫂，我同兄长到家去吃三杯。"林冲娘子赶到布帘下，叫道："大哥，少饮早归。"

林冲与陆谦出得门来，街上闲走了一回。陆虞候道："兄长，我们休家去，只就樊楼内吃两杯。"当时两个上到樊楼内，占个阁儿，唤酒保分付，叫取两瓶上色好酒，希奇果子案酒。两个叙说闲话。林冲叹了一口气，陆虞候道："兄长何故叹气？"林冲道："贤弟不知，男子汉空有一身本事，不遇明主，屈沉在小人之下，受这般腌臜的气！"陆虞候道："如今禁军中虽有几个教头，谁人及得兄长的本事，太尉又看承得好，却受谁的气？"林冲把前日高衙内的事告诉陆虞候一遍。陆虞候道："衙内必不认的嫂子。如此也不打紧，兄长不必忍气，只顾饮酒。"林冲吃了八九杯酒，因要小遗，起身道："我去净手了来。"林冲下得楼来，出酒店门，投东小巷内去净了手。回身转出巷口，只见女使锦儿叫道："官人，寻得我苦，却在这里！"林冲慌忙问题："做甚么？"锦儿道："官人和陆虞候出来，

☞ 批注

41

批注

　　没半个时辰,只见一个汉子慌慌急急奔来家里,对娘子说道:'我是陆虞候家邻舍。你家教头和陆谦吃酒,只见教头一口气不来,便重倒了!只叫娘子且快来看视。'娘子听得,连忙央间壁王婆看了家,和我跟那汉子去。直到太府前小巷内一家人家,上至楼上,只见桌子上摆着些酒食,不见官人。恰待下楼,只见前日岳庙里啰唣娘子的那后生出来道:'娘子少坐,你丈夫来也。'锦儿慌慌下的楼时,只听得娘子在楼上叫:'杀人!'因此,我一地里寻官人不见,正撞着卖药的张先生道:'我在樊楼前过,见教头和一个人入去吃酒。'因此特奔到这里。官人快去!"

　　林冲见说,吃了一惊,也不顾女使锦儿,三步做一步,跑到陆虞候家。抢到胡梯上,却关着楼门。只听得娘子叫道:"清平世界,如何把我良人妻子关在这里!"又听得高衙内道:"娘子,可怜见救俺!便是铁石人,也告的回转!"林冲立在胡梯上,叫道:"大嫂开门!"那妇人听的是丈夫声音,只顾来开门。高衙内吃了一惊,斡开了楼窗,跳墙走了。林冲上的楼上,寻不见高衙内,问娘子道:"不曾被这厮点污了?"娘子道:"不曾。"林冲把陆虞候家打得粉碎,将娘子下楼。出得门外看时,邻舍两边都闭了门。女使锦儿接着,三个人一处归家去了。

　　林冲拿了一把解腕尖刀,径奔到樊楼前去寻陆虞候,也不见了。却回来他门前等了一晚,不见回家,林冲自归。娘子劝道:"我又不曾被他骗了,你休得胡做。"林冲道:"叵耐这陆谦畜生,我和你如兄若弟,你也来骗我!只怕不撞见高衙内,也照管着他头面。"娘子苦劝,那里肯放他出门。陆虞候只躲在太尉府内,亦不敢回家。林冲一连等了三日,并不见面。府前人见林冲面色不好,谁敢

第七回　花和尚倒拔垂杨柳　豹子头误入白虎堂

问他。

第四日饭时候，鲁智深径寻到林冲家相探，问道："教头如何连日不见面？"林冲答道："小弟少冗，不曾探得师兄。既蒙到我寒舍，本当草酌三杯，争奈一时不能周备，且和师兄一同上街闲玩一遭，市沽两盏，如何？"智深道："最好。"两个同上街来，吃了一日酒，又约明日相会。自此，每日与智深上街吃酒，把这件事都放慢了。

且说高衙内自从那日在陆虞候家楼上吃了那惊，跳墙脱走，不敢对太尉说知，因此在府中卧病。陆虞候和富安两个来府里望衙内，见他容颜不好，精神憔悴。陆谦道："衙内何故如此精神少乐？"衙内道："实不瞒你们说，我为林冲老婆，两次不能勾得他，又吃他那一惊，这病越添得重了。眼见的半年三个月，性命难保。"二人道："衙内且宽心，只在小人两个身上，好歹要共那妇人完聚，只除他自缢死了便罢。"正说间，府里老都管也来看衙内病症。只见：

不痒不疼，浑身上或寒或热；没撩没乱，满腹中又饱又饥。白昼忘餐，黄昏废寝。对爷娘怎诉心中恨，见相识难遮脸上羞。七魄悠悠，等候鬼门关上去；三魂荡荡，安排横死案中来。

那陆虞候和富安见老都管来问病，两个商量道："只除恁的。"等候老都管看病已了出来，两个邀老都管僻静处说道："若要衙内病好，只除教太尉得知，害了林冲性命，方能勾得他老婆和衙内在一处，这病便得好。若不如此，已定送了衙内性命。"老都管道："这个容易，老汉今晚便禀太尉得知。"两个道："我们已有了计，只等你回话。"

老都管至晚来见太尉，说道："衙内不害别的症，却害

批注

43

林冲的老婆。"高俅道："几时见了他的浑家？"都管禀道："便是前月二十八日，在岳庙里见来，今经一月有余。"又把陆虞候设的计备细说了。高俅道："如此，因为他浑家怎地害他？我寻思起来，若为惜林冲一个人时，须送了我孩儿性命，却怎生是好？"都管道："陆虞候和富安有计较。"高俅道："既是如此，教唤二人来商议。"老都管随即唤陆谦、富安，入到堂里，唱了喏。高俅问道："我这小衙内的事，你两个有甚计较？救得我孩儿好了时，我自抬举你二人。"陆虞候向前禀道："恩相在上，只除如此如此使得。"高俅见说了，喝采道："好计！你两个明日便与我行。"不在话下。

再说林冲每日和智深吃酒，把这件事不记心了。那一日，两个同行到阅武坊巷口，见一条大汉，头戴一顶抓角儿头巾，穿一领旧战袍，手里拿着一口宝刀，插着个草标儿，立在街上，口里自言自语说道："不遇识者，屈沉了我这口宝刀！"林冲也不理会，只顾和智深说着话走。那汉子又跟在背后道："好口宝刀，可惜不遇识者！"林冲只顾和智深走着，说得入港。那汉又在背后说道："偌大一个东京，没一个识的军器的！"林冲听的说，回过头来，那汉飕的把那口刀掣将出来，明晃晃的夺人眼目。林冲合当有事，猛可地道："将来看！"那汉递将过来。林冲接在手内，同智深看了。但见：

清光夺目，冷气侵人。远看如玉沼春冰，近看似琼台瑞雪。花纹密布，鬼神见后心惊；气象纵横，奸党遇时胆裂。太阿巨阙应难比，干将莫邪亦等闲。

当时林冲看了，吃了一惊，失口道："好刀！你要卖几钱？"那汉道："索价三千贯，实价二千贯。"林冲道："值

第七回　花和尚倒拔垂杨柳　豹子头误入白虎堂

是值二千贯，只没个识主。你若一千贯肯时，我买你的。"那汉道："我急要些钱使，你若端的要时，饶你五百贯，实要一千五百贯。"林冲道："只是一千贯，我便买了。"那汉叹口气道："金子做生铁卖了，罢，罢！一文也不要少了我的。"林冲道："跟我来家中取钱还你。"回身却与智深道："师兄且在茶房里少待，小弟便来。"智深道："洒家且回去，明日再相见。"林冲别了智深，自引了卖刀的那汉，去家去取钱与他。将银子折算价贯，准还与他，就问那汉道："你这口刀那里得来？"那汉道："小人祖上留下。因为家道消乏，没奈何，将出来卖了。"林冲道："你祖上是谁？"那汉道："若说时，辱没杀人！"林冲再也不问。那汉得了银两自去了。林冲把这口刀翻来复去看了一回，喝采道："端的好把刀！高太尉府中有一口宝刀，胡乱不肯教人看，我几番借看，也不肯将出来。今日我也买了这口好刀，慢慢和他比试。"林冲当晚不落手看了一晚，夜间挂在壁上，未等天明，又去看那刀。

次日巳牌时分，只听得门首有两个承局叫道："林教头，太尉钧旨，道你买一口好刀，就叫你将去比看。太尉府里专等。"林冲听得，说道："又是甚么多口的报知了。"两个承局催得林冲穿了衣服，拿了那口刀，随这两个承局来。一路上，林冲道："我在府中不认的你。"两个人说道："小人新近参随。"却早来到府前，进得到厅前，林冲立住了脚。两个又道："太慰在里面后堂内坐地。"转入屏风，至后堂，又不见太尉。林冲又住了脚。两个又道："太尉直在里面等你，叫引教头进来。"又过了两三重门，到一个去处，一周遭都是绿栏杆。两个又引林冲到堂前，说道："教头，你只在此少待，等我入去禀太尉。"

批注

45

批注

　　林冲拿着刀,立在檐前,两个人自入去了。一盏茶时,不见出来。林冲心疑,探头入帘看时,只见檐前额上有四个青字,写道"白虎节堂"。林冲猛省道:"这节堂是商议军机大事处,如何敢无故辄入,不是礼!"急待回身,只听的靴履响、脚步鸣,一个人从外面入来。林冲看时,不是别人,却是本管高太尉。林冲见了,执刀向前声喏。太尉喝道:"林冲,你又无呼唤,安敢辄入白虎节堂!你知法度否?你手里拿着刀,莫非来刺杀下官?有人对我说,你两三日前拿刀在府前伺候,必有歹心。"林冲躬身禀道:"恩相,恰才蒙两个承局呼唤林冲,将刀来比看。"太尉喝道:"承局在那里?"林冲道:"恩相,他两个已投堂里去了。"太尉道:"胡说!甚么承局敢进我府堂里去。左右,与我拿下这厮!"说犹未了,旁边耳房里走出二十余人,把林冲横推倒拽,恰似皂雕追紫燕,浑如猛虎啖羊羔。高太尉大怒道:"你既是禁军教头,法度也还不知道。因何手执利刃,故入节堂,欲杀本官?"叫左右把林冲推下,不知性命如何。

　　不因此等,有分教:"大闹中原,纵横海内。直教农夫背上添心号,渔父舟中插认旗。毕竟看林冲性命如何,且听下回分解。

本回我评论:

煮酒论英雄

此文用笔之难，独与前后迥异。盖前后都只一手顺写一事，便以闲笔波及他事，亦都相时乘便出之。今此文，林冲新认得一个鲁达，出格亲热，却接连便有衙内合口一事，出格斗气。今要写鲁达，则衙内一事须阁不起；要写衙内，则鲁达一边须冷不下，诚所谓笔墨之事，亦有进退两难之日也。况于衙内文中，又要分作两番叙出，一番自在林家，一番自在高府。今叙高府，则要照林家，叙林家则要照高府。如此百忙之中，却又有菜园一人跃跃欲来，且使此跃跃欲来之人乃是别位犹之可也，今却端端的的便是为了金翠莲三拳打死人之鲁达。呜呼！即使作者乃具七手八脚，胡可得了乎？今读其文，不偏不漏，不板不犯，读者于此而不服膺，知后世犹未能文也。

——金圣叹

如今世上都是瞎子，再无一个有眼的，看人只是皮相。如鲁和尚却是个活佛，倒叫他不似出家人模样。请问，似出家人模样的，毕竟济得恁事？模样要他做恁？假道学之所以可恶可恨可杀可剐，正为忒似圣人模样耳。

——李卓吾

1. 这一回涉及两位重要的梁山好汉，如何安排情节，铺排线索，很考验作者的功力，结合金圣叹的"总评"，说说你的看法。

2. 李卓吾的评论非常辛辣，胸中似有不平之气，你如何评价他的观点？

李老师的水浒课

水浒校场

次日，众泼皮商量，凑些钱物，买了十瓶酒，牵了一个猪，来请智深，都在廨宇安排了，请鲁智深居中坐了。两边一带坐定那三二十泼皮饮酒。智深道："甚么道理叫你众人们坏钞？"众人道："我们有福，今日得师父在这里，与我等众人做主。"智深大喜。吃到半酣里，也有唱的，也有说的，也有拍手的，也有笑的。【夹批：是个泼皮酒席。】正在那里喧哄，只听门外老鸦哇哇的叫。【夹批：奇文怪想，突如其来，毫无斗笋接缝之迹。】众人有扣齿的，齐道："赤口上天，白舌入地。"【夹批：叩齿为禳，不知始于何时，乃此时已有之。然定是泼皮教法，非士大夫所宜有，乃今此法，遍行上下，为之一笑。赤口白舌，八字成文，其中无有，而其外烨然。凡道家经集皆尔，不足览也。】智深道："你们做甚么鸟乱？"众人道："老鸦叫，怕有口舌。"智深道："那里取这话？"那种地道人笑道："墙角边绿杨树上新添了一个老鸦巢，每日直聒到晚。"众人道："把梯子上面去拆了那巢便了。"有几个道："我们便去。"智深也乘着酒兴，都到外面看时，果然绿树上一个老鸦巢。众人道："把梯子上去拆了，也得耳根清净。"李四便道："我与你盘上去，不要梯子。"【夹批：第一层是老鸦叫，第二层是叩齿咒之，第三层是道人说，第四层是寻梯上去，第五层是看，第六层是要盘上去，只一倒拔垂杨，凡用六层层折，方入相一相句，行文如画。】智深相了一相，【夹批：四字不是细作，正是气雄万夫处。】走到树前，把直裰脱了，用右手向下，把身倒缴着；却把左手拔住上截，把腰只一趁，【夹批：写得有方法。】将那株绿杨树带根拔起。众泼皮见了，一齐拜倒在地，只叫："师父非是凡人，正是真罗汉！身体无千万斤气力，如何拔得起！"智深道："打甚鸟紧。明日都看洒家演武器械。"【夹批：忽然递入明日。】众泼皮当晚各自散了。从明日为始，【夹批：忽然把明日变成十数日。】这二三十个破落户见智深匾匾的伏，每日将酒肉来请智深，看他演武使拳。【夹批：许他使器械，只看使得拳，妙有层节。】

1.上文是鲁智深倒拔垂杨柳一段,细细品味金圣叹的夹批,体会层层铺垫的妙处。试从本回描写林冲的情节里找出层层铺垫的地方,进行旁批。

2.《水浒传》中的武器种类繁多——鲁智深的禅杖、林冲的枪、武松的戒刀等等,尝试做一个小课题,搜集一下本书中的武器,列一个"水浒兵器谱"。

水浒绣像

1.请你尝试画一个四格漫画,来表现本回一个主要情节。

A　　　　　　B　　　　　　C　　　　　　D

第八回

林教头刺配沧州道　鲁智深大闹野猪林

批注

诗曰：

头上青天只恁欺，害人性命霸人妻。
须知奸恶千般计，要使英雄一命危。
忠义萦心由秉赋，贪嗔转念是慈悲。
林冲合是灾星退，却笑高俅枉作为。

话说当时太尉喝叫左右排列军校，拿下林冲要斩。林冲大叫冤屈。太尉道："你来节堂有何事务？见今手里拿着利刃，如何不是来杀下官？"林冲告道："太尉不唤，如何敢见。有两个承局望堂里去了，故赚林冲到此。"太尉喝道："胡说！我府中那有承局。这厮不服断遣！"喝叫左右："解去开封府，分付滕府尹好生推问，勘理明白处决。就把宝刀封了去。"左右领了钧旨，监押林冲投开封府来。恰好府尹坐衙未退。但见：

绯罗缴壁，紫绶卓围。当头额挂朱红，四下帘垂斑竹。官僚守正，戒石上刻御制四行；令史谨严，漆牌中书低声二字。提辖官能掌机密，客帐司专管牌单。吏兵沉重,节级严威。执藤条祗候立阶前,持大杖离班分左右。庞眉狱卒挈沉枷,显耀狰狞;竖目押牢提铁锁,施逞猛勇。户婚词讼,断时有似玉衡明;斗殴相争,判断恰如金镜照。虽然一郡宰臣官,果是四方民父母。直使囚从冰上立、尽教人向镜中行。说不尽许多威仪,似塑就一堂神道。

  高太尉干人把林冲押到府前,跪在阶下。府干将太尉言语对滕府尹说了,将上太尉封的那把刀,放在林冲面前。府尹道:"林冲,你是个禁军教头,如何不知法度,手执利刃,故入节堂?这是该死的罪犯!"林冲告道:"恩相明镜,念林冲负屈衔冤。小人虽是粗卤的军汉,颇识些法度,如何敢擅入节堂。为是前月二十八日,林冲与妻到岳庙还香愿,正迎见高太尉的小衙内把妻子调戏,被小人喝散了。次后,又使陆虞候赚小人吃酒,却使富安来骗林冲妻子到陆虞候家楼上调戏,亦被小人赶去,是把陆虞候家打了一场。两次虽不成奸,皆有人证。次日,林冲自买这口刀。今日,太尉差两个承局来家呼唤林冲,叫将刀来府里比看。因此,林冲同二人到节堂下。两个承局进堂里去了,不想太尉从外面进来,设计陷害林冲。望恩相做主!"府尹听了林冲口词,且叫与了回文,一面取刑具枷杻来枷了,推入牢里监下。林冲家里自来送饭,一面使钱。林冲的丈人张教头亦来买上告下,使用财帛。

  正值有个当案孔目,姓孙名定,为人最鲠直,十分好善,只要周全人,因此人都唤做孙佛儿。他明知道这件事,转转宛宛,在府上说知就里,禀道:"此事果是屈了林冲,只可周全他。"府尹道:"他做下这般罪,高太尉批仰定罪,定要问他'手执利刃,故入节堂,杀害本官',怎周全得他?"孙定道:"这南衙开封府不是朝廷的,是高太尉家的?"府尹道:"胡说!"孙定道:"谁不知高太尉当权,倚势豪强,更兼他府里无般不做,但有人小小触犯,便发来开封府,要杀便杀,要剐便剐,却不是他家官府。"府尹道:"据你说时,林冲事怎的方便他,施行断遣?"孙定道:"看林冲口词,是个无罪的人。只是没拿那两个承局处。如今着他招认做'不合腰悬利刃,误入节堂',脊杖二十,刺配远恶军州。"滕府尹也知这件事了,自去高太尉面前,再三禀说林冲口词。高俅情知理短,又碍府尹,只得准了。

就此日,府尹回来升厅,叫林冲除了长枷,断了二十脊杖,唤个文笔匠刺了面颊,量地方远近,该配沧州牢城。当厅打一面七斤半团头铁叶护身枷钉了,贴上封皮,押了一道牒文,差两个防送公人监押前去。两个人是董超、薛霸。二人领了公文,押送林冲出开封府来。只见众邻舍并林冲的丈人张教头,都在府前接着,同林冲两个公人,到州桥下酒店里坐定。林冲道:"多得孙孔目维持,这棒不毒,因此走得动掸。"张教头叫酒保安排案酒果子,管待两个公人。酒至数杯,只见张教头将出银两,赍发他两个防送公人已了。林冲执手对丈人说道:"泰山在上,年灾月厄,撞了高衙内,吃了一场屈官司。今日有句话说,上禀泰山。自蒙泰山错爱,将令爱嫁事小人,已经三载,不曾有半些儿差池。虽不曾生半个儿女,未曾面红面赤,半点相争。今小人遭这场横事,配去沧州,生死存亡未保。娘子在家,小人心去不稳,诚恐高衙内威逼这头亲事。况兼青春年少,休为林冲误了前程。却是林冲自行主张,非他人逼迫,小人今日就高邻在此,明白立纸休

第八回　林教头刺配沧州道　鲁智深大闹野猪林

书，任从改嫁，并无争执。如此，林冲去的心稳，免得高衙内陷害。"张教头道："林冲，甚么言语！你是天年不齐，遭了横事，又不是你作将出来的。今日权且去沧州躲灾避难，早晚天可怜见，放你回来时，依旧夫妻完聚。老汉家中也颇有些过活，明日便取了我女家去，并锦儿，不拣怎的，三年五载，养赡得他。又不叫他出入，高衙内便要见也不能勾。休要忧心，都在老汉身上。你在沧州牢城，我自频频寄书并衣服于你。休得要胡思乱想，只顾放心去。"林冲道："感谢泰山厚意，只是林冲放心不下，枉自两相耽误。泰山可怜见林冲，依允小人，便死也瞑目。"张教头那里肯应承，众邻舍亦说行不得。林冲道："若不依允小人之时，林冲便挣侧得回来，誓不与娘子相聚！"张教头道："既然如此行时，权且由你写下，我只不把女儿嫁人便了。"当时叫酒保寻个写文书的人来，买了一张纸来。那人写，林冲说，道是：

"东京八十万禁军教头林冲，为因身犯重罪，断配沧州，去后存亡不保。有妻张氏年少，情愿立此休书，任从改嫁，永无争执。委是自行情愿，即非相逼。恐后无凭，立此文约为照。年月日。"

林冲当下看人写了，借过笔来，去年月下押个花字，打个手模。正在阁里写了，欲付与泰山收时，只见林冲的娘子号天哭地叫将来。女使锦儿抱着一包衣服，一路寻到酒店里。林冲见了，起身接着道："娘子，小人有句话说，已禀过泰山了。为是林冲年灾月厄，遭这场屈事。今去沧州，生死不保，诚恐误了娘子青春，今已写下几字在此。万望娘子休等小人，有好头脑，自行招嫁，莫为林冲误了贤妻。"那妇人听罢，哭将起来，说道："丈夫！我不曾有

> 批注

53

批注

半些儿点污，如何把我休了？"林冲道："娘子，我是好意。恐怕日后两下相误，赚了你。"张教头便道："我儿放心。虽是林冲恁的主张，我终不成下得将你来再嫁人。这事且由他放心去。他便不来时，我也安排你一世的终身盘费，只教你守志便了。"那妇人听得说，心中哽咽，又见了这封书，一时哭倒，声绝在地。未知五脏如何，先见四肢不动。但见：

荆山玉损，可惜数十年结发成亲；宝鉴花残，枉费九十日东君匹配。花容倒卧，有如西苑芍药倚朱栏；檀口无言，一似南海观音来入定。小园昨夜春风恶，吹折江梅就地横。

林冲与泰山张教头救得起来，半晌方才苏醒，也自哭不住。林冲把休书与教头收了。众邻舍亦有妇人来劝林冲娘子，搀扶回去。张教头嘱咐林冲道："你顾前程去，挣扎回来厮见。你的老小，我明日便取回去养在家里，待你回来完聚。你但放心去，不要挂念。如有便人，千万频频寄些书信来。"林冲起身谢了，拜辞泰山并众邻舍，背了包裹，随着公人去了。张教头同邻舍取路回家，不在话下。

且说两个防送公人把林冲带来使臣房里寄了监。董超、薛霸各自回家，收拾行李。只说董超正在家里拴束包裹，只见巷口酒店里酒保来说道："董端公，一位官人在小人店里请说话。"董超道："是谁？"酒保道："小人不认的，只叫请端公便来。"原来宋时的公人都称呼"端公"。当时董超便和酒保径到店中阁儿内看时，见坐着一个人，头戴顶万字头巾，身穿领皂纱背子，下面皂靴净袜。见了董超，慌忙作揖道："端公请坐。"董超道："小人自来不曾拜识尊颜，不知呼唤有何使令？"那人道："请坐，少

第八回 林教头刺配沧州道 鲁智深大闹野猪林

间便知。"董超坐在对席。酒保一面铺下酒盏菜蔬果品案酒,都搬来摆了一桌。那人问道:"薛端公在何处住?"董超道:"只在前边巷内。"那人唤酒保问了底脚,"与我去请将来。"酒保去了一盏茶时,只见请得薛霸到阁儿里。董超道:"这位官人请俺说话。"薛霸道:"不敢动问大人高姓?"那人又道:"少刻便知,且请饮酒。"三人坐定,一面酒保筛酒。酒至数杯,那人去袖子里取出十两金子,放在桌上,说道:"二位端公各收五两,有些小事烦及。"二人道:"小人素不认得尊官,何故与我金子?"那人道:"二位莫不投沧州去?"董超道:"小人两个奉本府差遣,监押林冲直到那里。"那人道:"既是如此,相烦二位。我是高太尉府心腹人陆虞候便是。"董超、薛霸喏喏连声,说道:"小人何等样人,敢共对席。"陆谦道:"你二位也知林冲和太尉是对头。今奉着太尉钧旨,教将这十两金子送与二位。望你两个领诺,不必远去,只就前面僻静去处把林冲结果了,就彼处讨纸回状回来便了。若开封府但有话说,太尉自行分付,并不妨事。"董超道:"却怕使不的。开封府公文只叫解活的去,却不曾教结果了他。亦且本人年纪又不高大,如何作的这缘故?倘有些兜答,恐不方便。"薛霸道:"董超,你听我说。高太尉便叫你我死,也只得依他,莫说使这官人又送金子与俺。你不要多说,和你分了罢,落得做人情,日后也有照顾俺处。前头有的是大松林猛恶去处,不拣怎的与他结果了罢。"当下薛霸收了金子,说道:"官人放心。多是五站路,少只两程,便有分晓。"陆谦大喜道:"还是薛端公真是爽利,明日到地了时,是必揭取林冲脸上金印回来做表证,陆谦再包办二位十两金子相谢。专等好音,切不可相误。"原来宋时,但

☞ 批注

是犯人徒流迁徙的，都脸上刺字，怕人恨怪，只唤做"打金印"。三个人又吃了一会酒，陆虞候算了酒钱。三人出酒肆来，各自分手。

只说董超、薛霸将金子分受入已，送回家中，取了行李包裹，拿了水火棍，便来使臣房里取了林冲，监押上路。当日出得城来，离城三十里多路歇了。宋时途路上客店人家，但是公人监押囚人来歇，不要房钱。当下董、薛二人带林冲到客店里，歇了一夜。第二日天明起来，打火吃了饮食，投沧州路上来。时遇六月天气，炎暑正热。林冲初吃棒时，倒也无事，次后三两日间，天道盛热，棒疮却发。又是个新吃棒的人，路上一步挨一步，走不动。董超道："你好不晓事！此去沧州二千里有余的路，你这样般走，几时得到。"林冲道："小人在太尉府里折了些便宜，前日方才吃棒，棒疮举发。这般炎热，上下只得担待一步。"薛霸道："你自慢慢的走，休听咭咭。"董超一路上喃喃咄咄的，口里埋冤叫苦，说道："却是老爷们晦气，撞着你这个魔头。"看看天色又晚，但见：

红轮低坠，玉镜将明。遥观樵子归来，近睹柴门半掩。僧投古寺，疏林穰穰鸦飞；客奔孤村，断岸嗷嗷犬吠。佳人秉烛归房，渔父收纶罢钓。唧唧乱蛩鸣腐草，纷纷宿鹭下莎汀。

当晚三个人投村中客店里来。到得房内，两个公人放了棍棒，解下包裹。林冲也把包来解了，不等公人开口，去包里取些碎银两，央店小二买些酒肉，籴些米来，安排盘馔，请两个防送公人坐了吃。董超、薛霸又添酒来，把林冲灌的醉了，和枷倒在一边。薛霸去烧一锅百沸滚汤，提将来倾在脚盆内，叫道："林教头，你也洗了脚好睡。"

第八回 林教头刺配沧州道 鲁智深大闹野猪林

林冲挣的起来，被枷碍了，曲身不得。薛霸便道："我替你洗。"林冲忙道："使不得！"薛霸道："出路人那里计较的许多。"林冲不知是计，只顾伸下脚来，被薛霸只一按，按在滚汤里。林冲叫一声："哎也！"急缩得起时，泡得脚面红肿了。林冲道："不消生受。"薛霸道："只见罪人伏侍公人，那曾有公人伏侍罪人。好意叫他洗脚，颠倒嫌冷嫌热，却不是好心不得好报。"口里喃喃的骂了半夜。林冲那里敢回话，自去倒在一边。他两个泼了这水，自换些水去外边洗了脚收拾。睡到四更，同店人都未起，薛霸起来烧了面汤，安排打火做饭吃。林冲起来，晕了，吃不得，又走不动。薛霸拿了水火棍，催促动身。董超去腰里解下一双新草鞋，耳朵并索儿却是麻编的，叫林冲穿。林冲看时，脚上满面都是潦浆泡，只得寻觅旧草鞋穿，那里去讨，没奈何，只得把新鞋穿上。叫店小二算过酒钱。两个公人带了林冲出店，却是五更天气。

林冲走不到三二里，脚上泡被新草鞋打破了，鲜血淋漓，正走不动，声唤不止。薛霸骂道："走便快走，不走便大棍捌将起来。"林冲道："上下方便，小人岂敢怠慢，俄延程途，其实是脚疼走不动。"董超道："我扶着你走便了。"挽着林冲，又行不动，只得又捱了四五里路。看看正走动了，早望见前面烟笼雾锁，一座猛恶林子。但见：

层层如雨脚，郁郁似云头。杈枒如鸾凤之巢，屈曲似龙蛇之势。根盘地角，弯环有似蟒盘旋；影拂烟霄，高耸直教禽打捉。直饶胆硬心刚汉，也作魂飞魄散人。

这座猛恶林子，有名唤做"野猪林"，此是东京去沧州路上第一个险峻去处。宋时，这座林子内，但有些冤仇的，使用些钱与公人，带到这里，不知结果了多少好汉在

> 批注

此处。今日，这两个公人带林冲奔入这林子里来。董超道："走了一五更，走不得十里路程，似此沧州怎的得到。"薛霸道："我也走不得了，且就林子里歇一歇。"

三个人奔到里面，解下行李包裹，都搬在树根头。林冲叫声："呵也！"靠着一株大树便倒了。只见董超说道："行一步，等一步，倒走得我困倦起来。且睡一睡却行。"放下水火棍，便倒在树边，略略闭得眼，从地下叫将起来。林冲道："上下做甚么？"董超、薛霸道："俺两个正要睡一睡，这里又无关锁，只怕你走了。我们放心不下，以此睡不稳。"林冲答道："小人是个好汉，官司既已吃了，一世也不走。"董超道："那里信得你说。要我们心稳，须得缚一缚。"林冲道："上下要缚便缚，小人敢道怎地。"薛霸腰里解下索子来，把林冲连手带脚和枷紧紧的绑在树上。两个跳将起来，转过身来，拿起水火棍，看着林冲，说道："不是俺要结果你，自是前日来时，有那陆虞候传着高太尉钧旨，教我两个到这里结果你，立等金印回去回话。便多走的几日，也是死数。只今日就这里，倒作成我两个回去快些。休得要怨我弟兄两个，只是上司差遣，不由自己。你须精细着，明年今日是你周年。我等已限定日期，亦要早回话。"林冲见说，泪如雨下，便道："上下！我与你二位，往日无仇，近日无冤。你二位如何救得小人，生死不忘。"董超道："说甚么闲话！救你不得。"薛霸便提起水火棍来，望着林冲脑袋上劈将来。可怜豪杰，等闲来赴鬼门关；惜哉英雄，到此翻为槐国梦。万里黄泉无旅店，三魂今夜落谁家？毕竟看林冲性命如何，且听下回分解。

第八回 林教头刺配沧州道 鲁智深大闹野猪林

本回我评论：

煮酒论英雄

　　此回凡两段文字，一段是林武师写休书，一段是野猪林吃闷棍；一段写儿女情深，一段写英雄气短，只看他行文历历落落处。

——金圣叹

　　形容公人情状亦可。

——李卓吾

1. 以上是两位评论家的本回总评，你如何理解？特别是李卓吾的评论，言外之意颇深，你如何理解？引起你哪些联想？

2. "林冲自然是上上人物，写得只是太狠。看他算得到，熬得住，把得牢，做得彻，都使人怕。这般人在世上，定做得事业来，然琢削元气也不少。"这是金圣叹在《读第五才子书法》中对林冲的评论。结合《水浒传》中其他描写林冲的情节，谈谈你对林冲的评价。

水浒校场

今夫文章之为物也，岂不异哉！如在天而为云霞，何其起于肤寸，渐舒渐卷，倏忽万变，烂然为章也！在地而为山川，何其迤逦而入，千转百合，争流竞秀，窅冥无际也！在草木而为花萼，何其依枝安叶，依叶安蒂，依蒂安英，依英安瓣，依瓣安须，真有如神镂鬼簇、香团玉削也！在鸟兽而为翚尾，何其青渐入碧，碧渐入紫，紫渐入金，金渐入绿，绿渐入黑，黑又入青，内视之而成彩，外望之而成耀，不可一端指也！凡如此者，岂其必有不得不然者乎？夫使云霞不必舒卷，而惨若烽烟，亦何怪于天？山川不必窅冥，而止有坑阜，亦何怪于地？花萼不必分英布瓣，而丑如楖栵；翚尾不必金碧间杂，而块然木鸢，亦何怪于草木鸟兽？

然而终亦必然者，盖必有不得不然者也。至于文章，而何独不然也乎？自世之鄙儒，不惜笔墨，于是到处涂抹，自命作者，乃吾视其所为，实则曾无异于所谓烽烟、坑阜、楖栵、木鸢也者。

呜呼！其亦未尝得见我施耐庵之《水浒传》也。

吾之为此言者，何也？即如松林棍起，智深来救，大师此来，从天而降，固也；乃今观其叙述之法，又何其诡谲变幻，一至于是乎！第一段先飞出禅杖，第二段方跳出胖大和尚，第三段再详其皂布直裰与禅杖戒刀，第四段始知其为智深。若以《公》《谷》《大戴》体释之，则曰：先言禅杖而后言和尚者，并未见有和尚，突然水火棍被物隔去，则一条禅杖早飞到面前也；先言胖大而后言皂布直裰者，惊心骇目之中，但见其为胖大，未及详其脚色也；先写装束而后出姓名者，公人惊骇稍定，见其如此打扮，却不认为何人，而又不敢问也。盖如是手笔，实惟史迁有之，而《水浒传》乃独与之并驱也。

又如前回叙林冲时，笔墨忙极，不得不将智深一边暂时阁起，此行文之家要图手法干净，万不得已而出于此也。今入此回，却忽然就智深口中一一追补叙还，而又不肯一直叙去，又必重将林冲一边逐段穿插相对而出，不惟使智深一边不曾漏落，又反使林冲一边再加渲染，离离奇奇，错错落落，真似山雨欲来风满楼也。

又如公人心怒智深，不得不问，才问，却被智深兜头一喝，读者亦谓终亦不复知是某甲矣，乃遥遥直至智深拖却禅杖去后，林冲无端夸拔杨柳，遂答还董超、薛霸最先一问。疑其必说，则忽然不说；疑不复说，则忽然却说。

譬如空中之龙，东云见鳞，西云露爪，真极奇极恣之笔也。

又如洪教头要使棒，反是柴大官人说且吃酒，此一顿已是令人心痒之极，乃武师又于四五合时跳出圈子，忽然叫住，曰除枷也；乃柴进又于重提棒时，又忽然叫住。凡作三番跌顿，直使读者眼光一闪一闪，直极奇极恣之笔也。

又如洪教头入来时，一笔要写洪教头，一笔又要写林武师，一笔又要写柴大官人，可谓极忙极杂矣。乃今偏于极忙极杂中间，又要时时挤出两个公人，心闲手敏，遂与史迁无二也。

又如写差拨陡然变脸数语，后接手便写陡然翻出笑来数语，参差历落，自成谐笑，皆所谓文章波澜，亦有以近为贵者也。若夫文章又有以远为贵也者，则如来时飞杖而来，去时拖杖而去，其波澜乃在一篇之首与尾。林冲来时，柴进打猎归来，林冲去时，柴进打猎出去，则其波澜乃在一传之首与尾矣。此又不可不知也。

凡如此者，此所谓在天为云霞，在地为山川，在草木为花萼，在鸟兽为翚尾，而《水浒传》必不可以不看者也。

此一回中又于正文之外，旁作余文，则于银子三致意焉。如陆虞候送公人十两金子，又许干事回来，再包送十两，一可叹也。夫陆虞候何人，便包得十两金子？且十两金子何足论，而必用一人包之也？智深之救而护而送到底也，公人叫苦不迭，曰却不是坏我勾当，二可叹也。夫现十两赊十两便算一场勾当，而林冲性命曾不足顾也。又二人之暗自商量也，曰"舍着还了他十两金子"，三可叹也。四人在店，而两人暗商，其心头口

头，十两外无别事也。访柴进而不在也，其庄客亦更无别语相惜，但云你没福，若是在家，有酒食钱财与你，四可叹也。酒食钱财，小人何至便以为福也？洪教头之忌武师也，曰"诱些酒食钱米"，五可叹也。夫小人之污蔑君子，亦更不于此物外也。武师要开枷，柴进送银十两，公人忙开不迭，六可叹也。银之所在，朝廷法网亦惟所命也，洪教头之败也，大官人实以二十五两乱之，七可叹也。银之所在，名誉、身分都不复惜也。柴、林之握别也，又捧出二十五两一锭大银，八可叹也。虽圣贤豪杰，心事如青天白日，亦必以此将其爱敬，设若无之，便若冷淡之甚也。两个公人亦赏发五两，则出门时，林武师谢，两公人亦谢，九可叹也。有是物即陌路皆亲，豺狼亦顾，分外热闹也。差拨之见也，所争五两耳，而当其未送，则满面皆是饿纹，及其既送，则满面应做大官，十可叹也。千古人伦，甄别之际，或月而易，或旦而易，大约以此也。

武师以十两送管营，差拨又落了五两，止送五两，十一可叹也。本官之与长随可谓亲矣，而必染指焉，谚云"掏虱偷脚"，比比然也。林冲要一发周旋开除铁枷，又取三二两银子，十二可叹也。但有是物，即无事不可周旋，无人不顾效力也。满营囚徒，亦得林冲救济，十三可叹也。只是金多分人，而读者至此遂感林冲恩义，口口传为美谈，信乎名以银成，无别法也。嗟乎！

士而贫尚不闭门学道，而尚欲游于世间，多见其为不知时务耳，岂不大哀也哉！

1. 以上是金圣叹在第八回开篇的总批，内容涉及两回内容。仔细阅读后，请你也仿照上文写一段评论。

2.金圣叹称林冲是"上上人物",梳理本书有关林冲的情节,尝试创作一个《林冲传》剧本。

水浒绣像

1.搜集林冲的各种人物形象,剪贴在下面,选出你认为最符合林冲形象的一幅图片,并把你的理由用简洁的文字写下来。

A　　　B　　　C　　　D

我最喜欢（　　），理由：

第十二回

梁山泊林冲落草　汴京城杨志卖刀

诗曰：

　　天罡地煞下凡尘，托化生身各有因。
　　落草固缘屠国士，卖刀岂可杀平人？
　　东京已降天蓬帅，北地生成黑煞神。
　　豹子头逢青面兽，同归水浒乱乾坤。

　　话说林冲打一看时，只见那汉子头戴一顶范阳毡笠，上撒着一把红缨，穿一领白段子征衫，系一条纵线绦，下面青白间道行缠，抓着裤子口，獐皮袜，带毛牛膀靴，跨口腰刀，提条朴刀，生得七尺五六身材，面皮上老大一搭青记，腮边微露些少赤须，把毡笠子掀在脊梁上，坦开胸脯，带着抓角儿软头巾，挺手中朴刀，高声喝道："你那泼贼，将俺行李财帛那里去了？"林冲正没好气，那里答应，睁圆怪眼，倒竖虎须，挺着朴刀，抢将来斗那个大汉。但见：

　　残雪初晴，薄云方散。溪边踏一片寒冰，岸畔涌两条杀气。一上一下，似云中龙斗水中龙；一往一来，如岩下

第十二回　梁山泊林冲落草　汴京城杨志卖刀

虎斗林下虎。一个是擎天白玉柱，一个是架海紫金梁。那个没些须破绽高低，这个有千般威风勇猛。一个尽气力望心窝对戳，一个弄精神向胁肋忙穿。架隔遮拦，却似马超逢翼德；盘旋点搠，浑如敬德战秦琼。斗来半晌没输赢，战到数番无胜败。果然巧笔画难成，便是鬼神须胆落。

　　林冲与那汉斗到三十来合，不分胜败。两个又斗了十数合，正斗到分际，只见山高处叫道："两个好汉不要斗了。"林冲听得，蓦地跳出圈子外来。两个收住手中朴刀，看那山顶上时，却是王伦和杜迁、宋万，并许多小喽啰走下山来，将船渡过了河，说道："两位好汉，端的好两口朴刀，神出鬼没。这个是俺的兄弟林冲。青面汉，你却是谁？愿通姓名。"那汉道："洒家是三代将门之后，五侯杨令公之孙，姓杨名志。流落在此关西。年纪小时，曾应过武举，做到殿司制使官。道君因盖万岁山，差一般十个制使，去太湖边搬运花石纲赴京交纳。不想洒家时乖运蹇，押着那花石纲来到黄河里，遭风打翻了船，失陷了花石纲，不能回京赴任，逃去他处避难。如今赦了俺们罪犯。洒家今来收得一担儿钱物，待回东京，去枢密院使用，再理会本身的勾当。打从这里经过，雇倩庄家挑那担儿，不想被你们夺了。可把来还洒家如何？"王伦道："你莫不是绰号唤青面兽的？"杨志道："洒家便是。"王伦道："既然是杨制使，就请到山寨吃三杯水酒，纳还行李如何？"杨志道："好汉既然认得洒家，便还了俺行李，更强似请吃酒。"王伦道："制使，小可数年前到东京应举时，便闻制使大名，今日幸得相见，如何教你空去。且请到山寨少叙片时，并无他意。"杨志听说了，只得跟了王伦一行人等，过了河，上山寨来。就叫朱贵同上山寨相会，都来到寨中

▷ 批注

65

批注

聚义厅上。左边一带四把交椅，却是王伦、杜迁、宋万、朱贵，右边一带两把交椅，上首杨志，下首林冲。都坐定了。王伦叫杀羊置酒，安排筵宴管待杨志，不在话下。

话休絮繁。酒至数杯，王伦指着林冲对杨志道："这个兄弟，他是东京八十万禁军教头，唤做豹子头林冲。因这高太尉那厮安不得好人，把他寻事刺配沧州。那里又犯了事，如今也新到这里。却才制使要上东京干勾当，不是王伦纠合制使，小可兀自弃文就武，来此落草。制使又是有罪的人，虽经赦宥，难复前职。亦且高俅那厮见掌军权，他如何肯容你？不如只就小寨歇马，大秤分金银，大碗吃酒肉，同做好汉。不知制使心下主意若何？"杨志答道："重蒙众头领如此带携，只是洒家有个亲眷，见在东京居住。前者官事连累了他，不曾酬谢得他，今日欲要投那里走一遭。望众头领还了洒家行李。如不肯还，杨志空手也去了。"王伦笑道："既是制使不肯在此，如何敢勒逼入伙。且请宽心住一宵，明日早行。"杨志大喜。当日饮酒到二更方散，各自去歇息了。次日早起来，又置酒与杨志送行。吃了早饭，众头领叫一个小喽啰把昨夜担儿挑了，一齐都送下山来，到路口与杨志作别。教小喽啰渡河，送出大路。众人相别了，自回山寨。王伦自此方才肯教林冲坐第四位，朱贵做第五位。从此，五个好汉在梁山泊打家劫舍，不在话下。

只说杨志出了大路，寻个庄家挑了胆子，发付小喽啰自回山寨。杨志取路投东京来，路上免不得饥餐渴饮，夜住晓行。不数日，来到东京。有诗为证：

清白传家杨制使，耻将身迹履危机。
岂知奸佞残忠义，顿使功名事已非。

第十二回　梁山泊林冲落草　汴京城杨志卖刀

那杨志入得城来，寻个客店安歇下。庄客交还担儿，与了些银两，自回去了。杨志到店中放下行李，解了腰刀、朴刀，叫店小二将些碎银子买些酒肉吃了。过数日，央人来枢密院打点理会本等的勾当。将出那担儿内金银财物，买上告下，再要补殿司府制使职役。把许多东西都使尽了，方才得申文书，引去见殿帅高太尉。来到厅前，那高俅把从前历事文书都看了，大怒道："既是你等十个制使去运花石纲，九个回到京师交纳了，偏你这厮把花石纲失陷了，又不来首告，倒又在逃，许多时捉拿不着。今日再要勾当，虽经赦宥所犯罪名，难以委用。"把文书一笔都批倒了，将杨志赶出殿司府来。

杨志闷闷不已，回到客店中，思量："王伦劝俺，也见得是，只为洒家清白姓字，不肯将父母遗体来点污了。指望把一身本事，边庭上一枪一刀，博个封妻荫子，也与祖宗争口气。不想又吃这一闪！高太尉，你忒毒害，恁地克剥！"心中烦恼了一回，在客店里又住了几日，盘缠都使尽了。杨志寻思道："却是怎地好！只有祖上留下这口宝刀，从来跟着洒家，如今事急无措，只得拿去街上货卖得千百贯钱钞，好做盘缠，投往他处安身。"当日将了宝刀，插了草标儿，上市去卖。走到马行街内，立了两个时辰，并无一个人问。将立到晌午时分，转来到天汉州桥热闹处去卖。杨志立未久，只见两边的人都跑入河下巷内去躲。杨志看时，只见都乱撺，口里说道："快躲了，大虫来也。"杨志道："好作怪！这等一片锦城池，却那得大虫来？"当下立住脚看时，只见远远地黑凛凛一大汉，吃得半醉，一步一撧撞将来。杨志看那人时，形貌生得粗丑。但见：

面目依稀似鬼，身材仿佛如人。杈枒怪树，变为胳膊形骸;臭秽枯桩,化作腌臜魍魉。浑身遍体,都生渗渗濑濑沙鱼皮;夹脑连头,尽长拳拳弯弯卷螺发。胸前一片锦顽皮,额上三条强拗皱。

原来这人,是京师有名的破落户泼皮,叫做没毛大虫牛二,专在街上撒泼行凶撞闹。连为几头官司,开封府也治他不下,以此满城人见那厮来都躲了。却说牛二抢到杨志面前,就手里把那口宝刀扯将出来,问道:"汉子,你这刀要卖几钱?"杨志道:"祖上留下宝刀,要卖三千贯。"牛二喝道:"甚么鸟刀,要卖许多钱!我三百文买一把,也切得肉,切得豆腐。你的鸟刀有甚好处,叫做宝刀?"杨志道:"洒家的须不是店上卖的白铁刀,这是宝刀。"牛二道:"怎地唤做宝刀?"杨志道:"第一件砍铜剁铁,刀口不卷。第二件吹毛得过。第三件杀人刀上没血。"牛二道:"你敢剁铜钱么?"杨志道:"你便将来,剁与你看。"牛二便去州桥下香椒铺里,讨了二十文当三钱,一垛儿将来,放在州桥阑干上,叫杨志道:"汉子,你若剁得开时,我还你三千贯。"那时看的人虽然不敢近前,向远远地围住了望。杨志道:"这个直得甚么。"把衣袖卷起,拿刀在手,看的较胜,只一刀,把铜钱剁做两半。众人都喝采。牛二道:"喝甚么鸟采!你且说第二件是甚么?"杨志道:"吹毛过得。就把几根头发望刀口上只一吹,齐齐都断。"牛二道:"我不信。"自把头上拔下一把头发,递与杨志:"你且吹我看。"杨志左手接过头发,照着刀口上尽气力一吹,那头发都做两段,纷纷飘下地来。众人喝采,看的人越多了。牛二又问:"第三件是甚么?"杨志道:"杀人刀上没血。"牛二道:"怎地杀人刀上没血?"杨志道:"把人一刀砍了,并无血痕,只是个快。"牛二道:"我不信!你把刀来剁一个人我看。"杨志道:"禁城之中,如何敢杀人?你不信时,取一只狗来,杀与你看。"牛二道:"你说杀人,不曾说杀狗。"杨志道:"你不买便罢,只管缠人做甚么!"牛二道:"你将来我看。"杨志道:"你只顾没了当!洒家又不是你撩拨的。"牛二道:"你敢杀我?"杨志道:"和你往日无冤,昔日无仇,一物不成,两物见在。没来由杀你做甚么?"牛二紧揪住杨志说道:"我鳖鸟买你这口刀。"杨志道:"你要买,将钱来。"牛二道:"我没钱。"杨志道:"你没钱,揪住洒家怎地?"牛二道:"我要你这口刀。"杨志道:"俺不与你。"牛二道:"你好男子,剁我一刀。"杨志大怒,把牛二推了一跤。牛二爬将起来,钻入杨志怀里。杨志叫道:"街坊邻舍都是证见。杨志无盘缠,自卖这口刀。这个泼皮强夺洒家的刀,又把俺打。"街坊人都怕这牛二,谁敢向前来劝。牛二喝道:"你说我打你,便打杀直甚么!"口里说,一面挥起右手,一拳打来。杨志霍地躲过,拿着刀抢入来,一时性起,望牛二颡根上搠个着,扑地倒了。杨志赶入去,把牛二胸脯上又连搠了两刀,血流满地,死在地上。

杨志叫道:"洒家杀死这个泼皮,怎肯连累你们!泼皮既已死了,你们都来同洒家去官府里出首。"坊隅众人慌忙拢来,随同杨志,径投开封府出首。正值府尹坐衙。杨志拿着刀,和地方邻舍众人,都上厅来,一齐跪下,把刀放在面前。杨志告道:"小人原是殿司制使,为因失陷花石纲,削去本身职役,无有盘缠,将这口刀在街货卖。不期被个泼皮破落户牛二,强夺小人的刀,又用拳打小人,因此一时性起,将那人杀死。众邻舍都是证见。"众人亦替杨志告说,分诉了一回。府尹道:"既是自行前来出首,免

批注

了这厮入门的款打。"且叫取一面长枷枷了，差两员相官，带了件作行人，监押杨志并众邻舍一干人犯，都来天汉州桥边，登场检验了，叠成文案。众邻舍都出了供状，保放随衙听候，当厅发落，将杨志于死囚牢门里监收。但见：

推临狱内，拥入牢门。抬头参青面使者，转面见赤发鬼王。黄须节级，麻绳准备吊绷揪；黑面押牢，木匣安排牢锁镣。杀威棒，狱卒断时腰痛；撒子角，囚人见了心惊。休言死去见阎王，只此便为真地狱。

且说杨志押到死囚牢里，众多押牢禁子、节级见说杨志杀死没毛大虫牛二，都可怜他是个好男子，不来问他要钱，又好生看觑他。天汉州桥下众人，为是杨志除了街上害人之物，都敛些盘缠，凑些银两，来与他送饭，上下又替他使用。推司也觑他是个首身的好汉，又与东京街上除了一害，牛二家又没苦主，把款状都改得轻了。三推六问，却招做一时斗殴杀伤，误伤人命。待了六十日限满，当厅推司禀过府尹，将杨志带出厅前，除了长枷，断了二十脊杖，唤个文墨匠人，刺了两行金印，迭配北京大名府留守司充军。那口宝刀，没官入库。当厅押了文牒，差两个防送公人，免不得是张龙、赵虎，把七斤半铁叶子盘头护身枷钉了。分付两个公人，便教监押上路。天汉州桥那几个大户，科敛些银两钱物，等候杨志到来，请他两个公人一同到酒店里吃了些酒食，把出银两赍发两位防送公人，说道："念杨志是个好汉，与民除害。今去北京路途中，望乞二位上下照觑，好生看他一看。"张龙、赵虎道："我两个也知他是好汉，亦不必你众位分付，但请放心。"杨志谢了众人。其余多的银两，尽送与杨志做盘缠。众人各自散了。

第十二回　梁山泊林冲落草　汴京城杨志卖刀

话里只说杨志同两个公人来到原下的客店里，算还了房钱饭钱，取了原寄的衣服行李，安排些酒食，请两个公人，寻医士赎了几个杖疮的膏药贴了棒疮，便同两个公人上路，三个望北京进发。五里单牌，十里双牌，逢州过县，买些酒肉，不时间请张龙、赵虎吃。三个在路，夜宿旅馆，晓行驿道，不数日来到北京。入得城中，寻个客店安下，原来北京大名府留守司，上马管军，下马管民，最有权势。那留守唤做梁中书，讳世杰，他是东京当朝太师蔡京的女婿。当日是二月初九日，留守升厅。两个公人解杨志到留守司厅前，呈上开封府公文。梁中书看了，原在东京时也曾认得杨志，当下一见了，备问情由。杨志便把高太尉不容复职，使尽钱财，将宝刀货卖，因而杀死牛二的实情，通前一一告禀了。梁中书听得，大喜。当厅就开了枷，留在厅前听用。押了批回与两个公人，自回东京，不在话下。

只说杨志自在梁中书府中，早晚殷勤，听候使唤。梁中书见他勤谨，有心要抬举他，欲要迁他做个军中副牌，月支一分请受。只恐众人不伏，因此传下号令，教军政司告示大小诸将人员，来日都要出东郭门教场中去演武试艺。当晚，梁中书唤杨志到厅前。梁中书道："我有心要抬举你做个军中副牌，月支一分请受，只不知你武艺如何？"杨志禀道："小人应过武举出身，曾做殿司府制使职役，这十八般武艺，自下习学。今日，蒙恩相抬举，如拨云见日一般。杨志若得寸进，当效衔环背鞍之报。"梁中书大喜，赐与一副衣甲。当夜无事。有诗为证：

　　杨志英雄伟丈夫，卖刀市上杀刁徒。

　　却教罪配幽燕地，演武场中敌手无。

批注

李老师的水浒课

批注

次日天晓，时当二月中旬，正值风和日暖。梁中书早饭已罢，带领杨志上马，前遮后拥，往东郭门来。到得教场中，大小军卒并许多官员接见，就演武厅前下马。到厅上，正面撒下一把浑银交椅坐下。左右两边齐臻臻地排着两行官员：指挥使、团练使、正制使、统领使、牙将、校尉、副牌军。前后周围恶狠狠地列着百员将校。正将台上立着两个都监：一个唤做李天王李成，一个唤做闻大刀闻达。二人皆有万夫不当之勇，统领着许多军马，一齐都来朝着梁中书呼三声喏。却早将台上竖起一面黄旗来。将台两边，左右列着三五十对金鼓手，一齐发起擂来。品了三通画角，发了三通擂鼓，教场里面谁敢高声。又见将台上面竖起一面净平旗来，前后五军一齐整肃。将台上把一面引军红旗磨动，只见鼓声响处，五百军列成两阵，军士各执器械在手。将台上又把白旗招动，两阵马军齐齐地都立在面前，各把马勒住。

梁中书传下令来，叫唤副牌军周谨向前听令。右阵里周谨听得呼唤，跃马到厅前，跳下马，插了枪，暴雷也似声个大喏。梁中书道："着副牌军施逞本身武艺。"周谨得了将令，绰枪上马，在演武厅前左盘右旋，右盘左旋，将手中枪使了几路。众人喝彩。梁中书道："叫东京对拨来的军健杨志。"杨志转过厅前，唱个大喏。梁中书道："杨志，我知你原是东京殿公府制使军官，犯罪配来此间。即目盗贼猖狂，国家用人之际，你敢与周谨比试武艺高低？如若赢时，便迁你充其职役。"杨志道："若蒙恩相差遣，安敢有违钧旨。"梁中书叫取一匹战马来，教甲仗库随行官吏应付军器。教杨志披挂上马，与周谨比试。杨志去厅后把夜来衣甲穿了，拴束罢，带了头盔、弓箭、腰刀，手拿长枪上马，从厅后跑将出来。梁中书看了道："着杨志与周谨先比枪。"周谨先怒道："这个贼配军，敢来与我交枪！"谁知恼犯了这个好汉，来与周谨斗武。

不因杨志来与周谨比试，杨志在万马丛中闻姓字，千军队里夺头功。直教大斧横担来水浒，钢枪斜拽上梁山。毕竟杨志与周谨比试引出甚么人来，且听下回分解。

☞ 批注

本回我评论：

煮酒论英雄

我读《水浒》至此，不禁浩然而叹也。曰：嗟乎！作《水浒》者虽欲不谓之才子，胡可得乎？夫人胸中，有非常之才者，必有非常之笔；有非常之笔者，必有非常之力。夫非非常之才，无以构其思也；非非常之笔，无以擒其才也；又非非常之力，亦无以副其笔也。今观《水浒》之写林武师也，忽以宝刀结成奇彩；及写杨制使也，又复以宝刀结成奇彩。夫写豪杰不可尽，而忽然置豪杰而写宝刀，此借非非常之才，其亦安知宝刀为即豪杰之替身，但写得宝刀尽致尽兴，即已令豪杰尽致尽兴者耶？且以宝刀写出豪杰，固已；然以宝刀写武师者，不必其又以宝刀写制使也。今前回初以一口宝刀照耀武师者，接手便又以一口宝刀照耀制使，两位豪杰，两口宝刀，接连而来，对插而起，用笔至此，奇险极矣。即欲不谓之非常，而英英之色，千人万人，莫不共见，其又畴得而不谓之非常乎？

——金圣叹

杨志是国家有用人。只为高俅不能用他，以致为宋公明用了。可见小人忌贤嫉能，遗祸国家不小。

——李卓吾

1. 金圣叹论施耐庵笔法，有"避"与"犯"之说，仔细阅读上文金圣叹的评论，谈谈你的看法。

2. 杨志本是杨门名将之后，为何落得卖刀的下场，请从多角度分析之。

水浒校场

吾观今之文章之家，每云我有避之一诀，固也，然而吾知其必非才子之文也。夫才子之文，则岂惟不避而已，又必于本不相犯之处，特特故自犯之，而后从而避之。此无他，亦以文章家之有避之一诀，非以教人避也，正以教人犯也。犯之而后避之，故避有所避也。若不能犯之而但欲避之，然则避何所避乎哉？是故行文非能避之难，实能犯之难也。譬诸弈棋者，非救劫之难，实留劫之难也。将欲避之，必先犯之。夫犯之而至于必不可避，而后天下之读吾文者，于是乎而观吾之才、之笔矣。犯之而至于必不可避，而吾之才、之笔，为之踌躇，为之四顾，嗒然中氋，如土委地，则虽号于天下之人曰："吾才子也，吾文才子之文也。"

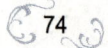

第十二回 梁山泊林冲落草　汴京城杨志卖刀

1. 上文节选自金圣叹本回总批，梳理作者的观点，并说说他是如何论述的。你能否用白话文把他的意思表达出来？

2. 旁批杨志杀没毛大虫一段，特别关注杨志是怎样一步步被逼杀人的。

3. 金圣叹称杨志是"上上人物"，梳理有关杨志的故事情节，创作一篇《杨志小传》。

水浒绣像

1. 搜集杨志的各种人物形象，剪贴在下面，选出你认为最符合杨志形象的一幅图片，并把你的理由用简洁的文字写下来。

A　　　　B　　　　C　　　　D

我最喜欢（　　），理由：

2.那杨志为等孙立不来，又值雪天，旅途贫困，缺少果足，未免将一口宝刀出市货卖。终日价无人商量。行至日哺，遇一个恶少后生要买宝刀，两个交口厮争，那后生被杨志挥刀一斫，只见颈随刀落。杨志上了枷，取了招状，送狱推勘。结案申奏文字回来，太守判道："杨志事体虽大，情实可悯。将杨志诰劄出身尽行烧毁，配卫州军城。"断罢，差两人防送往卫州交管。正行次，撞着一汉，高叫："杨指使！"杨志抬头一觑，却认得孙立指使。孙立惊怪："哥怎恁地犯罪？"杨志把那卖刀杀人的事，一一说与孙立。道罢，各人自去。那孙立心中思忖："杨志因等候我了，犯着这罪。当初结义之时，誓在厄难相救。"只得星夜奔归京师，报与李进义等知道杨志犯罪因由。这李进义同孙立商议，兄弟十一人往黄河岸上，等待杨志过来，将防送军人杀了，同往太行山落草为寇去也。

——《大宋宣和遗事》

比较本回杨志卖刀与《大宋宣和遗事》相关情节，找出异同，说说施耐庵笔下的杨志形象是怎样的？

第十六回

杨志押送金银担　吴用智取生辰纲

《鹧鸪天》：

罡星起义在山东，杀曜纵横水浒中。
可是七星成聚会，却于四海显英雄。
人似虎，马如龙，黄泥冈上巧施功。
满驮金贝归山寨，懊恨中书老相公。

批注

话说当时公孙胜正在阁儿里对晁盖说："这北京生辰纲是不义之财，取之何碍。"只见一个人从外面抢将入来，揪住公孙胜道："你好大胆！却才商议的事，我都知了也。"那人却是智多星吴学究。晁盖笑道："先生休慌，且请相见。"两个叙礼罢，吴用道："江湖上久闻人说入云龙公孙胜一清大名，不期今日此处得会。"晁盖道："这位秀士先生，便是智多星吴学究。"公孙胜道："吾闻江湖上多人曾说加亮先生大名，岂知缘法却在保正庄上得会贤契。只是保正疏财仗义，以此天下豪杰都投门下。"晁盖道："再有几位相识在里面，一发请进后堂深处见。"三个人入到里面，就与刘唐、三阮都相见了。

批注

众人道:"今日此一会,应非偶然。须请保正哥哥正面而坐。"晁盖道:"量小子是个穷主人,又无甚罕物相留好客,怎敢占上。"吴用道:"保正哥哥,依着小生且请坐了。"晁盖只得坐了第一位。吴用坐了第二位,公孙胜坐了第三位,刘唐坐了第四位,阮小二坐了第五位,阮小五坐第六位,阮小七坐第七位。却才聚义饮酒。重整杯盘,再备酒肴,众人饮酌。

吴用道:"保正梦见北斗七星坠在屋脊上,今日我等七人聚义举事,岂不应天垂象。此一套富贵,唾手而取。我等七人和会,并无一人晓得。想公孙胜先生江湖上仗义疏财之士,所以得知这件事,来投保正。所说央刘兄去探听路程从那里来,今日天晚,来早便请登程。"公孙胜道:"这一事不须去了,贫道已打听知他来的路数了。只是黄泥冈大路上来。"晁盖道:"黄泥冈东十里路,地名安乐村,有一个闲汉,叫做白日鼠白胜,也曾来投奔我,我曾赍助他盘缠。"吴用道:"北斗上白光,莫不是应在这人?自有用他处。"刘唐道:"此处黄泥冈较远,何处可以容身?"吴用道:"只这个白胜家,便是我们安身处。亦还要用了白胜。"晁盖道:"吴先生,我等还是软取,却是硬取?"吴用笑道:"我已安排定了圈套,只看他来的光景。力则力取,智则智取。我有一条计策,不知中你们意否?如此如此。"晁盖听了大喜,撷着脚道:"好妙计!不枉了称你做智多星,果然赛过诸葛亮。好计策!"吴用道:"休得再提。常言道:隔墙须有耳,窗外岂无人。只可你知我知。"晁盖便道:"阮家三兄且请回归,至期来小庄聚会。吴先生依旧自去教学。公孙先生并刘唐,只在敝庄权住。"当日饮酒至晚,各自去客房里歇息。

第十六回　杨志押送金银担　吴用智取生辰纲

次日五更起来，安排早饭吃了。晁盖取出三十两花银送与阮家三兄弟道："权表薄意，切勿推却。"三阮那里肯受。吴用道："朋友之意，不可相阻。"三阮方才受了银两。一齐送出庄外来。吴用附耳低言道："这般这般，至期不可有误。"阮家三弟兄相别了，自回石碣村去。晁盖留住吴学究与公孙胜、刘唐在庄上，每日议事。

话休絮繁。却说北京大名府梁中书，收买了十万贯庆贺生辰礼物完备，选日差人起程。当下一日在后堂坐下，只见蔡夫人问道："相公，生辰纲几时起程？"梁中书道："礼物都已完备，明后日便用起身。只是一件事在此踌躇未决。"蔡夫人道："有甚事踌躇未决？"梁中书道："上年费了十万贯收买金珠宝贝，送上东京去，只因用人不着，半路被贼人劫将去了，至今无获；今年帐前眼见得又没个了事的人送去，在此踌躇未决。"蔡夫人指着阶下道："你常说这个人十分了得，何不着他委纸领状送去走一遭，不致失误。"梁中书看阶下那人时，却是青面兽杨志。梁中书大喜，随即唤杨志上厅说道："我正忘了你。你若与我送得生辰纲去，我自有抬举你处。"杨志叉手身前禀道："恩相差遣，不敢不依。只不知怎地打点？几时起身？"梁中书道："着落大名府差十辆太平车子，帐前拨十个厢禁军监押着车，每辆上各插一把黄旗，上写着'献贺太师生辰纲'。每辆车子再使个军健跟着。三日内便要起身去。"杨志道："非是小人推托，其实去不得。乞钧旨别差英雄精细的人去。"梁中书道："我有心要抬举你，这献生辰纲的札子内另修一封书在中间，太师跟前重重保你，受道敕命回来。如何倒生支调，推辞不去？"杨志道："恩相在上：小人也曾听得上年已被贼人劫去了，至今未获。今岁途中盗

批注

贼又多，甚是不好，此去东京，又无水路，都是旱路，经过的是紫金山、二龙山、桃花山、伞盖山、黄泥冈、白沙坞、野云渡、赤松林，这几处都是强人出没的去处。更兼单身客人，亦不敢独自经过，他知道是金银宝物，如何不来抢劫？枉结果了性命。以此去不得。"梁中书道："恁地时多着军校防护送去便了。"杨志道："恩相便差五百人去，也不济事。这厮们一声听得强人来时，都是先走了的。"梁中书道："你这般地说时，生辰纲不要送去了？"杨志又禀道："若依小人一件事，便敢送去。"梁中书道："我既委在你身上，如何不依你说。"杨志道："若依小人说时，并不要车子，把礼物都装做十余条担子，只做客人的打扮行货。也点十个壮健的厢禁军，却装做脚夫挑着。只消一个人和小人去，却打扮做客人，悄悄连夜送上东京交付。恁地时方好。"梁中书道："你甚说的是。我写书呈，重重保你，受道诰命回来。"杨志道："深谢恩相抬举。"

当日便叫杨志一面打拴担脚，一面选拣军人。次日，叫杨志来厅前伺候，梁中书出厅来问道："杨志，你几时起身？"杨志禀道："告复恩相，只在明早准行，就委领状。"梁中书道："夫人也有一担礼物，另送与府中宝眷，也要你领。怕你不知头路。特地再教奶公谢都管，并两个虞候，和你一同去。"杨志告道："恩相，杨志去不得了。"梁中书道："礼物多已拴缚完备，如何又去不得？"杨志禀道："此十担礼物都在小人身上，和他众人都由杨志，要早行便早行，要晚行便晚行，要住便住，要歇便歇，亦依杨志提调。如今又叫老都管并虞候和小人去，他是夫人行的人，又是太师府门下奶公，倘或路上与小人鳖拗起来，杨志如何敢和他争执得？若误了大事时，杨志那其间如何分

第十六回 杨志押送金银担 吴用智取生辰纲

说？"梁中书道："这个也容易，我叫他三个都听你提调便了。"杨志答道："若是如此禀过，小人情愿便委领状。倘有疏失，甘当重罪。"梁中书大喜道："我也不枉了抬举你，真个有见识。"随即唤老谢都管并两个虞候出来，当厅分付道："杨志提辖情愿委了一纸领状，监押生辰纲十一担金珠宝贝赴京，太师府交割，这干系都在他身上。你三人和他做伴去，一路上早起晚行住歇，都要听他言语，不可和他鳌拗。夫人处分付的勾当，你三人自理会。小心在意，早去早回，休教有失。"老都管一一都应了。当日杨志领了。

　　次日早起五更，在府里把担杖都摆在厅前。老都管和两个虞候又将一小担财帛，共十一担，拣了十一个壮健的厢禁军，都做脚夫打扮。杨志戴上凉笠儿，穿着青纱衫子，系了缠带行履麻鞋，跨口腰刀，提条朴刀。老都管也打扮做个客人模样。两个虞候假装做跟的伴当。各人都拿了条朴刀，又带几根藤条。梁中书付与了札付书呈。一行人都吃得饱了，在厅上拜辞了梁中书。看那军人担仗起程，杨志和谢都管、两个虞候监押着，一行共是十五人，离了梁府，出得北京城门，取大路投东京进发。五里单牌，十里双牌。此时正是五月半天气，虽是晴明得好，只是酷热难行。昔日吴七郡王有八句诗道：

　　　　玉屏四下朱阑绕，簇簇游鱼戏萍藻。
　　　　簟铺八尺白虾须，头枕一枚红玛瑙。
　　　　六龙惧热不敢行，海水煎沸蓬莱岛。
　　　　公子犹嫌扇力微，行人正在红尘道。

　　这八句诗单题着炎天暑月，那公子王孙在凉亭上水阁中，浸着浮瓜沉李，调冰雪藕避暑，尚兀自嫌热。怎知客人为些微名薄利，又无枷锁拘缚，三伏内只得在那途路中

批注

行。今日杨志这一行人，要取六月十五日生辰，只得在路途上行。自离了这北京五七日，端的只是起五更趁早凉便行，日中热时便歇。五七日后，人家渐少，行客又稀，一站站都是山路。杨志却要辰牌起身，申时便歇。那十一个厢禁军，担子又重，无有一个稍轻。天气热了，行不得，见着林子便要去歇息。杨志赶着催促要行，如若停住，轻则痛骂，重则藤条便打，逼赶要行。两个虞候虽只背些包裹行李，也气喘了行不上。杨志也嗔道："你两个好不晓事！这干系须是俺的！你们不替洒家打这夫子，却在背后也慢慢地挨。这路上不是耍处。"那虞候道："不是我两个要慢走，其实热了行不动，因此落后。前日只是趁早凉走，如今怎地正热里要行？正是好歹不均匀。"杨志道："你这般说话，却似放屁。前日行的须是好地面，如今正是尴尬去处。若不日里赶过去，谁敢五更半夜走？"两个虞候口里不道，肚中寻思："这厮不直得便骂人。"

　　杨志提了朴刀，拿着藤条，自去赶那担子。两个虞候坐在柳阴树下等得老都管来。两个虞候告诉道："杨家那厮，强杀只是我相公门下一个提辖，直这般做大！"老都管道："须是我相公当面分付道：休要和他鳖拗。因此我不做声。这两日也看他不得，权且奈他。"两个虞候道："相公也只是人情话儿，都管自做个主便了。"老都管又道："且奈他一奈。"当日行到申牌时分，寻得一个客店里歇了，那十个厢禁军雨汗通流，都叹气吹嘘，对老都管说道："我们不幸做了军健，情知道被差出来。这般火似热的天气，又挑着重担。这两日又不拣早凉行，动不动老大藤条打来。都是一般父母皮肉，我们直恁地苦！"老都管道："你们不要怨怅，巴到东京时，我自赏你。"众军汉道：

第十六回　杨志押送金银担　吴用智取生辰纲

"若是似都管看待我们时，并不敢怨怅。"又过了一夜。次日，天色未明，众人起来趁早凉起身去。杨志跳起来喝道："那里去！且睡了，却理会。"众军汉道："趁早不走，日里热时走不得，却打我们。"杨志大骂道："你们省得甚么！"拿了藤条要打。众军忍气吞声，只得睡了。当日直到辰牌时分，慢慢地打火吃了饭走。一路上赶打着，不许投凉处歇。那十一个厢禁军口里喃喃讷讷地怨怅，两个虞候在老都管面前絮絮聒聒地搬口。老都管听了，也不着意，心内自恼他。

话休絮繁。似此行了十四五日，那十四个人，没一个不怨怅杨志。当日客店里，辰牌时分，慢慢地打火吃了早饭行。正是六月初四日时节，天气未及晌午，一轮红日当天，没半点云彩。其日十分大热。古人有八句诗道：

　　祝融南来鞭火龙，火旗焰焰烧天红。
　　日轮当午凝不去，万国如在红炉中。
　　五岳翠干云彩灭，阳侯海底愁波竭。
　　何当一夕金风起，为我扫除天下热。

当日行的路，都是山僻崎岖小径，南山北岭。却监着那十一个军汉，约行了二十余里路程。那军人们思量要去柳阴树下歇凉，被杨志拿着藤条打将来，喝道："快走！教你早歇。"众军人看那天时，四下里无半点云彩，其时那热不可当。但见：

　　热气蒸人，嚣尘扑面。万里乾坤如甑，一轮火伞当天。四野无云，风突突波翻海沸；千山灼焰，必剥剥石烈灰飞。空中鸟雀命将休，倒撷入树林深处；水底鱼龙鳞角脱，直钻入泥土窖里。直教石虎喘无休，便是铁人须汗落。

当时杨志催促一行人在山中僻路里行。看看日色当

批注

午，那石头上热了，脚疼走不得。众军汉道："这般天气热，兀的不晒杀人。"杨志喝着军汉道："快走！赶过前面冈子去，却再理会。"正行之间，前面迎着那土冈子。众人看这冈子时，但见：

　　顶上万株绿树，根头一派黄沙。嵯峨浑似老龙形，险峻但闻风雨响。山边茅草，乱丝丝攒遍地刀枪；满地石头，碜可可睡两行虎豹。休道西川蜀道险，须知此是太行山。

　　当时一行十五人奔上冈子来，歇下担仗，那十四人都去松阴树下睡倒了。杨志说道："苦也！这里是甚么去处，你们却在这里歇凉！起来，快走！"众军汉道："你便剁做我七八段，其实去不得了。"杨志拿起藤条，劈头劈脑打去。打得这个起来，那个睡倒，杨志无可奈何。只见两个虞候和老都管气喘急急，也巴到冈子上松树下坐了喘气。看这杨志打那军健，老都管见了，说道："提辖，端的热了走不得，休见他罪过。"杨志道："都管，你不知，这里正是强人出没的去处，地名叫做黄泥冈。闲常太平时节，白日里兀自出来劫人，休道是这般光景，谁敢在这里停脚！"两个虞候听杨志说了，便道："我见你说好几遍了，只管把这话来惊吓人。"老都管道："权且教他们众人歇一歇，略过日中行如何？"杨志道："你也没分晓了，如何使得！这里下冈子去，兀自有七八里没人家。甚么去处，敢在此歇凉！"老都管道："我自坐一坐了走，你自去赶他众人先走。"杨志拿着藤条喝道："一个不走的，吃俺二十棍。"众军汉一齐叫将起来。数内一个分说道："提辖，我们挑着百十斤担子，须不比你空手走的。你端的不把人当人！便是留守相公自来监押时，也容我们说一句。你好不知疼痒，只顾逞办！"杨志骂道："这畜生不呕死俺，只是打便了。"拿起藤条,劈脸便打去。老都管喝道:"杨提辖且住,你听我说。我在东京太师府里做奶公时,门下官军见了无千无万,都向着我喏喏连声。不是我口浅,量你是个遭死的军人,相公可怜,抬举你做个提辖,比得草芥子大小的官职,直得恁地逞能。休说我是相公家都管,便是村庄一个老的,也合依我劝一劝,只顾把他们打,是何看待!"杨志道:"都管,你须是城市里人,生长在相府里,那里知道途路上千难万难。"老都管道:"四川、两广也曾去来,不曾见你这般卖弄。"杨志道:"如今须不比太平时节。"都管道:"你说这话该剜口割舌,今日天下怎地不太平?"

　　杨志却待再要回言,只见对面松林里影着一个人在那里舒头探脑价望。杨志道:"俺说甚么,兀的不是歹人来了!"撇下藤条,拿了朴刀,赶入松林里来,喝一声道:"你这厮好大胆,怎敢看俺的行货!"只见松林里一字儿摆着七辆江州车儿,七个脱得赤条条的在那里乘凉。一个鬓边老大一搭朱砂记,拿着一条朴刀,望杨志跟前来。七个人齐叫一声:"呵也!"都跳起来。杨志喝:"你等是甚么人?"那七人道:"你是甚么人?"杨志又问道:"你等莫不是歹人?"那七人道:"你颠倒问,我等是小本经纪,那里有钱与你。"杨志道:"你等小本经纪人,偏俺有大本钱。"那七人问道:"你端的是甚么人?"杨志道:"你等且说那里来的人?"那七人道:"我等弟兄七人,是濠州人,贩枣子上东京去,路途打从这里经过。听得多人说,这里黄泥冈上如常有贼打劫客商。我等一面走,一头自说道:我七个只有些枣子,别无甚财赋,只顾过冈子来。上得冈子,当不过这热,权且在这林子里歇一歇,待晚凉了行。

批注

只听得有人上冈子来,我们只怕是歹人,因此使这个兄弟出来看一看。"杨志道:"原来如此,也是一般的客人。却才见你们窥望,惟恐是歹人,因此赶来看一看。"那七个人道:"客官请几个枣子了去。"杨志道:"不必。"提了朴刀,再回担边来。

老都管道:"既是有贼,我们去休。"杨志说道:"俺只道是歹人,原来是几个贩枣子的客人。"老都管道:"似你方才说时,他们都是没命的。"杨志道:"不必相闹,俺只要没事便好。你们且歇了,等凉些走。"众军汉都笑了。杨志也把朴刀插在地上,自去一边树下坐了歇凉。没半碗饭时,只见远远地一个汉子,挑着一副担桶,唱上冈子来。唱道:

"赤日炎炎似火烧,野田禾稻半枯焦。

农夫心内如汤煮,楼上王孙把扇摇。"

那汉子口里唱着,走上冈子来,松林里头歇下担桶,坐地乘凉。众军看见了,便问那汉子道:"你桶里是甚么东西?"那汉子应道:"是白酒。"众军道:"挑往那里去?"那汉子道:"挑去村里卖。"众军道:"多少钱一桶?"那汉子道:"五贯足钱。"众军商量道:"我们又热又渴,何不买些吃?也解暑气。"正在那里凑钱。杨志见了,喝道:"你们又做甚么?"众军道:"买碗酒吃。"杨志调过朴刀杆便打,骂道:"你们不得洒家言语,胡乱便要买酒吃,好大胆!"众军道:"没事又来鸟乱。我们自凑钱买酒吃,干你甚事,也来打人。"杨志道:"你这村鸟理会的甚么!到来只顾吃嘴,全不晓得路途上的勾当艰难。多少好汉,被蒙汗药麻翻了。"那挑酒的汉子看着杨志冷笑道:"你这客官好不晓事,早是我不卖与你吃,却说出这般没气力的话来。"

正在松树边闹动争说，只见对面松林里那伙贩枣子的客人，都提着朴刀走出来问道："你们做甚么闹？"那挑酒的汉子道："我自挑这酒过冈子村里卖，热了在此歇凉。他众人要问我买些吃，我又不曾卖与他。这个客官道我酒里有甚么蒙汗药。你道好笑么？说出这般话来！"那七个客人说道："我只道有歹人出来，原来是如此，说一声也不打紧。我们倒着买一碗吃。既是他们疑心，且卖一桶与我们吃。"那挑酒的道："不卖，不卖！"这七个客人道："你这鸟汉子也不晓事，我们须不曾说你。你左右将到村里去卖，一般还你钱。便卖些与我们，打甚么不紧。看你不道得舍施了茶汤，便又救了我们热渴。"那挑酒的汉子便道："卖一桶与你不争，只是被他们说的不好。又没碗瓢舀吃。"那七人道："你这汉子忒认真，便说了一声打甚么不紧。我们自有椰瓢在这里。"只见两个客人去车子前取出两个椰瓢来，一个捧出一大捧枣子来。七个人立在桶边，开了桶盖，轮替换着舀那酒吃，把枣子过口。无一时，一桶酒都吃尽了。七个客人道："正不曾问得你多少价钱？"那汉道："我一了不说价，五贯足钱一桶，十贯一担。"七个客人道："五贯便依你五贯，只饶我们一瓢吃。"那汉道："饶不的，做定的价钱。"一个客人把钱还他，一个客人便去揭开桶盖，兜了一瓢，拿上便吃。那汉去夺时，这客人手拿半瓢酒，望松林里便走，那汉赶将去。只见这边一个客人从松林里走将出来，手里拿一个瓢，便来桶里舀了一瓢酒。那汉看见，抢来劈手夺住，望桶里一倾，便盖了桶盖，将瓢望地下一丢，口里说道："你这客人好不君子相！戴头识脸的，也这般啰唣。"

那对过众军汉见了，心内痒起来，都待要吃。数中一

批注

个看着老都管道："老爷爷，与我们说一声。那卖枣子的客人买他一桶吃了，我们胡乱也买他这桶吃，润一润喉也好。其实热渴了，没奈何，这里冈子上又没讨水吃处。老爷方便！"老都管见众军所说，自心里也要吃得些，竟来对杨志说："那贩枣子客人已买了他一桶酒吃，只有这一桶，胡乱教他们买了避暑气。冈子上端的没处讨水吃。"杨志寻思道："俺在远远处望，这厮们都买他的酒吃了，那桶里当面也见吃了半瓢，想是好的。打了他们半日，胡乱容他买碗吃罢。"杨志道："既然老都管说了，教这厮们买吃了便起身。"众军健听了这话，凑了五贯足钱来买酒吃。那卖酒的汉子道："不卖了，不卖了！"便道："这酒里有蒙汗药在里头。"众军陪着笑说道："大哥，直得便还言语。"那汉道："不卖了，休缠！"这贩枣子的客人劝道："你这个鸟汉子，他也说得差了，你也忒认真，连累我们也吃你说了几声。须不关他众人之事，胡乱卖与他众人吃些。"那汉道："没事讨别人疑心做甚么。"这贩枣子客人把那卖酒的汉子推开一边，只顾将这桶酒提与众军去吃。那军汉开了桶盖，无甚舀吃，陪个小心，问客人借这椰瓢用一用。众客人道："就送这几个枣子与你们过酒。"众军谢道："甚么道理。"客人道："休要相谢，都是一般客人，何争在这百十个枣子上。"众军谢了，先兜两瓢，叫老都管吃了一瓢，杨提辖吃一瓢。杨志那里肯吃。老都管自先吃了一瓢。两个虞候各吃一瓢。众军汉一发上，那桶酒登时吃尽了。杨志见众人吃了无事，自本不吃，一者天气甚热，二乃口渴难熬，拿起来，只吃了一半，枣子分几个吃了。那卖酒的汉子说道："这桶酒吃那客人饶两瓢吃了，少了你些酒，我今饶了你众人半贯钱罢。"众军汉把钱还他。那汉

第十六回 杨志押送金银担 吴用智取生辰纲

子收了钱,挑了空桶,依然唱着山歌,自下冈子去了。

只见那七个贩枣子的客人,立在松树旁边,指着这一十五人说道:"倒也,倒也!"只见这十五个人,头重脚轻,一个个面面厮觑,都软倒了。那七个客人从松树林里推出这七辆江州车儿,把车子上枣子都丢在地上,将这十一担金珠宝贝,却装在车子内,叫声:"聒噪!"一直望黄泥冈下推了去。杨志口里只是叫苦,软了身体,扎挣不起。十五人眼睁睁地看着那七个人都把这金宝装了去,只是起不来,挣不动,说不的。

我且问你:这七人端的是谁?不是别人,原来正是晁盖、吴用、公孙胜、刘唐、三阮这七个。却才那个挑酒的汉子,便是白日鼠白胜。却怎地用药?原来挑上冈子时,两桶都是好酒。七个人先吃了一桶,刘唐揭起桶盖,又兜了半瓢吃,故意要他们看着,只是教人死心塌地。次后,吴用去松林里取出药来,抖在瓢里,只做赶来饶他酒吃,把瓢去兜时,药已搅在酒里,假意兜半瓢吃,那白胜劈手夺来,倾在桶里。这个便是计策。那计较都是吴用主张。这个唤做"智取生辰纲"。

原来杨志吃的酒少,便醒得快,爬将起来,兀自捉脚不住。看那十四个人时,口角流涎,都动不得。正应俗语道:"饶你奸似鬼,吃了洗脚水。"杨志愤闷道:"不争你把了生辰纲去,教俺如何回去见得梁中书!这纸领状须缴不得!"就扯破了。"如今闪得俺有家难奔,有国难投,待走那里去?不如就这冈子上寻个死处!"撩衣破步,望黄泥冈下便跳。正是:虽然未得身荣贵,到此先须祸及身。正是:断送落花三月雨,摧残杨柳九秋霜。毕竟杨志在黄泥冈上寻死,性命如何,且听下回分解。

批注

本回我评论：

煮酒论英雄

　　看他写杨志忽然肯去，忽然不肯去，忽然又肯去，忽然又不肯去，笔势夭矫，不可捉搦。

　　看他写天气酷热，不费笔墨，只一句两句便已焦热杀人。古称盛冬挂云汉图，满座烦闷，今读此书，乃知真有是事。

　　看他写一路老都管制人肘处，真乃描摹入画。嗟乎！小人习承平之时，忽祸患之事，箕踞当路，摇舌骂人，岂不凿凿可听；而卒之变起仓猝，不可枝梧，为鼠为虎，与之俱败，岂不痛哉！

　　看他写枣子客人自一处，挑酒人自一处，酒自一处，瓢自一处，虽读者亦几忘其为东溪村中饮酒聚义之人，何况当日身在庐山者耶？耐庵妙笔，真是独有千古。

　　看他写卖酒人斗口处，真是绝世奇笔。盖他人叙此事至此，便欲骎骎相就，读之，满纸皆似惟恐不得卖者矣。今偏笔笔撇开，如强弓怒马，急不可就，务欲极扳开去，乃至不可收拾，一似惟恐为其买者，真怪事也。

　　看他写七个枣子客人饶酒，如数鹰争雀，盘旋跳霍，读之欲迷。

——金圣叹

　　挑酒人唱歌，此为每三首矣。然第一首有第一首妙处，为其恰好唱入鲁智深心坎也。第二首有第二首妙处，为其恰好唱出崔道成事迹也。今第三首又有第三首妙处，为其恰好唱入众军汉耳朵也。作书者虽一歌欲轻下如此，如之何读书者之多忽这也？上二句盛写大热之苦，下二句盛写人之不相体悉，犹言农夫当午在田，背焦汗滴，彼公子王孙深居水殿，犹令侍人展扇摇风，盖深喻众军身负重担，反受杨志空身走者打骂也。

——金圣叹

杨志是一勇之夫，如何济得恁事也。须以恩结这十四人，方可商量事体，要行便行，要住便住，一味乱打众人，自然拗起来。虽然由你智勇足备，亦不能跳出这七个人圈套了。徒自作恶耳，蠢人，蠢人！

——李卓吾

1. 本回是《水浒传》中极其精彩的一回，上面第一条评论节选自金圣叹本回总评，细读之，体会他从不同角度评论的妙处。

2. 本回的诗词也很有特色，结合上文第二条评论赏析一下。

3. 李卓吾称杨志是蠢人，你是否同意他的评论？你认为杨志失败的原因有哪些？

水浒校场

正在松树边闹动争说，【夹批：疾。】只见对面松林里那伙贩枣子的客人，提着朴刀走出来问道："你们做甚么闹？"【夹批：却做提防光景，

妙。】那挑酒的汉子道:"我自挑这酒过冈子村里卖,热了,在此歇凉。【夹批:我自妙,非我自挑酒,乃我自歇凉也。要知此是十七字为句,不得读断。】他众人要问我买些吃,【夹批:他众人要问我,妙。】我又不曾卖与他,【夹批:我又不曾,妙。】这个客官【夹批:这个客官,妙。深怪之之辞。】道我酒里有甚么蒙汗药,【夹批:甚么,妙。】你道好笑么?【夹批:你道,妙。】说出这般话来!"【夹批:这般,妙。凡七句,句句入妙,读之真欲入其玄中。】那七个客人说道:"呸!我只道有歹人出来。原来是如此。【夹批:一接一落,飘忽之极。】说一声也不打紧。【夹批:只解一句,如不相关者,下便疾入买酒,真是声情俱有。】我们正想酒来解渴,既是他疑心,且卖一桶与我们吃。"【夹批:他们我们,妙。】那挑酒的道:"不卖!不卖!"【夹批:故作奇波。】这七个客人道:"你这鸟汉子也不晓事!我们须不曾说你。【夹批:也不晓事妙。上文挑酒者骂杨志不晓事,故此反骂之云也不晓事,接口成文,转笔如戏。】你左右将到村里去卖,一般还你钱,便卖些与我们,打甚么要紧?看你不道得舍施了茶汤,便又救了我们热渴。"【夹批:此二语之妙,不惟说过卖酒者,亦已罩定杨志矣。】那挑酒的汉子便道:"卖一桶与你不争,只是被他们说的不好【夹批:此语虽有余恨未平,然只是带说,看他疾入下句。】——又没碗瓢舀吃。"【夹批:疾入此一句妙,又确是村里去卖的酒。】那七人道:"你这汉子忒认真!便说了一声,打甚么要紧?【夹批:再为杨志解一句,不便疾入椰瓢,真乃刃利如风。】我们自有椰瓢在这里。"【夹批:疾。】只见两个客人去车子前取出两个椰瓢来,【夹批:明明瓢之与酒从两处来。】一个捧出一大捧枣子来。七个人立在桶边,【夹批:欲其见之,妙绝。】开了桶盖,轮替换着舀那酒吃,把枣子过口。无一时,一桶酒都吃尽了。七个客人道:"正不曾问你多少价钱?"【夹批:何必不问价,只为留得此句作饶酒地也。】那汉道:"我一了不说价,【夹批:一了二字妙绝,确是向村里主顾分说,忘其为过路客人,入神之笔也。】五贯足钱一桶,十贯一担。"七个客人道:"五贯便依你五贯,只饶我们一瓢吃。"

第十六回 杨志押送金银担 吴用智取生辰纲

【夹批：只用一饶字，便忽接入第二桶，奇计亦复奇文。】那汉道："饶不得！做定的价钱！"【夹批：做定妙。】一个客人把钱还他，【夹批：一个还钱。】一个客人便去揭开桶盖兜了一瓢，拿上便吃。【夹批：一个便吃，以示无他。】那汉去夺时，这客人手拿半瓢酒，望松林里便去，那汉赶将去。只见这边一个客人从松林里走将出来，手里拿一个瓢，便来桶里舀了一瓢。【夹批：一个然后下药。】那汉看见，抢来劈手夺住，【夹批：妙。】望桶里一倾，【夹批：妙。】便盖了桶盖，【夹批：妙。】将瓢望地下一丢，【夹批：妙。】口里说道：【夹批：妙。】"你这客人好不君子相！戴头识脸的，也这般啰唣！"【夹批：住。一段有山雨欲来风满楼之势。】
【眉批：此一段读者眼中有七手八脚之劳，作者腕下有细针婉线之妙，真是不慌不忙，有庠有序之文。】

1. 细读以上金批段落，说说吴用等人是怎样逐步解除杨志的戒备心理的？

2. 模仿上面的夹批，接着上文，旁批杨志中计一段。

水浒绣像

1. 搜集本回出现的梁山好汉形象，剪贴在下面，选出你最喜欢的一幅图片，并把你的理由用简洁的文字写下来。

A	B	C	D

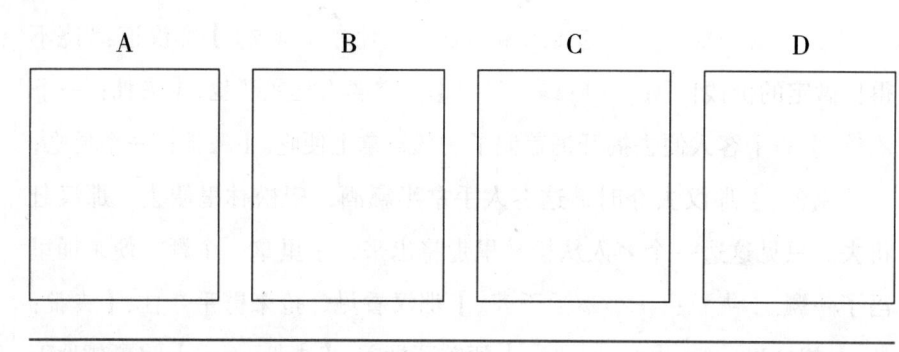

我最喜欢（　），理由：

2. 如果你擅长绘画，能否画一幅九宫格漫画，表现智取生辰纲的故事？

第十八回

美髯公智稳插翅虎　宋公明私放晁天王

诗曰：

　　亲爱无过弟与兄，便从酒后露真情。
　　何清不笃同胞义，观察安知众贼名。
　　玩寇长奸人暗走，惊蛇打草事难成。
　　只因一纸闲文字，惹起天罡地煞兵。

　　当时何观察与兄弟何清道："这锭银子是官司信赏的，非是我把来赚你，后头再有重赏。兄弟，你且说这伙人如何在你便袋里？"只见何清去身边招文袋内摸出一个经折儿来，指道："这伙贼人都在上面。"何涛道："你且说怎地写在上面？"

　　何清道："不瞒哥哥说，兄弟前日为赌博输了，没一文盘缠。有个一般赌博的，引兄弟去北门处十五里，地名安乐村，有个王家客店内，凑些碎赌。为是官司行下文书来，着落本村，但凡开客店的，须要置立文簿，一面上用勘合印信。每夜有客商来歇宿，须要问他那里来，何处去，姓甚名谁，做甚买卖，都要抄写在簿子上。官司查照

批注

批注

时，每月一次去里正处报名。为是小二哥不识字，央我替他抄了半个月。当日是六月初三日，有七个贩枣子的客人，推着七辆江州车儿来歇。我却认得一个为头的客人，是郓城县东溪村晁保正。因何认得他？我比先曾跟一个闲汉去投奔他，因此我认得。我写着文簿，问他道：'客人高姓？'只见一个三髭须白净面皮的抢将过来答应道：'我等姓李，从濠州来，贩枣子去东京卖。'我虽写了，有些疑心。第二日，他自去了。店主带我去村里相赌，来到一处三叉路口，只见一个汉子挑两个桶来。我不认得他，店主人自与他厮叫道：'白太郎，那里去？'那人应道：'有担醋，将去村里财主家卖。'店主人和我说道：'这人叫做白日鼠白胜，他是个赌客。'我也只安在心里。后来听得沸沸扬扬地说道：'黄泥冈上一伙贩枣子的客人，把蒙汗药麻翻了人，劫了生辰纲去。'我猜不是晁保正却是兀谁？如今只捕了白胜，一问便知端的。这个经折儿是我抄的副本。"何涛听了大喜，随即引了兄弟何清径到州衙里，见了太守。府尹问道："那公事有些下落么？"何涛禀道："略有些消息了。"

府尹叫进后堂来说，仔细问了来历。何清一一禀说了。当下便差八个做公的，一同何涛、何清，连夜来到安乐村，叫了店主人作眼，径奔到白胜家里。却是三更时分，叫店主人赚开门来打火。只听得白胜在床上做声，问他老婆时，却说道："害热病不曾得汗。"从床上拖将起来，见白胜面色红白，就把索子绑了，喝道："黄泥冈上做得好事！"白胜那里肯认。把那妇人捆了，也不肯招。众做公的绕屋寻赃寻贼，寻到床底下，见地面不平，众人掘开，不到三尺深，众多公人发声喊，白胜面如土色，就地

第十八回 美髯公智稳插翅虎 宋公明私放晁天王

下取出一包金银。随即把白胜头脸包了，带他老婆，扛抬赃物，都连夜赶回济州城里来。却好五更天明时分，把白胜押到厅前，便将索子捆了，问他主情造意。白胜抵赖，死不肯招晁保正等七人。连打三四顿，打的皮开肉绽，鲜血迸流。府尹喝道："告的正主招了赃物，捕人已知是郓城县东溪村晁保正了。你这厮如何赖得过？你快说那六人是谁，便不打你了。"白胜又捱了一歇，打熬不过，只得招道："为首的是晁保正。他自同六人来纠合白胜与他挑酒，其实不认得那六人。"知府道："这个不难。只拿住晁保正，那六人便有下落。"先取一面二十斤死枷枷了白胜；他的老婆也锁了，押去女牢里监收。随即押一纸公文，就差何涛亲自带领二十个眼明手快的公人，径去郓城县投下，着落本县，立等要捉晁保正并不知姓名六个正贼。就带原解生辰纲的两个虞候作眼拿人，一同何观察领了一行人，去时不要大惊小怪，只恐怕走透了消息。星夜来到郓城县，先把一行公人并两个虞候都藏在客店里，只带一两个跟着来下公文，径奔郓城县衙门前来。

当下巳牌时分，却值知县退了早衙，县前静悄悄地。何涛走去县对门一个茶坊里坐下吃茶相等，吃了一个泡茶，问茶博士道："今日如何县前恁地静？"茶博士说道："知县相公早衙方散，一应公人和告状的都去吃饭了未来。"何涛又问道："今日县里不知是那个押司直日？"茶博士指着道："今日直日的押司来也。"何涛看时，只见县里走出一个吏员来。看那人时，怎生模样？但见：

眼如丹凤，眉似卧蚕。滴溜溜两耳垂珠，明皎皎双睛点漆。唇方口正，髭须地阁轻盈；额阔顶平，皮肉天仓饱满。坐定时浑如虎相，走动时有若狼形。年及三旬，有养济万人之度量；身躯六尺，怀扫除四海之心机。上应星魁，感乾坤之秀气；下临凡世，聚山岳之降灵。志气轩昂，胸襟秀丽。刀笔敢欺萧相国，声名不让孟尝君。

那押司姓宋名江，表字公明，排行第三，祖居郓城县宋家村人氏。为他面黑身矮，人都唤他做黑宋江；又且于家大孝，为人仗义疏财，人皆称他做孝义黑三郎。上有父亲在堂，母亲丧早。下有一个兄弟，唤做铁扇子宋清，自和他父亲宋太公在村中务农，守些田园过活。这宋江自在郓城县做押司。他刀笔精通，吏道纯熟，更兼爱习枪棒，学得武艺多般。平生只好结识江湖上好汉：但有人来投奔他的，若高若低，无有不纳，便留在庄上馆谷，终日追陪，并无厌倦；若要起身，尽力资助。端的是挥霍，视金似土。人问他求钱物，亦不推托。且好做方便，每每排难解纷，只是周全人性命。如常散施棺材药饵，济人贫苦，周人之急，扶人之困。以此山东、河北闻名，都称他做及时雨，却把他比的做天上下的及时雨一般，能救万物。曾有一首《临江仙》赞宋江好处：

起自花村刀笔吏，英灵上应天星。疏财仗义更多能。事亲行孝敬，待士有声名。　济弱扶倾心慷慨，高名冰月双清。及时甘雨四方称。山东呼保义，豪杰宋公明。

当时宋江带着一个伴当，走将出县前来。只见这何观察当街迎住，叫道："押司，此间请坐拜茶。"宋江见他似个公人打扮，慌忙答礼道："尊兄何处？"何涛道："且请押司到茶坊里面吃茶说话。"宋公明道："谨领。"两个入到茶坊里坐定，伴当都叫去门前等候。宋江道："不敢拜问尊兄高姓？"何涛答道："小人是济州府缉捕使臣何观察的便是。不敢动问押司高姓大名？"宋江道："贱眼不识观察，

第十八回 美髯公智稳插翅虎 宋公明私放晁天王

少罪。小吏姓宋名江的便是。"何涛倒地便拜,说道:"久闻大名,无缘不曾拜识。"宋江道:"惶恐!观察请上坐。"何涛道:"小人是一小弟,安敢占上。"宋江道:"观察是上司衙门的人,又是远来之客。"两个谦让了一回,宋江坐了主位,何涛坐了客席。宋江便叫:"茶博士,将两杯茶来。"没多时,茶到。两个吃了茶,茶盏放在桌子上。

宋江道:"观察到敝县,不知上司有何公务?"何涛道:"实不相瞒押司,来贵县有几个要紧的人。"宋江道:"莫非贼情公事否?"何涛道:"有实封公文在此,敢烦押司作成。"宋江道:"观察是上司差来该管的人,小吏怎敢怠慢。不知为甚么贼情紧事?"何涛道:"押司是当案的人,便说也不妨。敝府管下黄泥冈上一伙贼人,共是八个,把蒙汗药麻翻了北京大名府梁中书差遣送蔡太师的生辰纲军健一十五人,劫去了十一担金珠宝贝,计该十万贯正赃。今捕得从贼一名白胜,指说七个正贼都在贵县。这是太师府特差一个干办,在本府立等要这件公事,望押司早早维持。"宋江道:"休说太师府着落,便是观察自赍公文来要,敢不捕送。只不知道白胜供指那七人名字?"何涛道:"不瞒押司说,是贵县东溪村晁保正为首。更有六名从贼,不识姓名。烦乞用心。"

宋江听罢,吃了一惊,肚里寻思道:"晁盖是我心腹弟兄。他如今犯了迷天之罪,我不救他时,捕获将去,性命便休了。"心内自慌。宋江且答应道:"晁盖这厮奸顽役户,本县内上下人没一个不怪他。今番做出来了,好教他受!"何涛道:"相烦押司便行此事。"宋江道:"不妨,这事容易。瓮中捉鳖,手到拿来。只是一件:这实封公文须是观察自己当厅投下,本官看了,便好施行发落,差人去

批注

99

批注

捉。小吏如何敢私下擅开。这件公事非是小可,勿当轻泄于人。"何涛道:"押司高见极明,相烦引进。"宋江道:"本官发放一早晨事务,倦怠了少歇。观察略待一时,少刻坐厅时,小吏来请。"何涛道:"望押司千万作成。"宋江道:"理之当然,休这等说话。小吏略到寒舍分拨了些家务便到,观察少坐一坐。"何涛道:"押司尊便,请治事。小弟只在此专等。"

宋江起身,出得阁儿,分付茶博士道:"那官人要再用茶,一发我还茶钱。"离了茶坊,飞也似跑到下处,先分付伴当去叫直司在茶坊门前伺候,"若知县坐衙时,便可去茶坊里安抚那公人道:'押司便来。'叫他略待一待。"却自槽上鞁了马,牵出后门外去。宋江拿了鞭子,跳上马,慢慢地离了县治。出得东门,打上两鞭,那马不刺刺的望东溪村撺将去。没半个时辰,早到晁盖庄上。庄客见了,入去庄里报知。正是:

有仁有义宋公明,交结豪强秉志诚。
一旦阴谋皆外泄,六人星火夜逃生。

且说晁盖正和吴用、公孙胜、刘唐在后园葡萄树下吃酒。此时三阮已得了钱财,自回石碣村去了。晁盖见庄客报说宋押司门前。晁盖问道:"有多少人随从着?"庄客道:"只独自一个飞马而来,说快要见保正。"晁盖道:"必然有事。"慌忙出来迎接。宋江道了一个喏,携了晁盖的手,便投侧边小房里来。晁盖问道:"押司如何来的慌速?"宋江道:"哥哥不知,兄弟是心腹弟兄,我舍着条性命来救你。如今黄泥冈事发了!白胜已自拿在济州大牢里了,供出你等六人。济州府差一个何缉捕,带领若干人,奉着太师府钧帖并本州文字来捉你等七人,道你为首。天

第十八回　美髯公智稳插翅虎　宋公明私放晁天王

幸撞在我手里！我只推说知县睡着，且教何观察在县对门茶坊里等我，以此飞马而来报你。哥哥，三十六计，走为上计。若不快走时，更待甚么！我回去引他当厅下了公文，知县不移时便差人连夜下来。你们不可担阁，倘有些疏失，如之奈何？休怨小弟不来救你。"晁盖听罢，吃了一惊，道："贤弟，大恩难报！"宋江道："哥哥，你休要多说，只顾安排走路，不要缠障。我便回去也。"晁盖道："七个人：三个是阮小二、阮小五、阮小七，已得了财，自回石碣村去了；后面有三个在这里，贤弟且见他一面。"宋江来到后园，晁盖指着道："这三位：一个吴学究；一个公孙胜，蓟州来的；一个刘唐，东潞州人。"宋江略讲一礼，回身便走，嘱咐道："哥哥保重，作急快走！兄弟去也。"宋江出到庄前，上了马，打上两鞭，飞也似望县里来了。

且说晁盖与吴用、公孙胜、刘唐三人道："你们认得进来相见的这个人么？"吴用道："却怎地慌慌忙忙便去了？正是谁人？"晁盖道："你三位还不知哩，我们不是他来时，性命只在咫尺休了！"三人大惊："莫不走漏了消息，这件事发了？"晁盖道："亏杀这个兄弟，担着血海也似干系来报与我们！原来白胜已自捉在济州大牢里了，供出我等七人。本州差个缉捕何观察，将带若干人，奉着太师钧帖来，着落郓城县立等要拿我们七个。亏了他稳住那公人在茶坊里挨候，他飞马先来报知我们。如今回去下了公文，少刻便差人连夜来捕获我们。却是怎地好？"吴用道："若非此人来报，都打在网里。这大恩人姓甚名谁？"晁盖道："他便是本县押司，呼保义宋江的便是。"吴用道："只闻宋押司大名，小生却不曾得会。虽是住居咫尺，无缘难得见面。"公孙胜、刘唐都道："莫不是江湖上传说的及时雨宋公明？"晁盖点头道："正是此人。他和我心腹相交，结义弟兄。吴先生不曾得会。四海之内，名不虚传。结义得这个兄弟也不枉了。"

晁盖问吴用道："我们事在危急，却是怎地解救？"吴学究道："兄长，不须商议。三十六计，走为上计。"晁盖道："却才宋押司也教我们走为上计，却是走那里去好？"吴用道："我已寻思在肚里了。如今我们收拾五七担挑了，一齐都走，奔石碣村三阮家里去。"晁盖道："三阮是个打鱼人家，如何安得我等许多人？"吴用道："兄长，你好不精细。石碣村那里，一步步近去，便是梁山泊。如今山寨里好生兴旺。官军捕盗，不敢正眼儿看他。若是赶得紧，我们一发入了伙！"晁盖道："这一论正合吾意。只恐怕他们不肯收留我们。"吴用道："我等有的是金银，送献些与他，便入了伙。"晁盖道："既然恁地，商量定了。事不宜迟！吴先生，你便和刘唐带了几个庄客，挑担先去阮家安顿了，却来旱路上接我们。我和公孙先生两个打并了便来。"吴用、刘唐把这生辰纲打劫得金珠宝贝做五六担装了，叫五六个庄客一发吃了酒食。吴用袖了铜链，刘唐提了朴刀，监押着五七担，一行十数人，投石碣村来。晁盖和公孙胜在庄上收拾。有些不肯去的庄客，赍发他些钱物，从他去投别主；愿去的，都在庄上并叠财物，打拴行李。有诗为证：

太师符督下州来，晁盖逡巡受祸胎。
不是宋江潜往报，七人难免这场灾。

再说宋江飞马去到下处，连忙到茶坊里来。只见何观察正在门前望。宋江道："观察久等。却被村里有个亲戚，在下处说些家务，因此担阁了些。"何涛道："有烦押司引

第十八回　美髯公智稳插翅虎　宋公明私放晁天王

进。"宋江道："请观察到县里。"两个入得衙门来，正直知县时文彬在厅上发落事务。宋江将着实封公文，引着何观察，直至书案边，叫左右挂上回避牌。宋江向前禀道："奉济州府公文，为贼情紧急公务，特差缉捕使臣何观察到此下文书。"知县接来拆开，就当厅看了，大惊，对宋江道："这是太师府差干办来立等要回话的勾当。这一干贼便可差人去捉。"宋江道："日间去只怕走了消息，只可差人就夜去捉。拿得晁保正来，那六人便有下落。"时知县道："这东溪村晁保正，闻名是个好汉，他如何肯做这等勾当？"随即叫唤尉司并两个都头：一个姓朱名仝，一个姓雷名横。他两个非是等闲人也！

当下朱仝、雷横两个来到后堂，领了知县言语，和县尉上了马，径到尉司，点起马步弓手并士兵一百余人，就同何观察并两个虞候作眼拿人。当晚都带了绳索军器，县尉骑着马，两个都头亦各乘马，各带了腰刀、弓箭，手拿朴刀，前后马步弓手簇拥着，出得东门，飞奔东溪村晁家来。到得东溪村里，已是一更天气，都到一个观音庵取齐。朱仝道："前面便是晁家庄。晁盖家有前后两条路：若是一发去打他前门，他望后门走了；一齐哄去打他后门，他奔前门走了。我须知晁盖好生了得，又不知那六个是甚么人，必须也不是良善君子。那厮们都是死命，倘或一齐杀出来，又有庄客协助，却如何抵敌他。只好声东击西，等那厮们乱撺，便好下手。不若我和雷都头分做两路，我与你分一半人，都是步行去，先望他后门埋伏了，等候唿哨响为号，你等向前门只顾打入来，见一个捉一个，见两个捉一双。"雷横道："也说得是。朱都头，你和县尉相公从前门打入来，我与你截住后路。"朱仝道："贤弟，你不省得。

批注

晁盖庄上有三条活路，我闲常时都看在眼里了。我去那里，须认得他的路数，不用火把便见。你还不知他出没的去处，倘若走漏了事情，不是耍处。"县尉道："朱都头说得是。你带一半人去。"朱仝道："只消得三十来个勾子。"朱仝领了十个弓手，二十个土兵，先去了。县尉再上了马。雷横把马步弓手都摆在前后，帮护着县尉。土兵等都在马前，明晃晃照着三二十个火把，拿着钢叉、朴刀、留客住、钩镰刀，一齐都奔晁家庄来。到得庄前，也兀自有半里多路，只见晁盖庄里一缕火起，从中堂烧将起来，涌得黑烟遍地，红焰飞空。又走不到十数步，只见前后门四面八方，约有三四十把火发，焰腾腾地一齐都着。前面雷横拿着朴刀，背后众土兵发着喊，一齐把庄门打开，都扑入里面看时，火光照得如同白日一般明亮，并不曾见有一个人。只听得后面发着喊，叫将起来，叫前面捉人。原来朱仝有心要放晁盖，故意赚雷横去打前门。这雷横亦有心要救晁盖，以此争先要来打后门，却被朱仝说开了，只得去打他前门。故意这等大惊小怪，声东击西，要催逼晁盖走了。

朱仝那时到庄后时，兀自晁盖收拾未了。庄客看见，来报与晁盖说道："官军到了！事不宜迟。"晁盖叫庄客四下里只顾放火，他和公孙胜引了十数个去的庄客，呐着喊，挺起朴刀，从后门杀将出来。大喝道："当吾者死，避我者生！"朱仝在黑影里叫道："保正休走，朱仝在这里等你多时。"晁盖那里顾他说，与同公孙胜舍命只顾杀出来。朱仝虚闪一闪，放开条路，让晁盖走了。晁盖却叫公孙胜引了庄客先走，他独自押着后。朱仝使步弓手从后门扑入去，叫道："前面赶捉贼人。"雷横听的，转身便出庄门外，叫马步弓手分头去赶。雷横自在火光之下，东观西望，做

第十八回　美髯公智稳插翅虎　宋公明私放晁天王

寻人。朱仝撇了土兵，挺着刀去赶晁盖。晁盖一面走，口里说道："朱都头，你只管追我做甚么？我须没歹处。"朱仝见后面没人，方才敢说道："保正，你兀自不见我好处。我怕雷横执迷，不会做人情，被我赚他打你前门，我在后面等你出来放你。你见我闪开条路让你过去。你不可投别处去，只除梁山泊可以安身。"晁盖道："深感救命之恩，异日必报。"有诗为证：

　　捕盗如何与盗通，只因仁义动其衷。
　　都头已自开生路，观察焉能建大功。

朱仝正赶间，只听得背后雷横大叫道："休教走了人！"朱仝分付晁盖道："保正，你休慌，只顾一面走，我自使转他去。"朱仝回头叫道："有三个贼望东小路去了。雷都头，你可急赶。"雷横领了人，便投东小路上，并土兵众人赶去。朱仝一面和晁盖说着话，一面赶他，却如防送的相似。渐渐黑影里不见了晁盖。朱仝只做失脚扑地，倒在地下。众土兵向前扶起，急救得朱仝，答道："黑影里不见路径，失脚走下野田里，滑倒了，闪挫了左腿。"县尉道："走了正贼，怎生奈何？"朱仝道："非是小人不赶，其实月黑了，没做道理处。这些土兵全无几个有用的人，不敢向前！"县尉再叫土兵去赶。众土兵心里道："两个都头尚兀自不济事，近他不得，我们有何用。"都去虚赶了一回，转来道："黑地里正不知那条路去了。"雷横也赶了一直回来，心内寻思道："朱仝和晁盖最好，多敢是放了他去，我没来由做甚么恶人。我也有心亦要放他，今已去了，只是不见了人情。晁盖那人也不是好惹的。"回来说道："那里赶得上，这伙贼端的了得！"

县尉和两个都头回到庄前时，已是四更时分。何观察

批注

见众人四分五落，赶了一夜，不曾拿得一个贼人，只叫苦道："如何回得济州去见府尹！"县尉只得捉了几家邻舍家，解将郓城县里来。

这时知县一夜不曾得睡，立等回报。听得道："贼都走了，只拿得几个邻舍。"知县把一干拿到的邻舍当厅勘问。众邻舍告道："小人等虽在晁保正邻近住居，远者三二里田地，近者也隔着些村坊。他庄上如常有搠枪使棒的人来，如何知他做这般的事？"知县逐一问了时，务要问他们一个下落。数内一个贴邻告道："若要知他端的，除非问他庄客。"知县道："说道他家庄客也都跟着走了。"邻舍道："也有不愿去的，还在这里。"知县听了，火速差人，就带了这个贴邻作眼，来东溪村捉人。无两个时辰，早拿到两个庄客。当厅勘问时，那庄客初时抵赖，吃打不过，只得招道："先是六个人商议，小人只认得一个是本乡中教学的先生，叫做吴学究。一个叫做公孙胜，是全真先生。又有一个黑大汉，姓刘。更有那三个，小人不认得，却是吴学究合将来的。听的说道：他姓阮，他在石碣住，他是打鱼的，弟兄三个。只此是实。"知县取了一纸招状，把两个庄客交割与何观察，回了一道备细公文，申呈本府。宋江自周全那一干邻舍，保放回家听候。

且说这众人与何涛押解了两个庄客，连夜回到济州，正值府尹升厅。何涛引了众人到厅前，禀说晁盖烧庄在逃一事。再把庄客口词说一遍。府尹道："既是恁地说时，再拿出白胜来。"问道："那三个姓阮的端的住在那里？"白胜抵赖不过，只得供说："三个姓阮的，一个叫做立地太岁阮小二，一个叫做短命二郎阮小五，一个是活阎罗阮小七，都在石碣湖村里住。"知府道："还有那三个姓甚么？"白

第十八回　美髯公智稳插翅虎　宋公明私放晁天王

胜告道："一个是智多星吴用，一个是入云龙公孙胜，一个叫做赤发鬼刘唐。"知府听了便道："既有下落，且把白胜依原监了，收在牢里。"随即又唤何观察，差去石碣村缉捕这几个贼人。

不是何涛去石碣村去，有分教：

大闹山东，鼎沸河北。天罡地煞，来寻际会风云；水浒寨中，去聚纵横人马。直使三十六员豪杰聚，七十二位煞星临。

毕竟何观察怎生差去石碣村缉捕，且听下回分解。

☞批注

本回我评论：

煮酒论英雄

梁山泊贼首，当以何涛、宋江为魁，朱仝、雷横次之。一边问个走漏消息，一边问个故放贼犯，想他四人亦自甘心。又曰：从来捉贼做贼、捕盗做盗，的的不差，若要真正除得盗贼，只须除了捕快为第一义。

——李卓吾

此回始入宋江传也。宋江，盗魁也。盗魁，则其罪浮于群盗一等。然而从来人之读《水浒》者，每每过许宋江忠义，如欲旦暮遇之。此岂其人性喜与贼为徒？

殆亦读其文而不能通其义有之耳。自吾观之，宋江之罪之浮于群盗

也，吟反诗为小，而放晁盖为大。何则？放晁盖而倡聚群丑，祸连朝廷，自此始矣。宋江而诚忠义，是必不放晁盖者也。宋江而放晁盖，是必不能忠义者也。此入本传之始，而初无一事可书，为首便书私放晁盖。然则宋江通天之罪，作者真不能为之讳也。

岂惟不讳而已，又特致其辨焉。如曰：府尹叫进后堂，则机密之至也；叫了店主做眼，则机密之至也；三更奔到白家，则机密之至也；五更赶回城里，则机密之至也；包了白胜头脸，则机密之至也；老婆监收女牢，则机密之至也；何涛亲领公文，则机密之至也；就带虞候做眼，则机密之至也；众人都藏店里，则机密之至也；何涛不肯轻说，则机密之至也。凡费若干文字，写出无数机密，而皆所以深著宋江私放晁盖之罪。盖此书之宁恕群盗，而不恕宋江，其立法之严有如此者。世人读《水浒》而不能通，而遽便以忠义目之，真不知马之几足者也。

写朱仝、雷横二人，各自要放晁盖，而为朱仝巧，雷横拙，朱仝快，雷横迟，便见雷横处处让过朱仝一着。然殊不知朱仝未入黑影之先，又先有宋江早已做过人情，则是朱仝又让过宋江一着也。强手之中，更有强手，真是写得妙绝。

——金圣叹

1. 读罢本回，你认为宋江为什么要放晁盖？你对此如何评价？

2. 宋江是水泊梁山的首领，也是最复杂、最有争议的一个人。不同的时代，对他的评价天差地别。同学们可以通过网络搜索名家们对宋江的评论，列出一个表格进行比较。

水浒校场

何涛看时，只见县里走出一个押司来。那人姓宋，名江，表字公明，排行第三。祖居郓城县宋家村人氏。为他面黑身矮，人都唤他做黑宋江；又且驰名大孝，为人仗义疏财，人皆称他做孝义黑三郎。上有父亲在堂，母亲早丧；下有一个兄弟，唤做铁扇子宋清，自和他父亲宋太公在村中务农，守些田园过活。这宋江自在郓城县做押司，他刀笔精通，吏道纯熟；更兼爱习枪棒，学得武艺多般，平生只好结识江湖上好汉：但有人来投奔他的，若高若低，无有不纳，便留在庄上馆谷，终日追陪，并无厌倦；若要起身，尽力资助。端的是挥金似土！人问他求钱物，亦不推托；且好做方便，每每排难解纷，只是周全人性命。时常散施棺材药饵，济人贫苦，周人之急，扶人之困。以此，山东、河北闻名，都称他做及时雨；却把他比做天上下的及时雨一般，能救万物。【夹批：一百八人中，独于宋江用此大收者，盖一百七人皆依列传例，于宋江特依世家例，亦所以成一书之纲纪也。】

晁盖问吴用道："我们事在危急，却是怎地解救？"吴学究道："兄长，不须商议。'三十六计，走为上计。'"晁盖道："却才宋押司也教我们走为上计。【夹批：吴用与宋江同心，为一书之眼目。】却是走那里去好？"【夹批：逐节抽出，不作一笔直逐。】吴用道："我已寻思在肚里了。如今我们收拾五七担挑了，一齐都奔石碣村三阮家里去。【夹批：不便说梁山泊，且先说石碣村，文情事情，都渐渐而入。】今急遣一人先与他弟兄说知。"【夹批：写吴用有调有理，具见其才。】晁盖道："三阮是个打鱼人家，如何安得我等许多人？"【夹批：逐节抽出。】吴用道："兄长，你好不精细！石碣村那里一步步近去便是梁山泊。如今山寨里好生兴旺，官军捕盗，不敢正眼儿看他。若是赶得紧，我们一发入了伙！"【夹批：宋江曰：走为上着。吴用亦曰：走为上着。如出一口也。然则吴用寻思梁山入伙，宋江独不寻思梁山入伙，如出一心乎？便极表宋

江、吴用为一路，为全书之眼目也。】晁盖道："这一论极是上策！只恐怕他们不肯收留我们。"吴用道："我等有的是金银，送献些与他，便入伙了。"【夹批：调侃世人语，绝倒。做官须贿赂，做强盗亦须贿赂哉？】晁盖道："既然恁地商量定了，事不宜迟！吴先生，你便和刘唐带了几个庄客，挑担先去阮家安顿了，却来旱路上接我们。我和公孙先生两个打并了便来。"吴用、刘唐，把那生辰纲打劫得金珠宝贝做五六担装了，叫五六个庄客一发吃了酒食。吴用袖了铜链，刘唐提了朴刀，监押着五七担，一行十数人，投石碣村来。【夹批：上文将七个人分作两段，此处又将四个人分作两段，妙绝文字也。】晁盖和公孙胜在庄上收拾；有些不肯去的庄客，赍发他些钱物，从他去投别主；【夹批：不惟情理兼尽，又留作勘出阮家之地。】愿去的，都在庄上并叠财物，打拴行李，不在话下。

1. 本回是宋江第一次出场，找出刻画宋江人物形象的语句，说说这些语句描绘的宋江是怎样的一个人？文中介绍了宋江几个绰号？这些绰号对宋江的形象有何作用？

2. 金圣叹认为《水浒传》中的诗歌不时出现，打断了故事的连贯性，且不具有文学价值，因此他在自己的批评本中把每回开篇的定场诗和文中的诗、赞全都去掉了。对此你怎么看？从文中找出一例阐述自己的观点。

第十八回 美髯公智稳插翅虎 宋公明私放晁天王

水浒绣像

1. 搜集宋江的各种人物形象，剪贴在下面，选出你认为最符合本回宋江形象的一幅图片，并把你的理由用简洁的文字写下来。

A　　　　　B　　　　　C　　　　　D

我最喜欢（　），理由：

2. 历史上的宋江

叔夜……以徽猷阁待制再知海州。宋江起河朔，转略十郡，官军莫敢撄其锋。声言将至，叔夜使间者觇所向，贼径趋海濒，劫钜舟十余，载掳获。于是募死士得千人，设伏近城，而出轻兵距海，诱之战。先匿壮卒海旁，伺兵合，举火焚其舟。贼闻之，皆无斗志，伏兵乘之，擒其副贼，江乃降。加直学士，徙济南府。山东群盗猝至，叔夜度力不敌，谓僚吏曰："若束手以俟援兵，民无噍类，当以计缓之。使延三日，吾事济矣。"乃取旧赦贼文，俾邮卒传至郡，盗闻，果小懈。叔夜会饮谯门，示以闲暇，遣吏谕以恩旨。盗狐疑相持，至暮未决。叔夜发卒五千人，乘其惰击之，盗奔溃，追斩数千级。以功进龙图阁直学士、知青州。

——《宋史·张叔夜传》

……徙之沂州。宋江啸聚亡命，剽掠山东一路，州县大震，吏多避匿，公独修战守之，备以兵，扼其冲，贼不得逞。

——南宋张守《毗陵集》卷十三《左中奉大夫充秘阁修撰蒋公墓志铭》

公讳可存，字嗣长，府州之折也……方腊之叛，用第四将从军。诸人藉才，互以推公，公遂兼率三将兵。奋然先登，士皆用命。腊贼就擒，迁武节大夫。班师过国门，奉御笔："捕草寇宋江。"不逾月，继获，迁武功大夫。

——宋·李若水《捕盗偶成》

宣和七年，户部侍郎蔡居厚罢知青州，以病不赴，归金陵。疽发于背，命道士设醮，倩所亲王生作青词，少日而蔡卒……夫人恸哭曰："侍郎去年帅郓时，有梁山泺贼五百人受降，既而悉诛之。吾屡谏不听也。今日及此，痛哉。"

——宋·洪迈《夷坚志·乙志》卷第六《蔡侍郎》

阅读上面的史料，谈谈你对历史人物宋江的认识和评价。比较一下文学作品和历史上的宋江的异同。

第十九回

林冲水寨大并火　晁盖梁山小夺泊

诗曰：

　　独据梁山志可羞，嫉贤傲士少优柔。
　　只将富贵为身有，却把英雄作寇仇。
　　花竹水亭生杀气，鹭鸥沙渚落人头。
　　规模卑狭真堪笑，性命终须一旦休。

　　话说当下何观察领了知府台旨下厅来，随即到机密房里与众人商议。众多做公的道："若说这个石碣村湖荡，紧靠着梁山泊，都是茫茫荡荡芦苇水港。若不得大队官军，舟船人马，谁敢去那里捕捉贼人。"何涛听罢，说道："这一论也是。"再到厅上禀复府尹道："原来这石碣村湖泊，正傍着梁山水泊，周回尽是深港水汊，芦苇草荡。闲常时也兀自劫了人，莫说如今又添了那一伙强人在里面。若不起得大队人马，如何敢去那里捕获得人。"府尹道："既是如此说时，再差一员了得事的捕盗巡检，点与五百官兵人马，和你一处去缉捕。"何观察领了台旨，再回机密房来，唤集这众多做公的，整选了五百余人，各各自去准备什物

批注

器械。次日，那捕盗巡检领了济州府帖文，与同何观察两个点起五百军兵，同众多做公的一齐奔石碣村来。

且说晁盖、公孙胜自从把火烧了庄院，带同十数个庄客来到石碣村，半路上撞见三阮弟兄，各执器械，却来接应到家。七个人都在阮小五庄上。那时阮小五已把老小搬入湖泊里。七人商议要去投梁山泊一事，吴用道："见今李家道口，有那旱地忽律朱贵在那里开酒店，招接四方好汉。但要入伙的，须是先投奔他。我们如今安排了船只，把一应的物件装在船里，将些人情送与他引进。"大家正在那里商议投奔梁山泊，只见几个打鱼的来报道："官军人马飞奔村里来也！"晁盖便起身叫道："这厮们赶来，我等休走！"阮小二道："不防，我自对付他！叫那厮大半下水里去死，小半都搠杀他。"公孙胜道："休慌，且看贫道的本事。"晁盖道："刘唐兄弟，你和学究先生且把财赋老小装载船里，径撑去李家道口左侧相等。我们看些头势，随后便到。"阮小二选两只棹船，把娘和老小，家中财赋，都装下船里；吴用、刘唐各押着一只，叫七八个伴当摇了船，先投李家道口去等。又分付阮小五、阮小七撑驾小船，如此迎敌。两个各棹船去了。

且说何涛并捕盗巡检带领官兵，渐近石碣村，但见河埠有船，尽数夺了，便使会水的官兵且下船里进发。岸上人马，船骑相迎，水陆并进。到阮小二家，一齐呐喊，人马并起，扑将入去，早是一所空屋，里面只有些粗重家火。何涛道："且去拿几家附近渔户。"问时，说道："他的两个兄弟阮小五、阮小七，都在湖泊里住，非船不能去。"何涛与巡检商议道："这湖泊里港汊又多，路径甚杂，抑且水荡坡塘，不知深浅。若是四分五落去捉时，又怕中了这

114

第十九回　林冲水寨大并火　晁盖梁山小夺泊

贼人奸计。我们把马匹都教人看守在这村里，一发都下船里去。"当时捕盗巡检并何观察一同做公的人等，都下了船。那时捉的船非止百十只，也有撑的，亦有摇的，一齐都望阮小五打鱼庄上来。行不到五六里水面，只听得芦苇中间有人嘲歌。众人且住了船听时，那歌道：

"打鱼一世蓼儿洼，不种青苗不种麻。

酷吏赃官都杀尽，忠心报答赵官家。"

何观察并众人听了，尽吃一惊。只见远远地一个人，独棹一只小船儿，唱将来。有认得的，指道："这个便是阮小五！"何涛把手一招，众人并力向前，各执器械，挺着迎将去。只见阮小五大笑，骂道："你这等虐害百姓的赃官！直如此大胆，敢来引老爷做甚么，却不是来捋虎须！"何涛背后有会射弓箭的，搭上箭，拽满弓，一齐放箭。阮小五见放箭来，拿着划楸，翻筋斗钻下水里去。众人赶到跟前，拿个空。又行不到两条港汊，只听得芦花荡里打唿哨。众人把船摆开，见前面两个人，棹着一只船来。船头上立着一个人，头戴青箬笠，身披绿蓑衣，手里拈着条笔管枪，口里也唱着道：

"老爷生长石碣村，禀性生来要杀人。

先斩何涛巡检首，京师献与赵王君！"

何观察并众人又听了吃一惊。一齐看时，前面那个人，拈着枪，唱着歌，背后这个，摇着橹。有认得的说道："这个正是阮小七！"何涛喝道："众人并力向前，先拿住这个贼，休教走了！"阮小七听得，笑道："泼贼！"便把枪只一点，那船便使转来，望小港里串着走。众人发着喊，赶将去。这阮小七和那摇船的，飞也似摇着橹，口里打着唿哨，串着小港汊只顾走。众官兵赶来赶去，看见

李老师的水浒课

批注

那水港窄狭了，何涛道："且住！把船且泊了，都傍岸边。"上岸看时，只见茫茫荡荡，都是芦苇，正不见一些旱路。何涛心内疑惑，却商议不定，便问那当村住的人。说道："小人们虽是在此居住，也不知道这里有许多去处。"何涛便教划着两只小船，船上各带三两个做公的，去前面探路。去了两个时辰有余，不见回报。何涛道："这厮们好不了事！"再差五个做公的，又划两只船去探路。这几个做公的划了两只船，又去了一个多时辰，并不见些回报。何涛道："这几个都是久惯做公的，四清六活的人，却怎地也不晓事，如何不着一只船转来回报？不想这些带来的官兵，人人亦不知颠倒。天色又看看晚了，在此不着边际，怎生奈何？我须用自去走一遭。"拣一只疾快小船，选了几个老郎做公的，各拿了器械，桨起五六把划楫；何涛坐船头上，望这个芦苇港里荡将去。

那时已自是日没沉西，划得船开，约行了五六里水面，看见侧边岸上一个人提着把锄头走将来。何涛问道："兀那汉子，你是甚人？这里是甚么去处？"那人应道："我是这村里庄家。这里唤做断头沟，没路了。"何涛道："你曾见两只船过来么？"那人道："不是来捉阮小五的？"何涛道："你怎地知得是来捉阮小五的？"那人道："他们只在前面乌林里厮打。"何涛道："离这里还有多少路？"那人道："只在前面，望得见便是。"何涛听得，便叫拢船前去接应，便差两个做公的，拿了鱼叉上岸来。只见那汉提起锄头来，手到，把这两个做公的，一锄头一个，翻筋斗都打下水里去。何涛见了吃一惊，急跳起身来时，却待奔上岸。只见那只船忽地搪将开去，水底下钻起一个人来，把何涛两腿只一扯，扑桶地倒撞下水里去。那几个船

第十九回 林冲水寨大并火 晁盖梁山小夺泊

里的却待要走,被这提锄头的赶将上船来,一锄头一个,排头打下去,脑浆也打出来。这何涛被水底下这人倒拖上岸来,就解下他的搭膊来捆了。看水底下这人,却是阮小七;岸上提锄头的那汉,便是阮小二。弟兄两个看着何涛骂道:"老爷弟兄三个,从来爱杀人放火,量你这厮直得甚么!你如何大胆,特地引着官兵来捉我们?"何涛道:"好汉,小人奉上命差遣,盖不由己。小人怎敢大胆要来捉好汉!望好汉可怜见,家中有个八十岁的老娘,无人养赡,望乞饶恕性命则个!"阮家弟兄道:"且把他来捆做个粽子,撇在船舱里。"把那几个尸首都撺去水里去了。两个胡哨一声,芦苇丛中钻出四五个打鱼的人来,都上了船。阮小二、阮小七各驾了一只船出来。

且说这捕盗巡检领着官兵,都在那船里,说道:"何观察他道做公的不了事,自去探路,也去了许多时不见回来。"那时正是初更左右,星光满天,众人都在船上歇凉。忽然只见一阵怪风起处,那风,但见:

飞沙走石,卷水摇天。黑漫漫堆起乌云,昏邓邓催来急雨。满川荷叶,半空中翠盖交加;遍水芦花,绕湖面白旗缭乱。吹折昆仑山顶树,唤醒东海老龙君。

那一阵怪风从背后吹将来,吹得众人掩面大惊,只叫得苦;把那缆船索都刮断了。正没摆布处,只听得后面胡哨响。迎着风看时,只见芦花侧畔射出一派火光来。众人道:"今番却休了!"那大船小船约有四五十只,正被这大风刮得你撞我磕,捉摸不住,那火光却早来到面前。原来都是一丛小船,两只价帮住,上面满满堆着芦苇柴草,刮刮杂杂烧着,乘着顺风直冲将来。那四五十只官船,屯塞做一块。港汊又狭,又没回避处。那头等大船也有十数

批注

只,却被他火船推来,钻在大船队里一烧。水底下原来又有人扶助着船烧将来,烧得大船上官兵都跳上岸来逃命奔走。不想四边尽是芦苇野港,又没旱路。只见岸上芦苇又刮刮杂杂也烧将起来,那捕盗官兵两头没处走。风又紧,火又猛,众官兵只得钻去,都奔烂泥里立地。火光丛中,只见一只小快船,船尾上一个摇着船,船头上坐着一个先生,手里明晃晃地拿着一口宝剑,口里喝道:"休教走了一个!"众兵都在烂泥里,只得忍气。说犹未了,只见芦苇东岸,两个人引着四五个打鱼的,都手里明晃晃拿着刀枪走来;这边芦苇西岸,又是两个人,也引着四五个打鱼的,手里也明晃晃拿着飞鱼钩走来。东西两岸四个好汉并这伙人一齐动手,排头儿搠将来。无移时,把许多官兵都搠死在烂泥里。东岸两个是晁盖、阮小五;西岸两个是阮小二、阮小七;船上那个先生,便是祭风的公孙胜。五位好汉引着十数个打鱼的庄家,把这伙官兵都搠死在芦苇荡里。单单只剩得一个何观察,捆做粽子也似,丢在船舱里。阮小二提将上船来,指着骂道:"你这厮是济州一个诈害百姓的蠹虫!我本待把你碎尸万段,却要你回去与那济州府管事的贼驴说:俺这石碣村阮氏三雄、东溪村天王晁盖,都不是好撩拨的。我也不来你城里借粮,他也休要来我村中讨死!倘或正眼儿觑着,休道你是一个小小州尹,也莫说蔡太师差干人来要拿我们,便是蔡京亲自来时,我也搠他三二十个透明的窟窿。俺们放你回去,休得再来!传与你的那个鸟官人,教他休要讨死!这里没大路,我着兄弟送你出路口去。"当时阮小七把一只小快船载了何涛,直送他到大路口,喝道:"这里一直去,便有寻路处。别的众人都杀了,难道只惺地好好放了你去,也吃

第十九回 林冲水寨大并火 晁盖梁山小夺泊

你那州尹贼驴笑。且请下你两个耳朵来做表证！"阮小七身边拔起尖刀，把何观察两个耳朵割下来，鲜血淋漓。插了刀，解下搭膊，放上岸去。何涛得了性命，自寻路回济州去了。

且说晁盖、公孙胜和阮家三弟兄并十数个打鱼的，一发都驾了五七只小船，离了石碣村湖泊，径投李家道口来。到得那里，相寻着吴用、刘唐船只，合做一处。吴用问道拒敌官兵一事，晁盖备细说了。吴用众人大喜。整顿船只齐了，一同来到旱地忽律朱贵酒店里来相投。朱贵见了许多人来，说投托入伙，慌忙迎接。吴用将来历实说与朱贵听了，大喜。逐一都相见了，请入厅上坐定，忙叫酒保安排分例酒来管待众人。随即取出一张皮靶弓来，搭上一枝响箭，望着那对港芦苇中射去。响箭到处，早见有小喽啰摇出一只船来。朱贵急写了一封书呈，备细说众豪杰入伙来历缘由，先付与小喽啰赍了，教去寨里报知。一面又杀羊管待众好汉。过了一夜。次日早起，朱贵唤一只大船，请众多好汉下船，就同带了晁盖等来的船只，一齐望山寨里来。行了多时，早来到一处水口，只听的岸上鼓响锣鸣。晁盖看时，只见七八个小喽啰划出四只哨船来，见了朱贵，都声了喏，自依旧先去了。

再说一行人来到金沙滩上岸，便留老小船只并打鱼的人在此伺候。又见数十个小喽啰下山来，接引到关上。王伦领着一班头领出关迎接。晁盖等慌忙施礼，王伦答礼道："小可王伦，久闻晁天王大名，如雷灌耳。今日且喜光临草寨。"晁盖道："晁某是个不读书史的人，甚是粗卤。今日事在藏拙，甘心与头领帐下做一小卒，不弃幸甚。"王伦道："休如此说，且请到小寨再有计议。"一行从人都

批注

批注

　　跟着两个头领上山来。到得大寨聚义厅下，王伦再三谦让晁盖一行人上阶。晁盖等七人在右边一字儿立下，王伦与众头领在左边一字儿立下。一个个都讲礼罢，分宾主对席坐下。王伦唤阶下众小头目声喏已毕，一壁厢动起山寨中鼓乐。先叫小头目去山下管待来的从人，关下另有客馆安歇。诗曰：

　　　　西奔东投竟莫容，那堪造物挫英雄。
　　　　敝袍长铗飘蓬客，特地来依水泊中。

　　且说山寨里宰了两头黄牛、十个羊、五个猪，大吹大擂筵席。众头领饮酒中间，晁盖把胸中之事，从头至尾都告诉王伦等众位。王伦听罢，骇然了半晌，心内踌躇，做声不得。自己沉吟，虚应答筵宴。至晚席散，众头领送晁盖等众人关下客馆内安歇，自有来的人伏侍。晁盖心中欢喜，对吴用等六人说道："我们造下这等迷天大罪，那里去安身！不是这王头领如此错爱，我等皆已失所，此恩不可忘报！"吴用只是冷笑。晁盖道："先生何故只是冷笑？有事可以通知。"吴用道："兄长性直，只是一勇。你道王伦肯收留我们？兄长不看他的心，只观他的颜色，动静规模。"晁盖道："观他颜色怎地？"吴用道："兄长不看他早间席上，王伦与兄长说话，倒有交情。次后因兄长说出杀了许多官兵捕盗巡检，放了何涛，阮氏三雄如此豪杰，他便有些颜色变了，虽是口中应答，动静规模，心里好生不然。他若是有心收留我们，只就早上便议定了坐位。杜迁、宋万这两个，自是粗卤的人，待客之事如何省得。只有林冲那人，原是京师禁军教头，大郡的人，诸事晓得，今不得已而坐了第四位。早间见林冲看王伦答应兄长模样，他自便有些不平之气，频频把眼瞅这王伦，心内自已

第十九回　林冲水寨大并火　晁盖梁山小夺泊

踌躇。我看这人倒有顾眄之心，只是不得已。小生略放片言，教他本寨自相火并。"晁盖道："全仗先生妙策良谋，可以容身。"当夜七人安歇了。

次早天明，只见人报道："林教头相访。"吴用便对晁盖道："这人来相探，中俺计了。"七个人慌忙起来迎接，邀请林冲入到客馆里面。吴用向前称谢道："夜来重蒙恩赐，拜扰不当。"林冲道："小可有失恭敬。虽有奉承之心，奈缘不在其位，望乞恕罪。"吴学究道："我等虽是不才，非为草木，岂不见头领错爱之心，顾眄之意。感恩不浅。"晁盖再三谦让林冲上坐，林冲那里肯。推晁盖上首坐了，林冲便在下首坐定。吴用等六人一带坐下。晁盖道："久闻教头大名，不想今日得会。"林冲道："小人旧在东京时，与朋友交，礼节不曾有误。虽然今日能勾得见尊颜，不得遂平生之愿，特地径来陪话。"晁盖称谢道："深感厚意。"吴用便动问道："小生旧日久闻头领在东京时，十分豪杰，不知缘何与高俅不睦，致被陷害？后闻在沧州亦被火烧了大军草料场，又是他的计策。向后不知谁荐头领上山？"林冲道："若说高俅这贼陷害一节，但提起，毛发直立，又不能报得此仇！来此容身，皆是柴大官人举荐到此。"吴用道："柴大官人，莫非是江湖上人称为小旋风柴进的么？"林冲道："正是此人。"晁盖道："小可多闻人说，柴大官人仗义疏财，接纳四方豪杰，说是大周皇帝嫡派子孙，如何能勾会他一面也好。"吴用又对林冲道："据这柴大官人，名闻寰海，声播天下的人，教头若非武艺超群，他如何肯荐上山？非是吴用过称，理合王伦让这第一位头领坐。此合天下公论，也不负了柴大官人之书信。"林冲道："承先生高谈。只因小可犯下大罪，投奔柴

▶ 批注

> 批注

大官人，非他不留林冲，诚恐负累他不便，自愿上山。不想今日去住无门，非在位次低微。且王伦心术不定，语言不准，失信于人，难以相聚。"吴用道："王头领待人接物，一团和气，如何心地倒恁窄狭？"林冲道："今日山寨天幸得众多豪杰到此相扶相助，似锦上添花，如旱苗得雨。此人只怀妒贤嫉能之心，但恐众豪杰势力相压。夜来因见兄长所说众位杀死官兵一节，他便有些不然，就怀不肯相留的模样，以此请众豪杰来关下安歇。"吴用便道："既然王头领有这般之心，我等休要待他发付，自投别处去便了。"林冲道："众豪杰休生见外之心，林冲自有分晓。小可只恐众豪杰生退去之意，特来早早说知。今日看他如何相待，若这厮语言有理，不似昨日，万事罢论；倘若这厮今朝有半句话参差时，尽在林冲身上。"晁盖道："头领如此错爱，俺弟兄皆感厚恩。"吴用便道："头领为我弟兄面上，倒教头领与旧弟兄分颜。若是可容即容，不可容时，小生等登时告退。"林冲道："先生差矣！古人有言：惺惺惜惺惺，好汉惜好汉。量这一个泼男女，腌臜畜生，终作何用！众豪杰且请宽心。"林冲起身别了众人，说道："少间相会。"众人相送出来，林冲自上山去了。正是：

　　惺惺自古惜惺惺，谈笑相逢眼更青。
　　可恨王伦心量狭，直教魂魄丧幽冥。

当日没多时，只见小喽啰到来相请，说道："今日山寨里头领，相请众好汉去山南水寨亭上筵会。"晁盖道："上复头领，少间便到。"小喽啰去了。晁盖问吴用道："先生，此一会如何？"吴学究笑道："兄长放心。此一会倒有分做山寨之主。今日林教头必然有火并王伦之意，他若有些心懒，小生凭着三寸不烂之舌，不由他不火并。兄长身边

第十九回 林冲水寨大并火 晁盖梁山小夺泊

各藏了暗器，只看小生把手来拈须为号，兄长便可协力。"晁盖等众人暗喜。辰牌已后，三四次人来催请。晁盖和众头领身边各各带了器械，暗藏在身上，结束得端正，却来赴席。只见宋万亲自骑马又来相请。小喽啰抬过七乘山轿，七个人都上轿子，一径投南山水寨里来。到得山南看时，端的景物非常，直到寨后水亭子前，下了轿。王伦、杜迁、林冲、朱贵都出来相接，邀请到那水亭子上，分宾主坐定。看那水亭一遭景致时，但见：

四面水帘高卷，周回花压朱阑。满目香风，万朵芙蓉铺绿水；迎眸翠色，千枝荷叶绕芳塘。画檐外阴阴柳影，琐窗前细细松声。一行野鹭立滩头，数点沙鸥浮水面。盆中水浸，无非是沉李浮瓜；壶内馨香，盛贮着琼浆玉液。江山秀气聚亭台，明月清风自无价。

当下，王伦与四个头领杜迁、宋万、林冲、朱贵坐在左边主位上，晁盖与六个好汉吴用、公孙胜、刘唐、三阮坐在右边客席。阶下小喽啰轮番把盏。酒至数巡，食供两次，晁盖和王伦盘话。但提起聚义一事，王伦便把闲话支吾开去。吴用把眼来看林冲时，只见林冲侧坐交椅上，把眼瞅王伦身上。

看看饮酒至午后，王伦回头叫小喽啰："取来。"三四个人去不多时，只见一人捧个大盘子里放着五锭大银。王伦便起身把盏，对晁盖说道："感蒙众豪杰到此聚义，只恨敝山小寨是一洼之水，如何安得许多真龙。聊备些小薄礼，万望笑留。烦投大寨歇马，小可使人亲到麾下纳降。"晁盖道："小子久闻大山招贤纳士，一径地特来投托入伙。若是不能相容，我等众人自行告退。重蒙所赐白金，决不敢领。非敢自夸丰富，小可聊有些盘缠使用。速请纳回厚

批注

123

礼，只此告别。"王伦道："何故推却？非是敝山不纳众位豪杰，奈缘只为粮少房稀，恐日后误了足下，众位面皮不好，因此不敢相留。"

说言未了，只见林冲双眉剔起，两眼圆睁，坐在交椅上大喝道："你前番我上山来时，也推道粮少房稀。今日晁兄与众豪杰到此山寨，你又发出这等言语来。是何道理？"吴用便说道："头领息怒！自是我等来的不是，倒坏了你山寨情分。今日王头领以礼发付我们下山，送与盘缠，又不曾热赶将去。请头领息怒，我等自去罢休。"林冲道："这是笑里藏刀，言清行浊的人！我其实今日放他不过！"王伦喝道："你看这畜生！又不醉了，倒把言语来伤触我，却不是反失上下！"林冲大怒道："量你是个落第腐儒，胸中又没文学，怎做得山寨之主！"吴用便道："晁兄，只因我等上山相投，反坏了头领面皮。只今办了船只，便当告退。"晁盖等七人便起身要下亭子，王伦留道："且请席终了去。"林冲把桌子只一脚，踢在一边，抢起身来，衣襟底下掣出一把明晃晃的刀来，搠的火杂杂。吴用便把手将髭须一摸，晁盖、刘唐便上亭子来，虚拦住王伦，叫道："不要火并！"吴用一手扯住林冲，便道："头领不可造次！"公孙胜假意劝道："休为我等坏了大义！"阮小二便去帮住杜迁，阮小五帮住宋万，阮小七帮住朱贵。吓得小喽啰们目瞪口呆。林冲拿住王伦，骂道："你是一个村野穷儒，亏了杜迁得到这里。柴大官人这等资助你，周给盘缠，与你相交，举荐我来，尚且许多推却。今日众豪杰特来相聚，又要发付他下山去。这梁山泊便是你的？你这嫉贤妒能的贼，不杀了要你何用！你也无大量之才，也做不得山寨之主！"杜迁、宋万、朱贵本待要向前

第十九回 林冲水寨大并火 晁盖梁山小夺泊

来劝，被这几个紧紧帮着，那里敢动。王伦那时也要寻路走，却被晁盖、刘唐两个拦住。王伦见头势不好，口里叫道："我的心腹都在那里？"虽有几个身边知心腹的人，本待要来救，见了林冲这般凶猛头势，谁敢向前。林冲拿住王伦，骂了一顿，去心窝里只一刀，肐察地搠倒在亭上。可怜王伦做了半世强人，今日死在林冲之手。正应古人言：量大福也大，机深祸亦深。晁盖见杀了王伦，各掣刀在手。林冲早把王伦首级割下来，提在手里。吓得那杜迁、宋万、朱贵都跪下说道："愿随哥哥执鞭坠镫！"晁盖等慌忙扶起三人来。吴用就血泊里拽过头把交椅来，便纳林冲坐地，叫道："如有不伏者，将王伦为例！今日扶林教头为山寨之主。"林冲大叫道："差矣，先生！我今日只为众豪杰义气为重上头，火并了这不仁之贼，实无心要谋此位。今日吴兄却让此第一位与林冲坐，岂不惹天下英雄耻笑！若欲相逼，宁死而不坐。我有片言，不知众位肯依我么？"众人道："头领所言，谁敢不依。愿闻其言。"

　　林冲言无数句，话不一席，有分教：聚义厅上，列三十六员天上星辰；断金亭前，摆七十二位世间豪杰。正是：替天行道人将至，仗义疏财汉便来。毕竟林冲对吴用说出甚言语来，且听下回分解。

> 批注

本回我评论：

煮酒论英雄

1. 此回前半幅借阮氏口痛骂官吏，后半幅借林冲口痛骂秀才。其言愤激，殊伤雅道。然怨毒著书，史迁不免，于稗官又奚责焉。

——金圣叹

嗟乎！怨毒之于人甚矣哉！当林冲弹首虎下，坐第四，志岂能须臾忘王伦耶？徒以势孤援绝，惧事不成，为世僇笑，故隐忍而止。

一旦见晁盖者兄弟七人，无因以前，彼讵不心动乎？此虽王伦降心优礼，欢然相接，彼犹将私结之以得肆其欲为，况又加之以猜疑耶？夫自雪天三限以至今日，林冲渴刀已久，与王伦颈血相吸，虽无吴用之舌，又岂遂得不杀哉？

或林冲之前无高俅相恶之事，则其杀王伦犹未至于如是之毒乎？顾虎头针刺画影，而邻女心痛，然则杀王伦之日，俅其气绝神灭矣乎？人生世上，睚眦之事，可自恣也哉！

——金圣叹

以上两则是金圣叹本回总批中节选的言论，你对此有何评价？

2. 吴用此人，用得用得。又曰：天下秀才都会嫉贤妒能，安得林教头一一杀之也！

——李卓吾

你是否同意李卓吾评价吴用和天下秀才的观点？说出你的理由。

3. 金圣叹认为阮氏三雄中，阮小七是上上人物，阮小二和阮小五是中上人物，结合本回内容，谈谈你的看法。

水浒校场

说言未了，只见林冲【夹批：八字疾。】双眉剔起，两眼圆睁，坐在交椅上，大喝道：【夹批：此处若便立起，却起得没声势，若便踢倒桌子立起，又踢得没节次。故特地写个坐在交椅上骂，直等骂到分际性发，然后一脚踢开桌子，抢起身来，刀亦就势掣出。有节次，有声势，作者实有设身处地之劳也。】"你前番，我上山来时，也推道粮少房稀！【夹批：胸中主句，眼前宾句。】今日晁兄与众豪杰到此山寨，你又发出这等言语来，【夹批：胸中主句，眼前宾句。】是何道理？"吴用便道说："头领息怒，自是我等来的不是，倒坏了你山寨情分。【夹批：恶极，不惟自说不是，看他下坏情分三字，已直说林冲不是矣。】今日王头领以礼发付我们下山，送与盘缠，又不曾热赶将去。【夹批：恶极，只七个字陡然反雪晴三限又提出来。】请头领息怒，我等自去罢休。"【夹批：明明催之。】林冲道："这是笑里藏刀言清行浊之人！我其实今日放他不过！"【夹批：快绝妙绝，读之神旺。非一朝一夕之心矣。】王伦喝道："你看这畜生！【夹批：看他骂人法，活是个秀才。】又不醉了，倒把言语来伤触我！却不是反失上下！"林冲大骂道："量你是个落第穷儒，【夹批：即不落第又奈何？】胸中又没文学，【夹批：即有文学又奈何。】怎做得山寨之主！"【夹批：可见秀才虽强盗亦不服也。】吴用便道："晁兄，【夹批：更不向林冲说，妙绝。】只因我等上山相投，反坏了头领面皮。只今办了船只，便当告退。"【夹批：又催之。】晁盖等七人便起身，【夹批：句。】要下亭子。【夹批：句。俗人不知此句之妙，便作一句读，不知上半句是真，下半句是假。】王伦留道："且请席终了去。"【夹批：秀才

可怜，睡里梦里。】林冲把桌子只一脚踢在一边；抢起身来，衣襟底下掣出一把明晃晃刀来，【夹批：有山崩海立、风起云涌之势。】搠的火杂杂。【夹批：五字不知是写人，不知是写刀，但觉人刀俱活。】吴用便把手将髭须一摸。晁盖、刘唐，便上亭子来虚拦住王伦，叫道："不要火并！"吴用便假意扯林冲，道："头领，不可造次！"公孙胜便两边道："休为我等坏了大义！"阮小二便去帮住杜迁，阮小五帮住宋万，阮小七帮住朱贵。【夹批：百忙中写来何等明画。】吓得小喽啰们目瞪口呆。林冲拿住王伦，骂道："你是一个村野穷儒，亏了杜迁得到这里！柴大官人这等资助你，周给盘缠，与你相交，举荐我来，尚且许多推却！今日众豪杰特来相聚，又要发付他下山去！这梁山伯便是你的！【夹批：天下人听者。】你这嫉贤妒能的贼，【夹批：天下人听者。】不杀了要你何用！【夹批：却作商量语，绝倒。】你也无大量大才，也做不得山寨之主！"【夹批：有大才，又必有大量，强盗头犹必若是耶？】杜迁、宋万、朱贵，本待要向前来劝；被这几个紧紧帮着，那里敢动。王伦那时也要寻路走，却被晁盖、刘唐两个拦住。王伦见头势不好，口里叫道："我的心腹都在那里？"【夹批：活秀才。】虽有几个身边知心腹的人，本待要来救，见了林冲这般凶猛头势，谁敢向前。林冲即时拿住王伦，又骂了一顿，【夹批：再添一句，为雪天三限吐气。】去心窝里只一刀，肐察地搠倒在亭上。晁盖见搠王伦，各掣刀在手。【夹批：方掣出暗器。】林冲疾把王伦首级割下来，提在手里，【夹批：林冲能。却是耐庵能。】吓得那杜迁、宋万、朱贵，都跪下，说道："愿随哥哥执鞭坠镫！"晁盖等慌忙扶起三人来。吴用就血泊里拽过一把交椅来，【夹批：何必聚义堂上，只山南水亭有何不可，笑秀才之多计也。】便纳林冲坐地，叫道："如有不伏者，将王伦为例！今日扶林教头为山寨之主。"【夹批：好吴用。】林冲大叫道："先生差矣！【夹批：好林冲。】我今日只为众豪杰义气为重上头，火并了这不仁之贼，实无心要谋此位。今日吴兄却让此第一位与林冲坐，岂不惹天下英雄耻笑？若欲相逼，宁死而已！弟有片言，【夹批：愿闻。】

不知众位肯依我么？"众人道："头领所言，谁敢不依。愿闻其言。"

1.从上文金圣叹的批注中选择几处，对他的批注进行批评，言之成理即可。然后大家交流一下看法，是否"英雄所见略同"？

2.搜集整理阮氏三雄的故事，尝试以司马迁写《史记》笔法，为三人立一合传。

水浒绣像

1.搜集本回人物形象，选择四个剪贴在下面，并选出一个给你印象最深刻的人物形象，并说明理由。

A	B	C	D

我最喜欢（　），理由：

第二十一回

虔婆醉打唐牛儿　宋江怒杀阎婆惜

古风一首：

　　宋朝运祚将倾覆，四海英雄起寥廓。
　　流光垂象在山东，天罡上应三十六。
　　瑞气盘缠绕郓城，此乡生降宋公明。
　　神清貌古真奇异，一举能令天下惊。
　　幼年涉猎诸经史，长为吏役决刑名。
　　仁义礼智信皆备，曾受九天玄女经。
　　江湖结纳诸豪杰，扶危济困恩威行。
　　他年自到梁山泊，绣旗影摇云水滨。
　　替天行道呼保义，上应玉府天魁星。

　　话说宋江在酒楼上与刘唐说了话，分付了回书，送下楼来。刘唐连夜自回梁山泊去了。只说宋江乘着月色满街，信步自回下处来。一头走，一面肚里想："那晁盖却空教刘唐来走这一遭。早是没做公的看见，争些儿露出事来。"走不过三二十步，只听得背后有人叫声押司。宋江转回头来看进，却是做媒的王婆，引着一个婆子，却与他

第二十一回　虔婆醉打唐牛儿　宋江怒杀阎婆惜

说道："你有缘，做好事的押司来也。"宋江转身来问道："有甚么话说？"王婆拦住，指着阎婆对宋江说道："押司不知，这一家儿从东京来，不是这里人家。嫡亲三口儿，夫主阎公，有个女儿婆惜。他那阎公，平昔是个好唱的人，自小教得他那女儿婆惜也会唱诸般耍令。年方一十八岁，颇有些颜色。三口儿因来山东投奔一个官人不着，流落在此郓城县。不想这里的人不喜风流宴乐，因此不能过活，在这县后一个僻净巷内权住。昨日他的家公因害时疫死了，这阎婆无钱津送，停尸在家，没做道理处。央及老身做媒。我道这般时节，那里有这等恰好。又没借换处。正在这里走头没路的。只见押司打从这里过来，以此老身与这阎婆赶来。望押司可怜见他则个，作成一具棺材。"宋江道："原来恁地。你两个跟我来，去巷口酒店里借笔砚写个帖子与你，去县东陈三郎家取具棺材。"宋江又问道："你有结果使用么？"阎婆答道："实不瞒押司说，棺材尚无，那讨使用。其实缺少。"宋江道："我再与你银子十两做使用钱。"阎婆道："便是重生的父母，再长的爹娘。做驴做马报答押司。"宋江道："休要如此说。"随即取出一锭银子，递与阎婆，自回下处去了。且说这婆子将了帖子，径来县东街陈三郎家，取了一具棺材，回家发送了当，兀自余剩下五六两银子。娘儿两个把来盘缠，不在话下。

　　忽一朝，那阎婆因来谢宋江，见他下处没有一个妇人家面。回来问间壁王婆道："宋押司下处不见一个妇人面，他曾有娘子也无？"王婆道："只闻宋押司家里在宋家村住，不曾见说他有娘子。在这县里做押司，只是客居。常常见他散施棺材药饵，极肯济人贫苦。敢怕是未有娘子。"阎婆道："我这女儿长得好模样，又会唱曲儿，省得诸般

批注

要笑。从小儿在东京时，只去行院人家串，那一个行院不爱他。有几个上行首要问我过房几次，我不肯。只因我两口儿无人养老，因此不过房与他。不想今来倒苦了他。我前日去谢宋押司，见他下处无娘子，因此央你与我对宋押司说：他若要讨人时，我情愿把婆惜与他。我前日得你作成，亏了宋押司救济，无可报答他，与他做个亲眷来往。"王婆听了这话，次日来见宋江，备细说了这件事。宋江初时不肯，怎当这个婆子撮合山的嘴，撺掇宋江依允了。就县西巷内，讨了一所楼房，置办些家火什物，安顿了阎婆惜娘儿两个在那里居住。没半月之间，打扮得阎婆惜满头珠翠，遍体金玉。正是：

　　花容袅娜，玉质娉婷。鬓横一片乌云，眉扫半弯新月。金莲窄窄，湘裙微露不胜情；玉笋纤纤，翠袖半笼无限意。星眼浑如点漆，酥胸真似截肪。韵度若风里海棠花，标格似雪中玉梅树。金屋美人离御苑，蕊珠仙子下尘寰。

　　宋江又过几日，连那婆子也有若干头面衣服，端的养的婆惜丰衣足食。初时宋江夜夜与婆惜一处歇卧，向后渐渐来得慢了。却是为何？原来宋江是个好汉，只爱学使枪棒，于女色上不十分要紧。这阎婆惜水也似后生，况兼十八九岁，正在妙龄之际，因此宋江不中那婆娘意。

　　一日，宋江不合带后司贴书张文远来阎婆惜家吃酒。这张文远却是宋江的同房押司，那厮唤做小张三，生得眉清目秀，齿白唇红。平昔只爱去三瓦两舍，飘蓬浮荡，学得一身风流俊俏，更兼品竹弹丝，无有不会。这婆惜是个酒色娼妓，一见张三，心里便喜，倒有意看上他。那张三见这婆惜有意，以目送情。等宋江起身净手，倒把言语来嘲惹张三。常言道：风不来，树不动。船不摇，水不浑。

第二十一回　虔婆醉打唐牛儿　宋江怒杀阎婆惜

那张三亦是个酒色之徒，这事如何不晓得。因见这婆娘眉里眼去，十分有情，记在心里。向后宋江不在时，这张三便去那里，假意儿只做来寻宋江。那婆娘留住吃茶，言来语去，成了此事。谁想那婆娘自从和那张三两个勾搭识上了，打得火块一般热。亦且这张三又是惯会弄此事的。岂不闻古人之言：一不将，二不带。只因宋江千不合，万不合，带这张三来他家里吃酒，以此看上他。自古道：风流茶说合，酒是色媒人。正犯着这条款。阎婆惜是个风尘娼妓的性格，自从和那小张三两个搭上了，他并无半点儿情分在那宋江身上。宋江但若来时，只把言语伤他，全不兜揽他些个。这宋江是个好汉胸襟，不以这女色为念，因此半月十日去走得一遭。那张三和这婆惜，如胶似漆，夜去明来。街坊上人也都知了，却有些风声吹在宋江耳朵里。宋江半信不信，自肚里寻思道："又不是我父母匹配的妻室，他若无心恋我，我没来由惹气做甚么。我只不上门便了。"自此有个月不去。阎婆累使人来请，宋江只推事故，不上门去。

忽一日晚间，却好见那阎婆赶到县前来，叫道："押司，多日使人相请，好贵人难见面。便是小贱人有些言语高低，伤触了押司，也看得老身薄面，自教训他与押司陪话。今晚老身有缘得见押司，同走一遭去。"宋江道："我今日县里事务忙，摆拨不开，改日却来。"阎婆道："这个使不得。我女儿在家里，专望押司，胡乱温顾他便了。直恁地下得！"宋江道："端的忙些个。明日准来。"阎婆道："我今晚要和你去。"便把宋江衣袖扯住了，发话道："是谁挑拨你？我娘儿两个下半世过活都靠着押司，外人说的闲是闲非都不要听他，押司自做个张主。我女儿但有差错，都在老身身上。押司胡乱去走一遭。"

批注

宋江道:"你不要缠,我的事务分拨不开这里。"阎婆道:"押司便误了些公事,知县相公不到得便责罚你。这回错过,后次难逢。押司只得和老身去走一遭,到家里自有告诉。"宋江是个快性的人,吃那婆子缠不过,便道:"你放了手,我去便了。"阎婆道:"押司不要跑了去,老人家赶不上。"宋江道:"直恁地这等!"两个厮跟着来到门前。有诗为证:

　　酒不醉人人自醉,花不迷人人自迷。
　　直饶今日能知悔,何不当初莫去为。

宋江立住了脚。阎婆把手一拦,说道:"押司来到这里,终不成不入去了!"宋江进到里面凳子上坐了。那婆子是乖的,自古道,老虔婆,如何出得他手。只怕宋江走去,便帮在身边坐了,叫道:"我儿,你心爱的三郎在这里。"那阎婆惜倒在床上,对着盏孤灯,正在没可寻思处,只等这小张三来。听得娘叫道:"你的心爱的三郎在这里。"那婆娘只道是张三郎,慌忙起来,把手掠一掠云鬓,口里喃喃的骂道:"这短命,等得我苦也!老娘先打两个耳刮子着。"飞也似跑下楼来,就楠子眼里张时,堂前玻璃灯却明亮,照见是宋江,那婆娘复翻身再上楼去了,依前倒在床上。阎婆听得女儿脚步下楼来了,又听得再上楼去了。婆子又叫道:"我儿,你的三郎在这里,怎地倒走了去?"那婆惜在床上应道:"这屋里不远,他不会来!他又不瞎,如何自不上来,直等我来迎接他。没了当絮絮聒聒地!"阎婆道:"这贱人真个望不见押司来,气苦了。恁地说,也好教押司受他两句儿。"婆子笑道:"押司,我同你上楼去。"宋江听了那婆娘说这几句,心里自有五分不自在。被这婆子一扯,勉强只得上楼去。原来是一间六椽楼

第二十一回 虔婆醉打唐牛儿 宋江怒杀阎婆惜

屋，前半间安一副春台桌凳，后半间铺着卧房。贴里安一张三面棱花的床，两边都是栏杆，上挂着一顶红罗幔帐。侧首放个衣架，搭着手巾，这边放着个洗手盆。一张金漆桌子上，放一个锡灯台，边厢两个杌子。正面壁上，挂一幅仕女。对床排着四把一字交椅。

宋江来到楼上，阎婆便拖入房里去。宋江便望杌子上朝着床边坐了。阎婆就床上拖起女儿来，说道："押司在这里。我儿，你只是性气不好，把言语伤触了他，恼得押司不上门，闲时却在家里思量。我如今不容易请得他来，你却不起来陪句话儿，颠倒使性！"婆惜把手拓开，说那婆子："你做甚么这般鸟乱，我又不曾做了歹事！他自不上门，教我怎地陪话！"宋江听了，也不做声。婆子便掇过一把交椅在宋江肩下，便推他女儿过来，说道："你且和三郎坐一坐。不陪话便罢，不要焦躁。你两个多时不见，也说一句有情的话儿。"那婆娘那里肯过来，便去宋江对面坐了。宋江低了头不做声。婆子看女儿时，也别转了脸。阎婆道："没酒没浆，做甚么道场。老身有一瓶儿好酒在这里，买些果品来与押司陪话。我儿，你相陪押司坐地，不要怕羞，我便来也。"宋江自寻思道："我吃这婆子钉住了，脱身不得。等他下楼去，我随后也走了。"那婆子瞧见宋江要走的意思，出得房门去，门上却有屈戍，便把房门拽上，将屈戍搭了。宋江暗忖道："那虔婆倒先算了我。"

且说阎婆下楼来，先去灶前点起个灯，灶里见成烧着一锅脚汤，再凑上些柴头。拿了些碎银子，出巷口去买得些时新果子，鲜鱼嫩鸡肥鲊之类，归到家中，都把盘子盛了。取酒倾在盆里，舀半旋子，在锅里盪热了，倾在酒壶里。收拾了数盘菜蔬，三只酒盏，三双箸，一桶盘托上楼

批注

批注

来，放在春台上。开了房门，搬将入来，摆在桌子上。看宋江时，只低着头。看女儿时，也朝着别处。阎婆道："我儿起来把盏酒。"婆惜道："你们自吃，我不耐烦。"婆子道："我儿，爷娘手里从小儿惯了你性儿，别人面上须使不得。"婆惜道："不把盏便怎地我！终不成飞剑来取了我头！"那婆子倒笑起来，说道："又是我的不是了。押司是个风流人物，不和你一般见识。你不把酒便罢，且回过脸来吃盏儿酒。"婆惜只不回过头来。那婆子自把酒来劝宋江，宋江勉意吃了一盏。婆子道："押司莫要见责。闲话都打叠起，明日慢慢告诉。外人见押司在这里，多少干热的不怯气，胡言乱语，放屁辣臊。押司都不要听，且只顾饮酒。"筛了三盏在桌子上，说道："我儿不要使小孩儿的性，胡乱吃一盏酒。"婆惜道："没得只顾缠我！我饱了，吃不得。"阎婆道："我儿，你也陪侍你的三郎吃盏酒使得。"婆惜一头听了，一面肚里寻思："我只心在张三身上，兀谁奈烦相伴这厮！若不把他灌得醉了，他必来缠我。"婆惜只得勉意拿起酒来，吃了半盏。婆子笑道："我儿只是焦躁，且开怀吃两盏儿睡。押司也满饮几杯。"宋江被他劝不过，连饮了三五盏。婆子也连连饮了几盏，再下楼去盪酒。那婆子见女儿不吃酒，心中不悦。才见女儿回心吃酒，欢喜道："若是今夜兜得他住，那人恼恨都忘了。且又和他缠几时，却再商量。"婆子一头寻思，一面自在灶前吃了三大盅酒，觉道有些痒麻上来，却又筛了一碗吃。旋了大半旋，倾在注子里，爬上楼来。见那宋江低着头不做声，女儿也别转着脸弄裙子。这婆子哈哈地笑道："你两个又不是泥塑的，做甚么都不做声？押司，你不合是个男子汉，只得装些温柔，说些风话儿耍。"宋江正没做道理处，口里

第二十一回　虔婆醉打唐牛儿　宋江怒杀阎婆惜

只不做声，肚里好生进退不得。阎婆惜自想道："你不来采我，指望老娘一似闲常时来陪你话，相伴你要笑，我如今却不要！"那婆子吃了许多酒，口里只管夹七带八嘈。正在那里张家长，李家短，白说绿道。有诗为证：

假意虚脾却似真，花言巧语弄精神。
几多伶俐遭他陷，死后应知拔舌根。

却有郓城县一个买糟腌的唐二哥，叫做唐牛儿，如常在街上只是帮闲，常常得宋江赍助他。但有些公事去告宋江，也落得几贯钱使。宋江要用他时，死命向前。这一日晚，正赌钱输了，没做道理处，却去县前寻宋江。奔到下处寻不见。街坊都道："唐二哥，你寻谁这般忙？"唐牛儿道："我喉急了，要寻孤老。一地里不见他。"众人道："你的孤老是谁？"唐牛儿道："便是县里宋押司。"众人道："我方才见他和阎婆两个过去，一路走着。"唐牛儿道："是了。这阎婆惜贼贱虫，他自和张三两个打得火块也似热，只瞒着宋押司一个。他敢也知些风声，好几时不去了，今晚必然吃那老咬虫假意儿缠了去。我正没钱使，喉急了，胡乱去那里寻几贯钱使，就帮两碗酒吃。"一径奔到阎婆门前，见里面灯明，门却不关。入到胡梯边，听的阎婆在楼上呵呵地笑。唐牛儿捏脚捏手，上到楼上，板壁缝里张时，见宋江和婆惜两个，都低着头；那婆子坐在横头桌子边，口里七十三八十四只顾嘈。唐牛儿闪将入来，看着阎婆和宋江、婆惜，唱了三个喏，立在边头。宋江寻思道："这厮来的最好。"把嘴望下一努。唐牛儿是个乖的人，便瞧科，看着宋江便说道："小人何处不寻过，原来却在这里吃酒耍。好吃得安稳！"宋江道："莫不是县里有甚么要紧事？"唐牛儿道："押司，你怎地忘了？便是早间那

批注

137

批注

件公事,知县相公在厅上发作,着四五替公人来下处寻押司,一地里又没寻处。相公焦躁做一片。押司便可动身。"宋江道:"恁地要紧,只得去。"便起身要下楼。吃那婆子拦住道:"押司不要使这科段。这唐牛儿捻泛过来,你这精贼也瞒老娘,正是鲁般手里调大斧。这早晚知县自回衙去,和夫人吃酒取乐,有甚么事务得发作?你这般道儿,只好瞒魍魉,老娘手里说不过去。"唐牛儿便道:"真个是知县相公紧等的勾当,我却不会说谎。"阎婆道:"放你娘狗屁!老娘一双眼,却似琉璃葫芦儿一般。却才见押司努嘴过来,叫你发科,你倒不撺掇押司来我屋里,颠倒打抹他去。常言道:杀人可恕,情理难容!"这婆子跳起身来,便把那唐牛儿劈脖子只一叉,踉踉跄跄直从房里叉下楼来。唐牛儿道:"你做甚么便叉我?"婆子喝道:"你不晓得,破人买卖衣饭,如杀父母妻子。你高做声,便打你这贼乞丐!"唐牛儿钻将过来道:"你打!"这婆子乘着酒兴,叉开五指,去那唐牛儿脸上连打两掌,直撷出帘子外去。婆子便扯帘子,撒放门背后,却把两扇门关上,拿拴拴了,口里只顾骂。那唐牛儿吃了这两掌,立在门前大叫道:"贼老咬虫不要慌!我不看宋押司面皮,教你这屋里粉碎,教你双日不着单日着。我不结果了你,不姓唐!"拍着胸,大骂了去。

婆子再到楼上,看着宋江道:"押司没事采那乞丐做甚么。那厮一地里去搪酒吃,只是搬是搬非。这等倒街卧巷的横死贼,也来上门上户欺负人。"宋江是个真实的人,吃这婆子一篇道着了真病,倒抽身不得。婆子道:"押司不要心里见责老身,只恁地知重得了。我儿,和押司只吃这杯。我猜着你两个多时不见,以定要早睡,收拾了罢休。"

第二十一回 虔婆醉打唐牛儿 宋江怒杀阎婆惜

婆子又劝宋江吃两杯，收拾杯盘下楼来，自去灶下去。宋江在楼上自肚里寻思说："这婆子女儿和张三两个有事，我心里半信不信，眼里不曾见真实。待要去来，只道我村。况且夜深了，我只得权睡一睡。且看这婆娘怎地，今夜与我情分如何。"只见那婆子又上楼来，说道："夜深了，我叫押司两口儿早睡。"那婆娘应道："不干你事，你自去睡。"婆子笑下楼来，口里道："押司安置。今夜多欢，明日慢慢地起。"婆子下楼来，收拾了灶上，洗了脚手，吹灭灯，自去睡了。

却说宋江坐在杌子上，只指望那婆娘似比先时，先来偎倚陪话，胡乱又将就几时。谁想婆惜心里寻思道："我只思量张三，吃他搅了，却似眼中钉一般。那厮倒直指望我一似先时前来下气，老娘如今却不要耍。只见说撑船就岸，几曾有撑岸就船。你不来采我，老娘倒落得。"看官听说，原来这色最是怕人。若是他有心恋你时，身上便有刀剑水火也拦他不住，他也不怕。若是他无心恋你时，你便身坐在金银堆里，他也不采你。常言道：佳人有意村夫俏，红粉无心浪子村。宋公明是个勇烈大丈夫，为女色的手段却不会。这阎婆惜被那张三小意儿百依百随，轻怜重惜，卖俏迎奸，引乱这婆娘的心，如何肯恋宋江。当夜两个在灯下坐着，对面都不做声，各自肚里踌躇，却似等泥干掇入庙。看看天色夜深，只见窗上月光。但见：

银河耿耿，玉漏迢迢。穿窗斜月映寒光，透户凉风吹夜气。雁声嘹亮，孤眠才子梦魂惊；蛩韵凄凉，独宿佳人情绪苦。谯楼禁鼓，一更未尽一更催；别院寒砧，千捣将残千捣起。画檐间叮当铁马，敲碎旅客孤怀；银台上闪烁清灯，偏照离人长叹。贪淫妓女心如铁，仗义英雄气似虹。

批注

批注

当下宋江坐在杌子上，睃那婆娘时，复地叹口气。约莫也是二更天气，那婆娘不脱衣裳，便上床去，自倚了绣枕，扭过身，朝里壁自睡了。宋江看了，寻思道："可奈这贱人全不采我些个，他自睡了。我今日吃这婆子言来语去，央了几杯酒，打熬不得夜深，只得睡了罢。"把头上巾帻除下，放在桌子上，脱下上盖衣裳，搭在衣架上。腰里解下鸾带，上有一把压衣刀和招文袋，却挂在床边栏干子上。脱去了丝鞋净袜，便上床去那婆娘脚后睡了。半个更次，听得婆惜在脚后冷笑。宋江心里气闷，如何睡得着。自古道：欢娱嫌夜短，寂寞恨更长。看看三更交半夜，酒却醒了。捱到五更，宋江起来，面桶里洗了脸，便穿了上盖衣裳，带了巾帻，口里骂道："你这贼贱人好生无礼！"婆惜也不曾睡着，听得宋江骂时，扭过身回道："你不羞这脸！"宋江忿那口气，便下楼来。

阎婆听得脚步响，便在床上说道："押司且睡歇，等天明去。没来由起五更做甚么？"宋江也不应，只顾来开门。婆子又道："押司出去时，与我拽上门。"宋江出得门来，就拽上了。忿那口气没出处，一直要奔回下处来。却从县前过，见一碗灯明，看时，却是卖汤药的王公，来到县前赶早市。那老儿见是宋江来，慌忙道："押司如何今日出来得早？"宋江道："便是夜来酒醉，错听更鼓。"王公道："押司必然伤酒，且请一盏醒酒二陈汤。"宋江道："最好。"就凳上坐了。那老子浓浓地奉一盏二陈汤，递与宋江吃。宋江吃了，蓦然想起道："如常吃他的汤药，不曾要我还钱。我旧时曾许他一具棺材，不曾与得他。"想起前日有那晁盖送来的金子，受了他一条在招文袋里，"何不就与那老儿做棺材钱，教他欢喜？"宋江便道："王公，

140

我日前曾许你一具棺木钱，一向不曾把得与你。今日我有些金子在这里，把与你，你便可将去陈三郎家买了一具棺材，放在家里。你百年归寿时，我却再与你些送终之资，若何？"王公道："恩主如常觑老汉，又蒙与终身寿具，老子今世报答不得押司，后世做驴做马报答官人。"宋江道："休如此说。"便揭起背子前襟去取那招文袋时，吃了一惊，道："苦也！昨夜正忘在那贱人的床头栏干子上，我一时气起来，只顾走了，不曾系得在腰里。这几两金子直得甚么，须有晁盖寄来的那一封书包着这金。我本欲在酒楼上刘唐前烧毁了，他回去说时，只道我不把他来为念。正要将到下处来烧，又谁想王婆布施棺材，就成了这件事，一向蹉跎忘了。昨夜晚正记起来，又不曾烧得，却被阎婆缠将我去，因此忘在这贱人家里床头栏干子上。我时常见这婆娘看些曲本，颇识几字，若是被他拿了，倒是利害。"便起身道："阿公休怪。不是我说谎，只道金子在招文袋里，不想出来得忙，忘了在家。我去取来与你。"王公道："休要去取，明日慢慢的与老汉不迟。"宋江道："阿公，你不知道，我还有一件物事做一处放着，以此要去取。"宋江慌慌急急，奔回阎婆家里来。正是：

　　合是英雄命运乖，遗前忘后可怜哉。

　　循环莫谓天无意，酝酿原知祸有胎。

　　且说这阎婆惜听得宋江出门去了，爬将起来，口里自言语道："那厮搅了老娘一夜睡不着。那厮含脸，只指望老娘陪气下情。我不信你，老娘自和张三过得好，谁奈烦采你。你不上门来，倒好！"口里说着，一头铺被，脱下上截袄儿，解了下面裙子，袒开胸前，脱下截衬衣。床面前灯却明亮，照见床头栏干子上拖下条紫罗銮带。婆惜见

批注

了,笑道;"黑三那厮吃喝不尽,忘了銮带在这里。老娘且捉了,把来与张三系。"便用手去一提,提起招文袋和刀子来。只觉袋里有些重,便把手抽开,望桌子上只一抖,正抖出那包金子和书来。这婆娘拿起来看时,灯下照见是黄黄的一条金子。婆惜笑道:"天教我和张三买物事吃。这几日我见张三瘦了,我也正要买些东西和他将息。"将金子放下,却把那纸书展开来灯下看时,上面写着晁盖并许多事务。婆惜道:"好呀!我只道吊桶落在井里,原来也有井落在吊桶里。我正要和张三两个做夫妻,单单只多你这厮,今日也撞在我手里。原来你和梁山泊强贼通同往来,送一百两金子与你。且不要慌,老娘慢慢地消遣你!"就把这封书依原包了金子,还插在招文袋里。"不怕你教五圣来摄了去。"正在楼上自言自语,只听得楼下呀地门响。婆子问道:"是谁?"宋江道:"是我。"婆子道:"我说早哩,押司却不信,要去。原来早了又回来,且再和姐姐睡一睡,到天明去。"宋江也不回话,一径奔上楼来。那婆娘听得是宋江回来,慌忙把銮带、刀子、招文袋一发卷做一块,藏在被里,紧紧靠了床里壁,只做齁齁假睡着。宋江撞到房里,径去床头栏干上取时,却不见了。宋江心内自慌,只得忍了昨夜的气,把手去摇那妇人道:"你看我日前的面,还我招文袋。"那婆惜假睡着,只不应。宋江又摇道:"你不要急躁,我自明日与你陪话。"婆惜道:"老娘正睡哩,是谁搅我?"宋江道:"你晓的是我,假做甚么。"婆惜扭转身道:"黑三,你说甚么?"宋江道:"你还了我招文袋。"婆惜道:"你在那里交付与我手里,却来问我讨?"宋江道:"忘了在你脚后小栏干上。这里又没人来,只是你收得。"婆惜道:"吓!你不见鬼来!"宋江道:"夜

第二十一回 虔婆醉打唐牛儿 宋江怒杀阎婆惜

来是我不是了，明日与你陪话。你只还了我罢，休要作耍。"婆惜道："谁和你作耍，我不曾收得。"宋江道："你先时不曾脱衣裳睡，如今盖着被子睡，以定是起来铺被时拿了。"婆惜只是不与。正是：

雨意云情两罢休，无端懊恼触心头。
重来欲索招文袋，致使鸳帏血漫流。

只见那婆惜柳眉踢竖，星眼圆睁，说道："老娘拿是拿了，只是不还你。你使官府的人便拿我去做贼断。"宋江道："我须不曾冤你做贼。"婆惜道："可知老娘不是贼哩。"宋江见这话，心里越慌，便说道："我须不曾歹看承你娘儿两个。还了我罢，我要去干事。"婆惜道："闲常也只嗔老娘和张三有事，他有些不如你处，也不该一刀的罪犯。不强似你和打劫贼通同。"宋江道："好姐姐，不要叫。邻舍听得，不是要处。"婆惜道："你怕外人听得，你莫做不得！这封书老娘牢牢地收着，若要饶你时，只依我三件事便罢。"宋江道："休说三件事，便是三十件事也依你。"婆惜道："只怕依不得。"宋江道："当行即行。敢问那三件事？"阎婆惜道："第一件，你可从今日便将原典我的文书来还我，再写一纸任从我改嫁张三，并不敢再来争执的文书。"宋江道："这个依得。"婆惜道："第二件，我头上带的，我身上穿的，家里使用的，虽都是你办的，也委一纸文书，不许你日后来讨。"宋江道："这个也依得。"阎婆惜道："只怕你第三件依不得。"宋江道："我已两件都依你，缘何这件依不得？"婆惜道："有那梁山泊晁盖送与你的一百两金子，快把来与我，我便饶你这一场天字第一号官司，还你这招文袋里的款状。"宋江道："那两件倒都依得。这一百两金子，果然送来与我，我不肯受他的，依前教

> 批注

批注

他把了回去。若端的有时，双手便送与你。"婆惜道："可知哩！常言道：公人见钱，如蝇子见血。他使人送金子与你，你岂有推了转去的，这话却似放屁！做公人的，那个猫儿不吃腥？阎罗王面前须没放回的鬼，你待瞒谁？便把这一百两金子与我，直得甚么！你怕是贼赃时，快熔过了与我。"宋江道："你也须知我是老实的人，不会说谎。你若不信，限我三日，我将家私变卖一百两金子与你。你还了我招文袋。"婆惜冷笑道："你这黑三倒乖，把我一似小孩儿般捉弄。我便先还了你招文袋这封书，歇三日却问你讨金子，正是棺材出了讨挽歌郎钱。我这里一手交钱，一手交货。你快把来，两相交割。"宋江道："果然不曾有这金子。"婆惜道："明朝到公厅上，你也说不曾有这金子？"宋江听了公厅两字，怒气直起，那里按纳得住，睁着眼道："你还也不还？"那妇人道："你恁地狠，我便还你不迭！"宋江道："你真个不还？"婆惜道："不还！再饶你一百个不还！若要还时，在郓城县还你！"宋江便来扯那婆惜盖的被。妇人身边却有这件物，倒不顾被，两手只紧紧地抱住胸前。宋江扯开被来，却见这鸾带头正在那妇人胸前拖下来。宋江道："原来却在这里。"一不做，二不休，两手便来夺，那婆娘那里肯放。宋江在床边舍命的夺，婆惜死也不放。宋江恨命只一搜，倒搜出那把压衣刀子在席上，宋江便抢在手里。那婆娘见宋江抢刀在手，叫："黑三郎杀人也！"只这一声，提起宋江这个念头来，那一肚皮气正没出处。婆惜却叫第二声时，宋江左手早按住那婆娘，右手却早刀落，去那婆惜嗓子上只一勒，鲜血飞出，那妇人兀自吼哩。宋江怕人不死，再复一刀，那颗头伶伶仃仃落在枕头上。但见：

第二十一回　虔婆醉打唐牛儿　宋江怒杀阎婆惜

手到处青春丧命，刀落时红粉亡身。七魄悠悠，已赴森罗殿上；三魂渺渺，应归枉死城中。紧闭星眸，直挺挺尸横席上；半开檀口，湿津津头落枕边。小院初春，大雪压枯金线柳；寒生庚岭，狂风吹折玉梅花。三寸气在千般用，一日无常万事休。红粉不知归何处？芳魂今夜落谁家？

宋江一时怒气，杀了阎婆惜，取过招文袋，抽出那封书来，便就残灯下烧了。系上銮带，走出楼来。那婆子在下面睡，听他两口儿论口，倒也不着在意里。只听得女儿叫一声"黑三郎杀人也"，正不知怎地，慌忙跳起来，穿了衣裳，奔上楼来，却好和宋江打个胸厮撞。阎婆问道："你两口儿做甚么闹？"宋江道："你女儿忒无礼，被我杀了！"婆子笑道："却是甚话！便是押司生的眼凶，又酒性不好，专要杀人？押司，休取笑老身。"宋江道："你不信时，去房里看。我真个杀了！"婆子道："我不信。"推开房门看时，只见血泊里挺着尸首。婆子道："苦也！却是怎地好？"宋江道："我是烈汉，一世也不走，随你要怎地。"婆子道："这贱人果是不好，押司不错杀了。只是老身无人养赡。"宋江道："这个不妨。既是你如此说时，你却不用忧心。我家岂无珍羞百味，只教你丰衣足食便了，快活过半世。"阎婆道："恁地时却是好也，深谢押司。我女儿死在床上，怎地断送？"宋江道："这个容易。我去陈三郎家买一具棺材与你，件作行人入殓时，我自分付他来。我再取十两银子与你结果。"婆子谢道："押司，只好趁天未明时讨具棺材盛了，邻舍街坊，都不要见影。"宋江道："也好。你取纸笔来，我写个批子与你去取。"阎婆道："批子也不济事。须是押司自去取，便肯早早发来。"宋江道：

批注

145

"也说得是。"两个下楼来。婆子去房里拿了锁钥,出到门前,把门锁了,带了钥匙。宋江与阎婆两个,投县前来。

此时天色尚早,未明,县门却才开。那婆子约莫到县前左侧,把宋江一把结住,发喊叫道:"有杀人贼在这里!"吓得宋江慌做一团,连忙掩住口道:"不要叫!"那里掩得住。县前有几个做公的,走将拢来看时,认得是宋江,便劝道:"婆子闭嘴。押司不是这般的人,有事只消得好说。"阎婆道:"他正是凶首。与我捉住,同到县里。"原来宋江为人最好,上下爱敬,满县人没一个不让他。因此做公的都不肯下手拿他,又不信这婆子说。正在那里没个解救,却好唐牛儿托一盘子洗净的糟姜,来县前赶趁,正见这婆子结扭住宋江在那里叫冤屈。唐牛儿见是阎婆一把扭结住宋江,想起昨夜的一肚子鸟气来,便把盘子放在卖药的老王凳子上,钻将过来,喝道:"老贼虫!你做甚么结扭住押司?"婆子道:"唐二,你不要来打夺人去,要你偿命也!"唐牛儿大怒,那里听他说,把婆子手一拆拆开了,不问事由,叉开五指,去阎婆脸上只一掌,打个满天星。那婆子昏撒了,只得放手。宋江得脱,往闹里一直走了。婆子便一把却结扭住唐牛儿,叫道:"宋押司杀了我的女儿,你却打夺去了!"唐牛儿慌道:"我那里得知!"阎婆叫道:"上下!替我捉一捉杀人贼则个。不时,须要带累你们。"众做公的只碍宋江面皮,不肯动的手。拿唐牛儿时,须不担搁。众人向前,一个带住婆子,三四个拿住唐牛儿,把他横拖倒拽,直推进郓城县里来。

古人云:祸福无门,惟人自招;披麻救火,惹焰烧身。正是:三寸舌为诛命剑,一张口是葬身坑。毕竟唐牛儿被阎婆结住,怎地脱身,且听下回分解。

第二十一回 虔婆醉打唐牛儿　宋江怒杀阎婆惜

本回我评论：

煮酒论英雄

　　此回文字逼真，化工肖物。摩写宋江、阎婆惜并阎婆处，不惟能画眼前，且画心上；不惟能画心上，且并画意外。顾虎头、吴道子安得到此？至其中转转关目，恐施罗二君亦不能自料到此，余谓断有鬼神助之也。

——李卓吾

　　如何是写虔婆便写尽虔婆？看他先前说得女儿恁地思量，及至女儿放出许多张致来，便改：女儿气苦了，又娇惯了。一黄昏嘈出无数说话，句句都是埋怨宋江，怜惜女儿，自非金石为心，亦孰不入其玄中也。明早骤见女儿被杀，又偏不声张，偏用好言反来安放，直到县门前了，然后扭结发喊，盖虔婆真有此等辣手也。

——金圣叹

　　1.本回写宋江杀阎婆惜，是宋江上梁山的一个重要环节，李、金二人都对这一回的人物描写推崇有加，结合二人评论，在原文相关部分做旁批，或印证二人观点，或写出自己的看法。

2.《水浒传》中大多写男性英雄,但是也有一些反面的女性角色,如本回的阎婆惜,后文的潘金莲、潘巧云,等等。阅读原著相关章节,谈谈你对这一类女性角色的看法。

水浒校场

那阎婆惜倒在床上,对着盏孤灯,正在没可寻思处,只等这小张三来;听得娘叫道,"你的心爱的三郎在这里",那婆娘只道是张三郎,【夹批:错认陶潜,写来入画。】慌忙起来,把手掠一掠云髻,【夹批:丑。】口里喃喃的骂道:"这短命!等得我苦也!【夹批:丑。】老娘先打两个耳刮子着!"【夹批:丑。】飞也似跑下楼来。就槅子眼里张时,【夹批:丑。】堂前琉璃灯却明亮,照见是宋江,那婆娘复翻身转又上楼去,依前倒在床上。【夹批:丑。】阎婆听得女儿脚步下楼来,又听得再上楼去了,【夹批:两句不是听出花娘乜邪,正是写出虔婆着急。】婆子又叫道:"我儿,你的三郎在这里。怎地倒走了去?"那婆惜在床上应道:"这屋里多远,他不会来!【夹批:句。】他又不瞎,如何自不上来,直等我来迎接他!【夹批:句。】没了当絮絮聒聒地。"阎婆道:"这贱人真个望不见押司来,气苦了。怎地说,也好教押司受他两句儿。"【夹批:一场官司反打在宋江屋里,婆舌可畏如此。】婆子笑道:"押司,我同你上楼去。"【夹批:春云七展。】宋江听了那婆娘说这几句话,心里自有五分不自在;为这婆子来扯,勉强只得上楼去。本是一间六椽楼屋。前半间安一副春台【夹批:实。】凳子。【夹批:虚。】前半间铺着卧房,贴里安一张三面棱花的床,两边都是栏杆,【夹批:实。】上挂着一顶红罗幔帐;【夹批:虚。】侧首放个衣架,【夹批:实。】搭着手巾;【夹批:虚。】这里放着个洗手盆,【夹批:实。】一个刷子;【夹批:虚。】一张金漆桌子上【夹批:实。】放一个锡灯台;【夹批:虚。】边厢两个杌子;【夹批:实。】正面壁上挂着一幅仕女;【夹批:虚。】对床排着四把一字交椅。【夹批:实。上得楼来,无端先把几件铺陈数说一遍,到后文中或用着,或不用着,恰好虚实间杂成文,真是闲心妙笔。】

1.上文是一段非常精彩的夹批,往往只用一个字,但是联系在一起,却能让读者品出原文的妙处。模仿上文,旁批宋江杀阎婆惜一段。

2.下文选自《大宋宣和遗事》,试与本回相关文字进行比较。

宋江回家,医治父亲病可了,再往郓城县公参勾当。却见故人阎婆惜又与吴伟打暖,更不采着。宋江一见了吴伟两个,正在偎倚,便一条忿气,怒发冲冠,将起一柄刀,把阎婆惜、吴伟两个杀了,就壁上写了四句诗。若知其意,便看亨集,后有诗为证。

诗曰:

  杀了阎婆惜,寰中显姓名。

  要捉凶身者,梁山泺上寻。

是时郓城县官司得知,帖巡检王成领大兵弓手,前去宋公庄上捉宋江。争奈宋江已走在屋后九天玄女庙里躲了。那王成根捕不获,只将宋江的父亲拿去。

3.《水浒传》中108条好汉之外,还有一些颇为重要的小人物,他们往往是梁山好汉落草的始作俑者。可以设计一个"水浒小人物"的研究课题,进行专题研究。

李老师的水浒课

水浒绣像

1. 搜集本回人物形象，选择四个剪贴在下面，并选出一个给你印象最深刻的人物形象，并说明理由。

A　　　　　　B　　　　　　C　　　　　　D

第二十三回

横海郡柴进留宾　景阳冈武松打虎

诗曰：

> 延士声华似孟尝，有如东阁纳贤良。
> 武松雄猛千夫惧，柴进风流四海扬。
> 自信一身能杀虎，浪言三碗不过冈。
> 报兄诛嫂真奇特，赢得高名万古香。

批注

话说宋江因躲一杯酒，去净手了，转出廊下来，趷了火锹柄，引得那汉焦躁，跳将起来，就欲要打宋江。柴进赶将出来，偶叫起宋押司，因此露出姓名来。那大汉听得是宋江，跪在地下，那里肯起，说道："小人有眼不识泰山，一时冒渎兄长，望乞恕罪！"宋江扶起那汉，问道："足下是谁？高姓大名？"柴进指着道："这人是清河县人氏，姓武名松，排行第二。今在此间一年也。"宋江道："江湖上多闻说武二郎名字，不期今日却在这里相会。多幸，多幸！"柴进道："偶然豪杰相聚，实是难得。就请同做一席说话。"宋江大喜，携住武松的手，一同到后堂席上，便唤宋清与武松相见。柴进便邀武松坐地。宋江连忙让他一同在上面坐,武松那里肯坐。谦了半晌,武松坐了第三位。柴进教再整杯盘,来劝三人痛饮。宋江在灯下看那武松时,果然是一条好汉。但见:

身躯凛凛,相貌堂堂。一双眼光射寒星,两弯眉浑如刷漆。胸脯横阔,有万夫难敌之威风;语话轩昂,吐千丈凌云之志气。心雄胆大,似撼天狮子下云端;骨健筋强,如摇地貔貅临座上。如同天上降魔主,真是人间太岁神。

当下宋江看了武松这表人物,心中甚喜,便问武松道:"二郎因何在此?"武松答道:"小弟在清河县,因酒后醉了,与本处机密相争,一时间怒起,只一拳打得那厮昏沉。小弟只道他死了,因此一径地逃来,投奔大官人处躲灾避难,今已一年有余。后来打听得那厮却不曾死,救得活了。今欲正要回乡去寻哥哥,不想染患疟疾,不能勾动身回去。却才正发寒冷,在那廊下向火,被兄长趷了锹柄,吃了那一惊,惊出一身冷汗,觉得这病好了。"宋江听了大喜,当夜饮至三更。酒罢,宋江就留武松在西轩下做一处安歇。次日起来,柴进安排席面,杀羊宰猪,管待宋江,不在话下。

过了数日,宋江将出些银两来,与武松做衣裳。柴进知道,那里肯要他坏钱,自取出一箱段匹绸绢,门下自有针工,便教做三人的称体衣裳。说话的,柴进因何不喜武松?原来武松初来投奔柴进时,也一般接纳管待。次后在庄上,但吃醉了酒,性气刚,庄客有些顾管不到处,他便要下拳打他们。因此,满庄里庄客没一个道他好。众人只是嫌他,都去柴进面前告诉他许多不是处。柴进虽然不赶他,只是相待得他慢了。却得宋江每日带挈他一处饮酒相陪,武松的前病都不发了。相伴宋江住了十数日,武松思

第二十二回　横海郡柴进留宾　景阳冈武松打虎

乡，要回清河县看望哥哥。柴进、宋江两个，都留他再住几时。武松道："小弟的哥哥多时不通信息，因此要去望他。"宋江道："实是二郎要去，不敢苦留。如若得闲时，再来相会几时。"武松相谢了宋江。柴进取出些金银送与武松，武松谢道："实是多多相扰了大官人。"武松缚了包裹，拴了梢棒要行，柴进又治酒食送路。武松穿了一领新衲红绸袄，戴着个白范阳毡笠儿，背上包裹，提了杆棒，相辞了便行。宋江道："弟兄之情，贤弟少等一等。"回到自己房内，取了些银两，赶出到庄门前来。说道："我送兄弟一程。"宋江和兄弟宋清两个送武松，待他辞了柴大官人，宋江也道："大官人，暂别了便来。"三个离了柴进东庄，行了五七里路。武松作别道："尊兄，远了，请回。柴大官人必然专望。"宋江道："何妨再送几步。"路上说些闲话。不觉又过了三二里。武松挽住宋江说道："尊兄不必远送，常言道：送君千里，终须一别。"宋江指着道："容我再行几步。兀那官道上有个小酒店，我们吃三盅了作别。"三个来到酒店里，宋江上首坐了，武松倚了梢棒，下席坐了，宋清横头坐定。便叫酒保打酒来，且买些盘馔果品菜蔬之类，都搬来摆在桌子上。三个人饮了几杯，看看红日平西，武松便道："天色将晚，哥哥不弃武二时，就此受武二四拜，拜为义兄。"宋江大喜，武松纳头拜了四拜。宋江叫宋清身边取出一锭十两银子，送与武松。武松那里肯受，说道："哥哥客中自用盘费。"宋江道："贤弟不必多虑。你若推却，我便不认你做兄弟。"武松只得拜受了，收放缠袋里。宋江取些碎银子，还了酒钱。武松拿了梢棒，三个出酒店前来作别。武松堕泪，拜辞了自去。宋江和宋清立在酒店门前，望武松不见了，方才转身回来。行

批注

批注

不到五里路头，只见柴大官人骑着马，背后牵着两匹空马来接。宋江望见了大喜，一同上马回庄上来。下了马，请入后堂饮酒。宋江弟兄两个，自此只在柴大官人庄上。话分两头。有诗为证：

别意悠悠去路长，挺身直上景阳冈。

醉来打杀山中虎，扬得声名满四方。

只说武松自与宋江分别之后，当晚投客店歇了。次日早起来，打火吃了饭，还了房钱，拴束包裹，提了梢棒，便走上路。寻思道："江湖上只闻说及时雨宋公明，果然不虚。结识得这般弟兄，也不枉了。"武松在路上行了几日，来到阳谷县地面。此去离县治还远。当日晌午时分，走得肚中饥渴，望见前面有一个酒店，挑着一面招旗在门前，上头写着五个字道："三碗不过冈"。武松入到里面坐下，把梢棒倚了，叫道："主人家，快把酒来吃。"只见店主人把三只碗、一双箸、一碟热菜，放在武松面前，满满筛一碗酒来。武松拿起碗，一饮而尽，叫道："这酒好生有气力！主人家，有饱肚的买些吃酒。"酒家道："只有熟牛肉。"武松道："好的切二三斤来吃酒。"店家去里面切出二斤熟牛肉，做一大盘子将来，放在武松面前，随即再筛一碗酒。武松吃了道："好酒！"又筛下一碗，恰好吃了三碗酒，再也不来筛。武松敲着桌子叫道："主人家，怎的不来筛酒？"酒家道："客官要肉便添来。"武松道："我也要酒，也再切些肉来。"酒家道："肉便切来，添与客官吃，酒却不添了。"武松道："却又作怪。"便问主人家道："你如何不肯卖酒与我吃？"酒家道："客官，你须见我门前招旗，上面明明写道'三碗不过冈'。"武松道："怎地唤做三碗不过冈？"酒家道："俺家的酒，虽是村酒，却比老酒的

第二十三回　横海郡柴进留宾　景阳冈武松打虎

滋味。但凡客人来我店中吃了三碗的，便醉了，过不得前面的山冈去。因此唤做'三碗不过冈'。若是过往客人到此，只吃三碗，更不再问。"武松笑道："原来恁地。我却吃了三碗，如何不醉？"酒家道："我这酒叫做'透瓶香'，又唤做'出门倒'。初入口时，醇酽好吃，少刻时便倒。"武松道："休要胡说。没地不还你钱，再筛三碗来我吃。"酒家见武松全然不动，又筛三碗。武松吃道："端的好酒！主人家，我吃一碗，还你一碗钱，只顾筛来。"酒家道："客官休只管要饮，这酒端的要醉倒人，没药医。"武松道："休得胡鸟说！便是你使蒙汗药在里面，我也有鼻子。"店家被他发话不过，一连又筛了三碗。武松道："肉便再把二斤来吃。"酒家又切了二斤熟牛肉，再筛了三碗酒。武松吃得口滑，只顾要吃，去身边取出些碎银子，叫道："主人家，你且来看我银子，还你酒肉钱勾么？"酒家看了道："有余，还有些贴钱与你。"武松道："不要你贴钱，只将酒来筛。"酒家道："客官，你要吃酒时，还有五六碗酒哩，只怕你吃不的了。"武松道："就有五六碗多时，你尽数筛将来。"酒家道："你这条长汉，倘或醉倒了时，怎扶的你住？"武松答道："要你扶的不算好汉。"酒家那里肯将酒来筛。武松焦躁道："我又不白吃你的，休要引老爹性发，通教你屋里粉碎，把你这鸟店子倒翻转来！"酒家道："这厮醉了，休惹他。"再筛了六碗酒与武松吃了，前后共吃了十五碗。绰了梢棒，立起身来道："我却又不曾醉。"走出门前来，笑道："却不说'三碗不过冈'！"手提梢棒便走。

酒家赶出来叫道："客官那里去？"武松立住了，问道："叫我做甚么？我又不少你酒钱，唤我怎地？"酒家叫

批注

批注

道："我是好意。你且回来我家看官司榜文。"武松道："甚么榜文？"酒家道："如今前面景阳冈上，有只吊睛白额大虫，晚了出来伤人，坏了三二十条大汉性命。官司如今杖限打猎捕户，擒捉发落。冈子路口两边人民，都有榜文。可教往来客人，结伙成队，于巳、午、未三个时辰过冈，其余寅、卯、申、酉、戌、亥六个时辰，不许过冈。更兼单身客人，不许白日过冈，务要等伴结伙而过。这早晚正是未末申初时分，我见你走都不问人，枉送了自家性命。不如就我此间歇了，等明日慢慢凑的三二十人，一齐好过冈子。"武松听了，笑道："我是清河县人氏，这条景阳冈上少也走过了一二十遭。几时见说有大虫！你休说这般鸟话来吓我！便有大虫，我也不怕。"酒家道："我是好意救你。你不信时，进来看官司榜文。"武松道："你鸟子声！便真个有虎，老爷也不怕。你留我在家里歇，莫不半夜三更要谋我财，害我性命，却把鸟大虫唬吓我？"酒家道："你看么！我是一片好心，反做恶意，倒落得你怎地说。你不信我时，请尊便自行。"正是：

　　前车倒了千千辆，后车过了亦如然。
　　分明指与平川路，却把忠言当恶言。

那酒店里主人摇着头，自进店里去了。这武松提了梢棒，大着步自过景阳冈来。约行了四五里路，来到冈子下，见一大树，刮去了皮，一片白，上写两行字。武松也颇识几字，抬头看时，上面写道："近因景阳冈大虫伤人，但有过往客商，可于巳、午、未三个时辰，结伙成队过冈。请勿自误。"武松看了，笑道："这是酒家诡诈，惊吓那等客人，便去那厮家里宿歇。我却怕甚么鸟！"横拖着梢棒，便上冈子来。那时已有申牌时分。这轮红日，厌厌

第二十二回　横海郡柴进留宾　景阳冈武松打虎

批注

地相傍下山。武松乘着酒兴，只管走上冈子来。走不到半里多路，见一个败落的山神庙。行到庙前，见这庙门上贴着一张印信榜文。武松住了脚读时，上面写道：

"阳谷县示：为这景阳冈上新有一只大虫，近来伤害人命。见今杖限各乡里正并猎户人等，打捕未获。如有过往客商人等，可于巳、午、未三个时辰，结伴过冈。其余时分及单身客人，白日不许过冈。恐被伤害性命不便。各宜知悉。"

武松读了印信榜文，分知端的有虎。欲待发步再回酒店里来，寻思道："我回去时，须吃他耻笑，不是好汉，难以转去。"存想了一回，说道："怕甚么鸟！且只顾上去，看怎地！"武松正走，看看酒涌上来，便把毡笠儿背在脊梁上，将梢棒绾在肋下，一步步上那冈子来。回头看这日色时，渐渐地坠下去了。此时正是十月间天气，日短夜长，容易得晚，武松自言说道："那得甚么大虫！人自怕了，不敢上山。"武松走了一直，酒力发作，焦热起来，一只手提着梢棒，一只手把胸膛前袒开，踉踉跄跄，直奔过乱树林来。见一块光挞挞大青石，把那梢棒倚在一边，放翻身体，却待要睡，只见发起一阵狂风来。看那风时，但见：

无形无影透人怀，四季能吹万物开。

就树撮将黄叶去，入山推出白云来。

原来但凡世上云生从龙，风生从虎。那一阵风过处，只听得乱树背后扑地一声响，跳出一只吊睛白额大虫来。武松见了，叫声："呵呀！"从青石上翻将下来，便拿那条梢棒在手里，闪在青石边。那个大虫又饥又渴，把两只爪在地下略按一按，和身望上一扑，从半空里撺将下来。武松被那一惊，酒都做冷汗出了。说时迟，那时快。武松见大虫扑来，只一闪，闪在大虫背后。那大虫背后看人最难，便把前爪搭在地下，把腰胯一掀，掀将起来。武松只一躲，躲在一边。大虫见掀他不着，吼一声，却似半天里起个霹雳，振得那山冈也动。把这铁棒也似虎尾倒竖起来，只一剪，武松却又闪在一边。原来那大虫拿人，只是一扑，一掀，一剪，三般提不着时，气性先自没了一半。那大虫又剪不着，再吼了一声，一兜兜将回来。武松见那大虫复翻身回来，双手轮起梢棒，尽平生气力，只一棒，从半空劈将下来。只听得一声响，簌簌地将那树连枝带叶劈脸打将下来。定睛看时，一棒劈不着大虫。原来慌了，正打在枯树上，把那条梢棒折做两截，只拿得一半在手里。那大虫咆哮，性发起来，翻身又只一扑，扑将来。武松又只一跳，却退了十步远。那大虫却好把两只前爪搭在武松面前。武松将半截棒丢在一边，两只手就势把大虫顶花皮胳膊地揪住，一按按将下来。那只大虫急要挣扎，早没了气力。被武松尽气力纳定，那里肯放半点儿松宽。武松把只脚望大虫面门上、眼睛里只顾乱踢。那大虫咆哮起来，把身底下扒起两堆黄泥，做了一个土坑。武松把那大虫嘴直按下黄泥坑里去。那大虫吃武松奈何得没了些气力。武松把左手紧紧地揪住顶花皮，偷出右手来，提起铁锤般大小拳头，尽平生之力，只顾打。打得五七十拳，那大虫眼里、口里、鼻子里、耳朵里都迸出鲜血来。那武松尽平昔神威，仗胸中武艺，半歇儿把大虫打做一堆，却似躺着一个锦布袋。有一篇古风，单道景阳冈武松打虎。但见：

　　景阳冈头风正狂，万里阴云霾日光。
　　焰焰满川枫叶赤，纷纷遍地草芽黄。

第二十二回 横海郡柴进留宾 景阳冈武松打虎

触目晚霞挂林薮，侵人冷雾满穹苍。
忽闻一声霹雳响，山腰飞出兽中王。
昂头踊跃逞牙爪，谷口麋鹿皆奔忙。
山中狐兔潜踪迹，涧内獐猿惊且慌。
卞庄见后魂魄丧，存孝遇时心胆强。
清河壮士酒未醒，忽在冈头偶相迎。
上下寻人虎饥渴，撞着狰狞来扑人。
虎来扑人似山倒，人去迎虎如岩倾。
臂腕落时坠飞炮，爪牙爬处成泥坑。
拳头脚尖如雨点，淋漓两手鲜血染。
秽污腥风满松林，散乱毛须坠山崦。
近看千钧势未休，远观八面威风敛。
身横野草锦斑销，紧闭双睛光不闪。

> **批注**

当下景阳冈上那只猛虎，被武松没顿饭之间，一顿拳脚，打得那大虫动掸不得，使得口里兀自气喘。武松放了手，来松树边寻那打折的棒橛，拿在手里，只怕大虫不死，把棒橛又打了一回。那大虫气都没了。武松寻思道："我就地拖得这死大虫下冈子去。"就血泊里双手来提时，那里提得动？原来使尽了气力，手脚都疏软了，动掸不得。

武松再来青石坐了半歇，寻思道："天色看看黑了，倘或又跳出一只大虫时，我却怎地斗得他过？"且挣扎下冈子去，明早却来理会。"就石头边寻了毡笠儿，转过乱树林边，一步步捱下冈子来。

走不到半里多路，只见枯草丛中钻出两只大虫来。武松道："呵呀，我今番死也！性命罢了！"只见那两个大虫于黑影里直立起来。武松定睛看时，却是两个人，把虎皮缝做衣裳，紧紧拚在身上。那两个人手里各拿着一条五股叉，见了武松，吃一惊道："你那人吃了忽律心，豹子肝，狮子腿，胆倒包着身躯！如何敢独自一个，昏黑将夜，又没器械，走过冈子来！不知你是人？是鬼？"武松道："你两个是甚么人？"那个人道："我们是本处猎户。"武松道："你们上岭来做甚么？"两个猎户失惊道："你兀自不知哩！如今景阳冈上有一只极大的大虫，夜夜出来伤人。只我们猎户，也折了七八个。过往客人，不记其数，都被这畜生吃了。本县知县着落当乡里正和我们猎户人等捕捉。那业畜势大，难近得他，谁敢向前！我们为他正不知吃了多少限棒，只捉他不得。今夜又该我们两个捕猎，和十数个乡夫在此，上上下下放了窝弓药箭等他。正在这里埋伏，却见你大剌剌地从冈子上走将下来，我两个吃了一惊。你却正是甚人？曾见大虫么？"武松道："我是清河县人氏，姓武，排行第二。却才冈子上乱树林边，正撞着那大虫，被我一顿拳脚打死了。"两个猎户听得痴呆了，说道："怕没这话！"武松道："你不信时，只看我身上兀自有血迹。"两个道："怎地打来？"武松把那打大虫的本事，再说了一遍。两个猎户听了，又惊又喜，叫拢那十个乡夫来。

只见这十个乡夫，都拿着钢叉、踏弩、刀枪，随即拢来。武松问道："他们众人如何不随着你两个上山？"猎户道："便是那畜生利害，他们如何敢上来！"一伙十数个人，都在面前。两个猎户把武松打杀大虫的事，说向众人。众人都不肯信。武松道："你众人不肯信时，我和你去看便了。"众人身边都有火刀、火石，随即发出火来，点起五七个火把。众人都跟着武松，一同再上冈子来，看见那大虫做一堆儿死在那里。众人见了大喜，先叫一个去报知本县里正，并该管上户。这里五七个乡夫，自把大虫缚

第二十二回　横海郡柴进留宾　景阳冈武松打虎

了，抬下冈子来。到得岭下，早有七八十人都哄将来，先把死大虫抬在前面，将一乘兜轿，抬了武松，径投本处一个上户家来。那上户、里正都在庄前迎接。把这大虫抬到草厅上。却有本乡上户、本乡猎户三二十人，都来相探武松。众人问道："壮士高姓大名？贵乡何处？"武松道："小人是此间邻郡清河县人氏，姓武名松，排行第二。因从沧州回乡来，昨晚在冈子那边酒店吃得大醉了，上冈子来，正撞见这畜生。"把那打虎的身分拳脚，细说了一遍。众上户道："真乃英雄好汉！"众猎户先把野味将来与武松把杯。武松因打大虫困乏了，要睡。大户便教庄客打并客房，且教武松歇息。到天明，上户先使人去县里报知，一面合具虎床，安排端正，迎送县里去。

　　天明，武松起来洗漱罢，众多上户牵一腔羊，挑一担酒，都在厅前伺候。武松穿了衣裳，整顿巾帻，出到前面，与众人相见。众上户把盏说道："被这个畜生正不知害了多少人性命，连累猎户吃了几顿限棒。今日幸得壮士来到，除了这个大害。第一乡中人民有福，第二客侣通行，实出壮士之赐。"武松谢道："非小子之能，托赖众长上福荫。"众人都来作贺，吃了一早晨酒食。抬出大虫，放在虎床上。众乡村上户都把段匹花红来挂与武松。武松有些行李包裹，寄在庄上，一齐都出庄门前来。早有阳谷县知县相公使人来接武松，都相见了。叫四个庄客，将乘凉轿来抬了武松，把那大虫扛在前面，挂着花红段匹，迎到阳谷县里来。

　　那阳谷县人民听得说一个壮士打死了景阳冈上大虫，迎喝将来，尽皆出来看。哄动了那个县治。武松在轿上看时，只见亚肩叠背，闹闹穰穰，屯街塞巷，都来看迎大

批注

批注

虫。到县前衙门口，知县已在厅上专等。武松下了轿，扛着大虫，都到厅前，放在甬道上。知县看了武松这般模样，又见了这个老大锦毛大虫，心中自忖道："不是这个汉，怎地打的这个猛虎！"便唤武松上厅来。武松去厅前声了喏。知县问道："你那打虎的壮士，你却说怎生打了这个大虫？"武松就厅前将打虎的本事，说了一遍。厅上厅下众多人等，都惊的呆了。知县就厅上赐了几杯酒，将出上户凑的赏赐钱一千贯，赏赐与武松。武松禀道："小人托赖相公的福荫，偶然侥幸，打死了这个大虫。非小人之能，如何敢受赏赐。小人闻知这众猎户因这个大虫受了相公责罚，何不就把这一千贯给散与众人去用？"知县道："既是如此，任从壮士。"

　　武松就把这赏钱在厅上散与众人猎户。知县见他忠厚仁德，有心要抬举他，便道："虽你原是清河县人氏，与我这阳谷县只在咫尺。我今日就参你在本县做个都头，如何？"武松跪谢道："若蒙恩相抬举，小人终身受赐。"知县随即唤押司立了文案，当日便参武松做了步兵都头。众上户都来与武松作贺庆喜，连连吃了三五日酒。武松自心中想道："我本要回清河县去看望哥哥，谁想倒来做了阳谷县都头！"自此上官见爱，乡里闻名。又过了三二日，那一日，武松心闲，走出县前来闲玩。只听得背后一个人叫声："武都头，你今日发迹了，如何不看觑我则个？"武松回过头来看了，叫声："阿也！你如何却在这里？"

　　不是武松见了这个人，有分教：阳谷县里，尸横血染。直教钢刀响处人头滚，宝剑挥时热血流。正是：只因酒色忘家国，几见诗书误好人。毕竟叫唤武都头的正是甚人，且听下回分解。

第二十二回 横海郡柴进留宾 景阳冈武松打虎

本回我评论：

煮酒论英雄

　　读打虎一篇，而叹人是神人，虎是怒虎，固已妙不容说矣。乃其尤妙者，则又如读庙门榜文后，欲待转身回来一段；风过虎来时，叫声"阿呀"，翻下青石来一段；大虫第一扑，从半空里撺将下来时，被那一惊，酒都做冷汗出了一段；寻思要拖死虎下去，原来使尽气力，手脚都疏软了，正提不动一段；青石上又坐半歇一段；天色看看黑了，惟恐再跳一只出来，且挣扎下冈子去一段；下冈子走不到半路，枯草丛中钻出两只大虫，叫声"阿呀，今番罢了"一段。皆是写极骇人之事，却尽用极近人之笔，遂与后来沂岭杀虎一篇，更无一笔相犯也。

——金圣叹

　　人以武松打虎到底有些怯在，不如李逵勇猛也。此村学究见识，如何读得《水浒传》？不知此正施罗二公传神处。李是为母报仇，不顾性命者；武乃出于一时，不得不如此耳。俗人何足言此，俗人何足言此！

——李卓吾

　　1. 武松打虎是《水浒传》里最精彩的一段故事，上面金、李两位大家分别从什么角度评论的？阅读相关段落，写下你的旁批，并与金、李二家比较。

2. 武松是《水浒传》里的上上人物，施耐庵是怎样塑造这样一位"武神"的，阅读相关回目，说说你的认识。

水浒校场

1. 我常思画虎有处看，真虎无处看；真虎死有处看，真虎活无处看；活虎正走，或犹偶得一看，活虎正搏人，是断断必无处得看者也。乃今耐庵忽然以笔墨游戏，画出全副活虎搏人图来。今而后要看虎者，其尽到《水浒传》中，景阳冈上，定睛饱看，又不吃惊，真乃此恩不小也。传闻赵松雪好画马，晚更入妙，每欲构思，便于密室解衣踞地，先学为马，然后命笔。一日管夫人来，见赵宛然马也。今耐庵为此文，想亦复解衣踞地，作一扑、一掀、一剪势耶？东坡画雁诗云：野雁见人时，未起意先改。君从何处看，得此无人态？我真不知耐庵何处有此一副虎食人方法在胸中也。圣叹于三千年中，独以才子许此一人，岂虚誉哉！

1. 上文是本回金圣叹的一段夹批，仔细阅读，看看这段夹批放在何处合适？尝试旁批武松打虎一段，然后也模仿上文写一段评论。

2. 阅读全书，搜集有关武松的故事情节，尝试创作《武松传》。

水浒绣像

1. 搜集武松人物形象，选择四个剪贴在下面，并选出一个你印象最深刻的武松形象，并说明理由。

A　　　　　　B　　　　　　C　　　　　　D

我最喜欢（　），理由：

第二十九回

施恩重霸孟州道　武松醉打蒋门神

批注

诗曰：

　　堪叹英雄大丈夫，飘蓬四海谩嗟吁。
　　武松不展魁梧略，施子难为远大图。
　　顷刻赵城应返璧，逡巡合浦便还珠。
　　他时水浒驰芳誉，方识男儿盖世无。

　　话说当时施恩向前说道："兄长请坐。待小弟备细告诉衷曲之事。"武松道："小管营不要文文诌诌，拣紧要的话直说来。"施恩道："小弟自幼从江湖上师父学得些小枪棒在身，孟州一境起小弟一个诨名，叫做金眼彪。小弟此间东门外有一座市井，地名唤做快活林。但是山东、河北客商们，都来那里做买卖，有百十处大客店，三二十处赌坊、兑坊。往常时，小弟一者倚仗随身本事，二者捉着营里有八九十个弃命囚徒，去那里开着一个酒肉店，都分与众店家和赌坊、兑坊里。但有过路妓女之人，到那里来时，先要来参见小弟，然后许他去趁食。那许多去处每朝每日都有闲钱，月终也有三二百两银子寻觅，如此赚钱。

第二十九回 施恩重霸孟州道 武松醉打蒋门神

近来被这本营内张团练,新从东潞州来,带一个人到此。那厮姓蒋名忠,有九尺来长身材,因此,江湖上起他一个诨名,叫做蒋门神。那厮不说长大,原来有一身好本事,使得好枪棒,拽拳飞脚,相扑为最。自夸大言道:'三年上泰岳争跤,不曾有对;普天之下,没我一般的了!'因此来夺小弟的道路。小弟不肯让他,吃那厮一顿拳脚打了,两个月起不得床。前日兄长来时,兀自包着头,兜着手,直到如今,伤痕未消。本待要起人去和他厮打,他却有张团练那一班儿正军。若是闹将起来,和营中先自折理。有这一点无穷之恨不能报得。久闻兄长是个大丈夫,不在蒋门神之下,怎地得兄长与小弟出得这口无穷之怨气,死而瞑目。只恐兄长远路辛苦,气未完,力未足,因此且教将息半年三月,等贵体气完力足方请商议。不期村仆脱口失言说了,小弟当以实告。"

武松听罢,呵呵大笑,便问道:"那蒋门神还是几颗头,几条臂膊?"施恩道:"也只是一颗头,两条臂膊,如何有多!"武松笑道:"我只道他三头六臂,有那吒的本事,我便怕他!原来只是一颗头,两条臂膊。既然没那吒的模样,却如何怕他?"施恩道:"只是小弟力薄艺疏,便敌他不过。"武松道:"我却不是说嘴,凭着我胸中本事,平生只要打天下硬汉,不明道德的人!既是恁地说了,如今却在这里做甚么?有酒时,拿了去路上吃,我如今便和你去。看我把这厮和大虫一般结果他。拳头重时打死了,我自偿命!"施恩道:"兄长少坐。待家尊出来相见了,当行即行,未敢造次。等明日先使人那里探听一遭,若是本人在家时,后日便去;若是那厮不在家时,却再理会。空自去打草惊蛇,倒吃他做了手脚,却是不好。"武松焦躁

批注

批注

道:"小管营!你可知着他打了,原来不是男子汉做事。去便去,等甚么今日明日!要去便走,怕他准备!"

正在那里劝不住,只见屏风背后转出老管营来,叫道:"义士,老汉听你多时也。今日幸得相见义士一面,愚男如拨云见日一般。且请到后堂少叙片时。"武松跟了到里面。老管营道:"义士且请坐。"武松道:"小人是个囚徒,如何敢对相公坐地。"老管营道:"义士休如此说。愚男万幸,得遇足下,何故谦让?"武松听罢,唱个无礼喏,相对便坐了。施恩却立在面前。武松道:"小管营如何却立地?"施恩道:"家尊在上相陪,兄长请自尊便。"武松道:"恁地时,小人却不自在。"老管营道:"既是义士如此,这里又无外人。"便教施恩也坐了。仆从搬出酒肴果品盘馔之类。老管营亲自与武松把盏,说道:"义士如此英雄,谁不钦敬!愚男原在快活林中做些买卖,非为贪财好利,实是壮观孟州,增添豪杰气象。不期今被蒋门神倚势豪强,公然夺了这个去处,非义士英雄,不能报仇雪恨。义士不弃愚男,满饮此杯,受愚男四拜,拜为长兄,以表恭敬之心。"武松答道:"小人年幼无学,如何敢受小管营之礼?枉自折了武松的草料!"当下饮过酒,施恩纳头便拜了四拜。武松连忙答礼,结为弟兄。当日武松欢喜饮酒,吃得大醉了,便教人扶去房中安歇。不在话下。

　　　　远戍牢城作配军,偶从公廨遇知音。
　　　　施恩先有知人鉴,双手擎还快活林。

次日,施恩父子商议道:"武松昨夜痛醉,必然中酒,今日如何敢叫他去?且推道使人探听来,其人不在家里。延捱一日,却再理会。"当日施恩来见武松,说道:"今日且未可去,小弟已使人探知这厮不在家里。明日饭后却请

第二十九回 施恩重霸孟州道 武松醉打蒋门神

兄长去。"武松道："明日去时不打紧，今日又气我一日！"早饭罢，吃了茶，施恩与武松去营前闲走了一遭，回来到客房里，说些枪法，较量些拳棒。看看响午，邀武松到家里，只具数杯酒相待，下饭按酒，不记其数。武松正要吃酒，见他只把按酒添来相劝，心中不快意。吃了响午饭，起身别了，回到客房里坐地。只见那两个仆人又来伏侍武松洗浴。武松问道："你家小管营今日如何只将肉食出来请我，却不多将些酒出来与我吃，是甚意故？"仆人答道："不敢瞒都头说，今早老管营和小管营议论，今日是要央都头去，怕都头夜来酒多，恐今日中酒，怕误了正事，因此不敢将酒出来。明日正要央都头去干正事。"武松道："恁地时，道我醉了，误了你大事？"仆人道："正是这般计较。"仆人少间也自去了。

当夜武松巴不得天明。早起来洗漱罢，头上裹了一顶万字头巾，身上穿了一领土色布衫，腰里系条红绢搭膊，下面腿绷护膝，八搭麻鞋。讨了一个小膏药，贴了脸上金印。施恩早来请去家里吃早饭的，武松吃了茶饭罢，施恩便道："后槽有马，备来骑去。"武松道："我又不脚小，骑那马怎地？只要依我一件事。"施恩道："哥哥但说不妨，小弟如何敢道不依。"武松道："我和你出得城去，只要还我无三不过望。"施恩道："兄长，如何是无三不过望？小弟不省其意。"武松笑道："我说与你。你要打蒋门神时，出得城去，但遇着一个酒店便请我吃三碗酒。若无三碗时，便不过望子去。这个唤做无三不过望。"施恩听了，想道："这快活林离东门去有十四五里田地，算来卖酒的人家也有十二三家，若要每店吃三碗时，恰好有三十五六碗酒，才到得那里。恐哥哥醉也，如何使得！"武松大笑

169

道："你怕我醉了没本事？我却是没酒没本事。带一分酒便有一分本事，五分酒五分本事，我若吃了十分酒，这气力不知从何而来。若不是酒醉后了胆大，景阳冈上如何打得这只大虫！那时节，我须烂醉了好下手。又有力，又有势！"施恩道："却不知哥哥是恁地。家下有的是好酒，只恐哥哥醉了失事，因此夜来不敢将酒出来请哥哥深饮。待事毕时，尽醉方休。既然哥哥原来酒后越有本事时，恁地先教两个仆人，自将了家里的好酒果品肴馔，去前路等候，却和哥哥慢慢地饮将去。"武松道："恁么却才中我意。去打蒋门神，教我也有些胆量。没酒时，如何使得手段出来！还你今朝打倒那厮，教众人大笑一场。"施恩当时打点了，叫两个仆人先挑食箩酒担，拿了些铜钱去了。施老管营又暗暗地选拣了一二十条大汉壮健的人，慢慢的随后来接应。都分付下了。

且说施恩和武松两个离了安平寨，出得孟州东门外来。行过得三五百步，只见官道旁边，早望见一座酒肆望子挑出在檐前。看那个酒店时，但见：

门迎驿路，户接乡村。芙蓉金菊傍池塘，翠柳黄槐遮酒肆。壁上描刘伶贪饮，窗前画李白传杯。渊明归去，王弘送酒到东篱；佛印山居，苏轼逃禅来北阁。闻香驻马三家醉，知味停身十里香。不惜抱琴沽一醉，信知终日卧斜阳。

那两个挑食担的仆人已先在那里等候。施恩邀武松到里面坐下，仆人已自安下肴馔，将酒来筛。武松道："不要小盏儿吃。大碗筛来，只斟三碗。"仆人排下大碗，将酒便斟。武松也不谦让，连吃了三碗便起身。仆人慌忙收拾了器皿，奔前去了。武松笑道："却才去肚里发一发。我们去休。"两个便离了这座酒肆，出得店来。此时正是七

第二十九回 施恩重霸孟州道 武松醉打蒋门神

月间天气，炎暑未消，金风乍起。两个解开衣襟，又行不得一里多路，来到一处，不村不郭，却早又望见一个酒旗儿，高挑出在林树里。来到林木丛中看时，却是一座卖村醪小酒店。但见：

古道村坊，傍溪酒店。杨柳阴森门外，荷花旖旎池中。飘飘酒斾舞金风，短短芦帘遮酷日。磁盆架上，白泠泠满贮村醪；瓦瓮灶前，香喷喷初蒸社酝。村童量酒，想非昔日相如；少妇当垆，不是他年卓氏。休言三斗宿醒，便是二升也醉。

当时施恩、武松来到村坊酒肆门前。施恩立住了脚，问道："兄长，此间是个村醪酒店，哥哥饮么？"武松道："遮莫酸咸苦涩，问甚滑辣清香，是酒还须饮三碗。若是无三，不过帘便了。"两个入来坐下，仆人排了果品按酒。武松连吃了三碗，便起身走。仆人急急收了家火什物，赶前去了。两个出得店门来，又行不到一二里，路上又见个酒店，武松入来，又吃了三碗便走。

话休絮繁。武松、施恩两个一处走着，但遇酒店便入去吃三碗，约莫也吃过十来处好酒肆。施恩看武松时，不十分醉。武松问施恩道："此去快活林还有多少路？"施恩道："没多了。只在前面，远远地望见那个林子便是。"武松道："既是到了，你且在别处等我，我自去寻他。"施恩道："这话最好。小弟自有安身去处。望兄长在意，切不可轻敌。"武松道："这个却不妨。你只要叫仆人送我，前面再有酒店时，我还要吃。"施恩叫仆人仍旧送武松。施恩自去了。

武松又行不到三四里路。再吃过十来碗酒。此时已有午牌时分，天色正热，却有些微风。武松酒却涌上来，把

批注

布衫摊开，虽然带着五七分酒，却装做十分醉的，前颠后偃，东倒西歪，来到林子前。那仆人用手指道："只前头丁字路口，便是蒋门神酒店。"武松道："既是到了，你自去躲得远着。等我打倒了，你们却来。"武松抢过林子背后，见一个金刚来大汉，披着一领白布衫，撒开一把交椅，拿着蝇拂子，坐在绿槐树下乘凉。武松看那人时，生得如何？但见：

形容丑恶，相貌粗疏。一身紫肉横生，几道青筋暴起。黄髯斜起，唇边扑地蝉蛾；怪眼圆睁，眉目对悬星象。坐下狰狞如猛虎，行时仿佛似门神。

这武松假醉佯颠，斜着眼看了一看，心中自忖道："这个大汉一定是蒋门神了。"直抢过去。又行不到三五十步，早见丁字路口一个大酒店，檐前立着望竿，上面挂着一个酒望子，写着四个大字道："河阳风月"。转过来看时，门前一带绿油阑干，插着两把销金旗，每把上五个金字，写道："醉里乾坤大，壶中日月长"。一边厢肉案砧头，操刀的家生，一壁厢蒸作馒头，烧柴的厨灶。去里面一字儿摆着三只大酒缸，半截埋在地里，缸里面各有大半缸酒。正中间装列着柜身子，里面坐着一个年纪小的妇人，正是蒋门神初来孟州新娶的妾，原是西瓦子里唱说诸般宫调的顶老。那妇人生得如何？

眉横翠岫，眼露秋波。樱桃口浅晕微红，春笋手轻舒嫩玉。冠儿小，明铺鱼鮠，掩映乌云；衫袖窄，巧染榴花，薄笼瑞雪。金钗插凤，宝钏围龙。尽教崔护去寻浆，疑是文君重卖酒。

武松看了，瞅着醉眼，径奔入酒店里来，便去柜身相对一副座头上坐了，把双手按着桌子上，不转眼看那妇人。

第二十九回 施恩重霸孟州道 武松醉打蒋门神

在柜身里那妇人瞧见,回转头看了别处。武松看那店里时,也有五七个当撑的酒保。武松却敲着桌子叫道:"卖酒的主人家在那里?"一个当头的酒保过来,看着武松道:"客人要打多少酒?"武松道:"打两角酒,先把些来尝看。"那酒保去柜上叫那妇人舀两角酒下来,倾放桶里,盪一碗过来,道:"客人尝酒。"武松拿起来闻一闻,摇着头道:"不好,不好!换将来!"酒保见他醉了,将来柜上道:"娘子,胡乱换些与他。"那妇人接来,倾了那酒,又舀些上等酒下来。酒保将去,又盪一碗过来。武松提起来,呷了一口,叫道:"这酒也不好,快换来便饶你!"酒保忍气吞声,拿了酒去柜边道:"娘子,胡乱再换些好的与他,休和他一般见识。这客人醉了,只待要寻闹相似。胡乱换些好的与他噇。"那妇人又舀了一等上色好的酒来与酒保。酒保把桶儿放在面前,又盪一碗过来。武松吃了道:"这酒略有些意思。"问道:"过卖,你那主人家姓甚么?"酒保答道:"姓蒋。"武松道:"却如何不姓李?"那妇人听了道:"这厮那里吃醉了,来这里讨野火么?"酒保道:"眼见得是个外乡蛮子,不省得了。休听他放屁。"武松问道:"你说甚么?"酒保道:"我们自说话,客人你休管,自吃酒。"武松道:"过卖,你叫柜上那妇人下来相伴我吃酒。"酒保喝道:"休胡说!这是主人家娘子。"武松道:"便是主人家娘子待怎地?相伴我吃酒也不打紧!"那妇人大怒,便骂道:"杀才!该死的贼!"推开柜身子,却待奔出来。

武松早把土色布衫脱下,上半截揣在腰里,便把那桶酒只一泼,泼在地上,抢入柜身子里,却好接着那妇人。武松手硬,那里挣扎得。被武松一手接住腰胯,一只手把冠儿捏做粉碎,揪住云髻,隔柜身子提将出来,望浑酒缸里只一丢。听得扑同的一声响，可怜这妇人正被直丢在大酒缸里。武松托地从柜身前踏将出来。有几个当撑的酒保，手脚活些个的，都抢来奔武松。武松手到，轻轻地只一提，撧入怀里来。两手揪住，也望大酒缸里只一丢，桩在里面。又一个酒保奔来，提着头只一掠，也丢在酒缸里。再有两个来的酒保，一拳一脚，都被武松打倒了。先头三个人，在三只酒缸里，那里挣扎得起。后面两个人，在地下爬不动。这几个火家捣子，打得屁滚尿流。乖的走了一个。武松道："那厮必然去报蒋门神来。我就接将去，大路上打倒他好看，教众人笑一笑。"

武松大踏步赶将出来。那个捣子径奔去报了蒋门神。蒋门神见说，吃了一惊，踢翻了交椅，丢去蝇拂子，便钻将来。武松却好迎着，正在大阔路上撞见。蒋门神虽然长大，近因酒色所迷，淘虚了身子，先自吃了那一惊，奔将来，那步不曾停住，怎地及得武松虎一般似健的人，又有心来算他。蒋门神见了武松，心里先欺他醉，只顾赶将入来。说时迟，那时快。武松先把两个拳头去蒋门神脸上虚影一影，忽地转身便走。蒋门神大怒，抢将来。被武松一飞脚踢起，踢中蒋门神小腹上。双手按了，便蹲下去。武松一踅，踅将过来。那只右脚早踢起，直飞在蒋门神额角上，踢着正中，望后便倒。武松追入一步，踏住胸脯，提起这醋钵儿大小拳头，望蒋门神脸上便打。原来说过的打蒋门神扑手：先把拳头虚影一影，便转身，却先飞起左脚，踢中了，便转过身来，再飞起右脚。这一扑有名，唤做"玉环步，鸳鸯脚"。这是武松平生的真才实学，非同小可！打的蒋门神在地下叫饶。武松说道："若要我饶你性命，只要依我三件事。"蒋门神在地下叫道："好汉饶我！

第二十九回 施恩重霸孟州道 武松醉打蒋门神

休说三件,便是三百件,我也依得。"

武松指定蒋门神,说出那三件事来,有分教:大闹孟州城,来上梁山泊。且教改头换面来寻主,剪发齐眉去杀人。毕竟武松对蒋门神说出那三件事来,且听下回分解。

批注

本回我评论:

煮酒论英雄

如此篇武松为施恩打蒋门神,其事也;武松饮酒,其文也。打蒋门神,其料也;饮酒,其珠玉锦绣之心也。故酒有酒人,景阳冈上打虎好汉,其千载第一酒人也。酒有酒场,出孟州东门,到快活林十四五里田地,其千载第一酒场也。酒有酒时,炎暑乍消,金风飒起,解开衣襟,微风相吹,其千载第一酒时也。酒有酒令,无三不过望,其千载第一酒令也。酒有酒监,连饮三碗,便起身走,其千载第一酒监也。酒有酒筹,十二三家卖酒望竿,其千载第一酒筹也。酒有行酒人,未到望边,先已筛满,三碗既毕,急急奔去,其千载第一行酒人也。酒有下酒物,忽然想到亡兄而放声一哭,忽然恨到奸夫淫妇而拍案一叫,其千载第一下酒物也。酒有酒怀,记得宋公明在柴王孙庄上,其千载第一酒怀也。酒有酒风,少间蒋门神无复在孟州道上,其千载第一酒风也。酒有赞酒,"河阳风月"四字,"醉里乾坤大,壶中日月长"。

——金圣叹

> 李老师的水浒课

武松固难得，而施恩尤不易得，盖有伯乐自有千里马也。故曰：赏鉴有时有，英雄无日无。

——李卓吾

1. 谈谈你对金圣叹"论酒"段落的看法。

2. 你是否同意李卓吾把施恩比作伯乐？说说你的看法。

3. 你认为本回武松扮演了怎样的角色？你是否同意他的做法？

水浒校场

1. 结合金圣叹本回总评段落，旁批"武松醉打蒋门神"部分。

2. 酒在《水浒传》里屡屡出现，有兴趣的同学不妨做一个"水浒与酒"的小课题，看看能有什么新发现？

第二十九回 施恩重霸孟州道 武松醉打蒋门神

水浒绣像

1.搜集本回中涉及的人物画像，或者有关情节的图画（可搜集连环画），选择四幅贴在下面，并说说选择的理由。

A　　　　　B　　　　　C　　　　　D

理由：

第三十九回

浔阳楼宋江吟反诗　梁山泊戴宗传假信

批注

诗曰：

闲来乘兴入江楼，渺渺烟波接素秋。
呼酒谩浇千古恨，吟诗欲泻百重愁。
赝书不遂英雄志，失脚翻成狴犴囚。
搔动梁山诸义士，一齐云拥闹江州。

话说当下李逵把指头纳倒了那女娘。酒店主人拦住说道："四位官人，如何是好？"主人心慌，便叫酒保、过卖都向前来救他。就地下把水喷噀，看看苏醒。扶将起来看时，额角上抹脱了一片油皮，因此那女子晕昏倒了。救得醒来，千好万好。他的爹娘听得说是黑旋风，先自惊得呆了半响，那里敢说一言。看那女子已自说得话了，娘母取个手帕自与他包了头，收拾了钗环。宋江见他有不愿经官的意思，便唤那老妇人问道："你姓甚么？那里人家？如今待要怎地？"那妇人道："不瞒官人说，老身夫妻两口儿，姓宋，原是京师人。只有这个女儿，小字玉莲。因为家窘，他爹自教得他几曲儿，胡乱叫他来这琵琶亭上卖唱

第三十九回　浔阳楼宋江吟反诗　梁山泊戴宗传假信

养口。为他性急，不看头势，不管官人说话，只顾便唱。今日这哥哥失手伤了女儿些个，终不成经官动词，连累官人。"宋江见他说得本分，又且同姓，宋江便道："你着甚人跟我到营里，我与你二十两银子，将息女儿，日后嫁个良人，免在这里卖唱。"那夫妻两口儿便拜谢道："怎敢指望许多！但得三五两也十分足矣。"宋江道："我说一句是一句，并不会说谎。你便叫你老儿自跟我去讨与他。"那夫妻二人拜谢道："深感官人救济。"

戴宗埋怨李逵道："你这厮要便与人合口，又教哥哥坏了许多银子。"李逵道："只指头略擦得一擦，他自倒了。不曾见这般鸟女子，恁地娇嫩！你便在我脸上打一百拳也不妨！"宋江等众人都笑起来。张顺便叫酒保去说："这席酒钱，我自还他。"酒保听得道："不妨，不妨！只顾去。"宋江那里肯，便道："兄弟，我劝二位来吃酒，倒要你还钱，于礼不当。"张顺苦死要还，说道："难得哥哥会面。仁兄在山东时，小弟哥儿两个也兀自要来投奔哥哥。今日天幸得识尊颜，权表薄意，非足为礼。"戴宗道："公明兄长，既然是张二哥相敬之心，仁兄曲允。"宋江道："这等却不好看。既然兄弟还了，改日却另置杯复礼。"张顺大喜，就将了两尾鲤鱼，和戴宗、李逵，带了这个宋老儿，都送宋江离了琵琶亭，来到营里。五个人都进抄事房里坐下。宋江先取两锭小银二十两，与了宋老儿。那老儿拜谢了去，不在话下。天色已晚，张顺送了鱼，宋江取出张横书付与张顺，相别去了。戴宗、李逵也自作别赶入城去了。

只说宋江把一尾鱼送与管营，留一尾自吃。宋江因见鱼鲜，贪爱爽口，多吃了些，至夜四更，肚里绞肠刮肚价疼，天明时，一连泻了二十来遭，昏晕倒了，睡在房中。宋江为人最好，营里众人都来煮粥烧汤，看觑伏侍他。次日，张顺因见宋江爱鱼吃，又将得好金色大鲤鱼两尾送来，就谢宋江寄书之义。却见宋江破腹泻倒在床，众囚徒都在房里看视。张顺见了，要请医人调治。宋江道："自贪口腹，吃了些鲜鱼，苦无甚深伤，只坏了肚腹。你只与我赎一贴止泻六和汤来吃，便好了。"叫张顺把这两尾鱼，一尾送与王管营，一尾送与赵差拨。张顺送了鱼，就赎了一贴六和汤药来，与宋江了，自回去。不在话下。营内自有众人煎药伏侍。次日，却见戴宗、李逵备了酒肉，径来抄事房看望宋江。只见宋江暴病才可，吃不得酒肉，两个自在房面前吃了。直至日晚，相别去了。亦不在话下。

只说宋江自在营中将息了五七日，觉得身体没事，病症已痊，思量要入城中去寻戴宗。又过了一日，不见他一个来。次日早饭罢，辰牌前后，揣了些银子，锁上房门，离了营里，信步出街来，径走入城，去州衙前左边，寻问戴院长家。有人说道："他又无老小，只止本身，只在城隍庙间壁观音庵里歇。"宋江听了，寻访直到那里，已自锁了门出去了。却又来寻问黑旋风李逵时，多人说道："他是个没头神，又无住处，只在牢里安身。没地里的巡检，东边歇两日，西边歪几时，正不知他那里是住处。"宋江又寻问卖鱼牙子张顺时，亦有人说道："他自在城外村里住。便是卖鱼时，也只在城外江边。只除非讨赊钱入城来。"宋江听罢，又寻出城来，直要问到那里。独自一个闷闷不已，信步再出城外来。看见那一派江景非常，观之不足。正行到一座酒楼前过，仰面看时，旁边竖着一根望竿，悬挂着一个青布酒旆子，上写道"浔阳江正库"，雕檐外一

第三十九回　浔阳楼宋江吟反诗　梁山泊戴宗传假信

面牌额,上有苏东坡大书"浔阳楼"三字。宋江看了,便道:"我在郓城县时,只听得说江州好座浔阳楼,原来却在这里。我虽独自一个在此,不可错过,何不且上楼自己看玩一遭。"宋江来到楼前看时,只见门边朱红华表柱上,两面白粉牌,各有五个大字,写道:"世间无比酒,天下有名楼。"宋江便上楼来,去靠江占一座阁子里坐了,凭阑举目看时,端的好座酒楼。但见:

雕檐映日,画栋飞云。碧阑干低接轩窗,翠帘幕高悬户牖。吹笙品笛,尽都是公子王孙;执盏擎壶,摆列着歌姬舞女。消磨醉眼,倚青天万叠云山;勾惹吟魂,翻瑞雪一江烟水。白蘋渡口,时闻渔父鸣榔;红蓼滩头,每见钓翁击楫。楼畔绿槐啼野鸟,门前翠柳系花骢。

宋江看罢浔阳楼,喝采不已,凭阑坐下。酒保上楼来,唱了个喏,下了帘子,请问道:"官人还是要待客,只是自消遣?"宋江道:"要待两位客人,未见来。你且先取一樽好酒,果品肉食,只顾卖来。鱼便不要。"酒保听了,便下楼去。少时,一托盘把上楼来。一樽蓝桥风月美酒,摆下菜蔬时新果品按酒,列几般肥羊、嫩鸡、酿鹅、精肉,尽使朱红盘碟。宋江看了,心中暗喜,自夸道:"这般整齐肴馔,济楚器皿,端的是好个江州。我虽是犯罪远流到此,却也看了些真山真水。我那里虽有几座名山古迹,却无此等景致。"独自一个,一杯两盏,倚阑畅饮,不觉沉醉。猛然蓦上心来,思想道:"我生在山东,长在郓城,学吏出身,识了多少江湖上人,虽留得一个虚名,目今三旬之上,名又不成,功又不就,倒被文了双颊,配来在这里。我家乡中老父和兄弟,如何得相见!"不觉酒涌上来,潸然泪下。临风触目,感恨伤怀。忽然做了一首《西

▶批注

江月》词调，便唤酒保，索借笔砚。起身观玩，见白粉壁上，多有先人题咏。宋江寻思道："何不就书于此？倘若他日身荣，再来经过，重睹一番，以记岁月，想今日之苦。"乘其酒兴，磨得墨浓，蘸得笔饱，去那白粉壁上，挥毫便写道：

"自幼曾攻经史，长成亦有权谋。恰如猛虎卧荒丘，潜伏爪牙忍受。　　不幸刺文双颊，那堪配在江州。他年若得报冤仇，血染浔阳江口。"

宋江写罢，自看了，大喜大笑。一面又饮了数杯酒，不觉欢喜，自狂荡起来，手舞足蹈，又拿起笔来，去那《西江月》后，再写下四句诗，道是：

"心在山东身在吴，飘蓬江海谩嗟吁。
他时若遂凌云志，敢笑黄巢不丈夫。"

宋江写罢诗，又去后面大书五字道："郓城宋江作"。写罢，掷笔在桌上，又自歌了一回，再饮过数杯酒，不觉沉醉，力不胜酒。便唤酒保计算了，取些银子算还，多的都赏了酒保。拂袖下楼来，踉踉跄跄，取路回营里来。开了房门，便倒在床上，一觉直睡到五更。酒醒时，全然不记得昨日在浔阳江楼上题诗一节。当日害酒，自在房里睡卧，不在话下。

且说这江州对岸有个去处，唤做无为军，却是个野去处。城中有个在闲通判，姓黄，双名文炳。这人虽读经书，却是阿谀谄佞之徒，心地匾窄，只要嫉贤妒能。胜如己者害之，不如己者弄之。专在乡里害人。闻知这蔡九知府是当朝蔡太师儿子，每每来浸润他，时常过江来谒访知府，指望他引荐出职，再欲做官。也是宋江命运合当受苦，撞了这个对头。当日这黄文炳在私家闲坐，无可消

第三十九回　浔阳楼宋江吟反诗　梁山泊戴宗传假信

遣，带了两个仆人，买了些时新礼物，自家一只快船渡过江来，径去府里探望蔡九知府。恰恨撞着府里公宴，不敢进去。却再回船边来归去，不期那只船仆人已缆在浔阳楼下。黄文炳因见天气暄热，且去楼上闲玩一回，信步入酒库里来，看了一遭。转到酒楼上，凭栏消遣，观见壁上题咏甚多，说道："前人诗词，也有作得好的，亦有歪谈乱道的。"黄文炳看了冷笑。正看到宋江题《西江月》词并所吟四句诗，大惊道："这个不是反诗！谁写在此？"后面却书道"郓城宋江作"五个大字。黄文炳再读道："自幼曾攻经史，长成亦有权谋。"冷笑道："这人自负不浅。"又读道："恰如猛虎卧荒丘，潜伏爪牙忍受。"黄文炳道："那厮也是个不依本分的人。"又读："不幸刺文双颊，那堪配在江州。"黄文炳道："也不是个高尚其志的人，看来只是个配军。"又读道："他年若得报冤仇，血染浔阳江口。"黄文炳道："这厮报仇兀谁？却要在此间报仇！量你是个配军，做得甚用！"又读诗道："心在山东身在吴，飘蓬江海谩嗟吁。"黄文炳道："这两句兀自可恕。"又读道："他时若遂凌云志，敢笑黄巢不丈夫。"黄文炳摇着头道："这厮无礼！他却要赛过黄巢，不谋反待怎地！"再看了"郓城宋江作"，黄文炳道："我也多曾闻这个名字。那人多管是个小吏。"便叫酒保来问道："作这两篇诗词，端的是何人题下在此？"酒保道："夜来一个人，独自吃了一瓶酒，醉后疏狂，写在这里。"黄文炳道："约莫甚么样人？"酒保道："面颊上有两行金印，多管是牢城营内人。生得黑矮肥胖。"黄文炳道："是了。"就借笔砚，取幅纸来抄了，藏在身边，分付酒保休要刮去了。

　　黄文炳下楼，自去船中歇了一夜。次日饭后，仆人挑

批注

183

了盒仗，一径又到府前。正值知府退堂在衙内，使人入去报复。多样时，蔡九知府遣人出来，邀请在后堂。蔡九知府却出来与黄文炳叙罢寒温已毕，送了礼物，分宾坐下。黄文炳禀说道："文炳夜来渡江，到府拜望。闻知公宴，不敢擅入。今日重复拜见恩相。"蔡九知府道："通判乃是心腹之交，径入来同坐何妨。下官有失迎迓。"左右执事人献茶。茶罢，黄文炳道："相公在上，不敢拜问，不知近日尊府太师恩相曾使人来否？"知府道："前日才有书来。"黄文炳道："不敢动问，京师近日有何新闻？"知府道："家尊写来书上分付道：近日太史院司天监奏道：夜观天象，罡星照临吴楚分野之地。敢有作耗之人，随即体察剿除。嘱付下官，紧守地方。更兼街市小儿谣言四句道：'耗国因家木，刀兵点水工。纵横三十六，播乱在山东。'因此特写封家书来，教下官提备。"黄文炳寻思了半晌，笑道："恩相，事非偶然也。"黄文炳袖中取出所抄之诗，呈与知府道："不想却在于此处。"蔡九知府看了道："这个却正是反诗，通判那里得来？"黄文炳道："小生夜来不敢进府，回至江边，无可消遣，却去浔阳楼上避热闲玩，观看前人吟咏。只见白粉壁上新题下这篇。"知府道："却是何等样人写下？"黄文炳回道："相公，上面明题着姓名，道是'郓城宋江作'。"知府道："这宋江却是甚么人？"黄文炳道："他分明写，自道'不幸刺文双颊，只今配在江州'，眼见得只是个配军，牢城营犯罪的囚徒。"知府道："量这个配军，做得甚么！"黄文炳道："相公不可小觑了他！恰才相公所言，尊府恩相家书说小儿谣言，正应在本人身上。"知府道："何以见得？"黄文炳道："'耗国因家木'，耗散国家钱粮的人，必是家头着个木字，明明是个宋字。

第三十九回　浔阳楼宋江吟反诗　梁山泊戴宗传假信

第二句'刀兵点水工',兴起刀兵之人,水边着个工字,明是个江字。这个人姓宋名江,又作下反诗,明是天数,万民有福。"知府又问道:"何为'纵横三十六,播乱在山东'?"黄文炳答道:"或是六六之年,或是六六之数,'播乱在山东',今郓城县正是山东地方。这四句谣言已都应了。"知府又道:"不知此间有这个人么?"黄文炳回道:"小生夜来问那酒保时,说道这人只是前日写下了去。这个不难,只取牢城营文册一查,便见有无。"知府道:"通判高见极明。"便唤从人叫库子取过牢城营里文册簿来看。当时从人于库内取至文册,蔡九知府亲自检看,见后面果有于今五月间新配到囚徒一名,郓城县宋江。黄文炳看了道:"正是应谣言的人,非同小可。如是迟缓,诚恐走透了消息。可急差人捕获,下在牢里,却再商议。"知府道:"言之极当。"随即升厅,叫唤两院押牢节级过来。厅下戴宗声喏。知府道:"你与我带了做公的人,快下牢城营里捉拿浔阳楼吟反诗的犯人郓城县宋江来,不可时刻违误!"

　　戴宗听罢,吃了一惊,心里只叫得苦。随即出府来,点了众节级牢子,都叫:"各去家里取了各人器械,来我间壁城隍庙里取齐。"戴宗分付了众人,各自归家去。戴宗即自作起神行法,先来到牢城营里,径入抄事房,推开门看时,宋江正在房里。见是戴宗入来,慌忙迎接,便道:"我前日入城来,那里不寻遍。因贤弟不在,独自无聊,自去浔阳楼上饮了一瓶酒。这两日迷迷不好,正在这里害酒。"戴宗道:"哥哥,你前日却写下甚言语在楼上?"宋江道:"醉后狂言,忘记了,谁人记得!"戴宗道:"却才知府唤我当厅发落,叫多带从人,拿捉浔阳楼上题反诗的犯人郓城县宋江正身赴官。兄弟吃了一惊,先去稳住众做公的,在城隍庙等候。如今我特来先报知哥哥,却是怎地好!如何解救?"宋江听罢,挠头不知痒处,只叫得苦:"我今番必是死也!"诗曰:

　　一首新诗写壮怀,谁知销骨更招灾。
　　戴宗特地传消息,明炳机先早去来。

戴宗道:"我教仁兄一着解手,未知如何?如今小弟不敢担阁,回去便和人来捉你。你可披乱了头发,把尿屎泼在地上,就倒在里面,诈作风魔。我和众人来时,你便口里胡言乱语,只做失心风便好。我自去替你回复知府。"宋江道:"感谢贤弟指教,万望维持则个。"

戴宗慌忙别了宋江,回到城里,径来城隍庙,唤了众人做公的,一直奔入牢城营里来。径喝问了:"那个是新配来的宋江?"牌头引众人到抄事房里,只见宋江披散头发,倒在尿屎坑里滚。见了戴宗和做公的人来,便说道:"你们是甚么鸟人?"戴宗假意大喝一声:"捉拿这厮!"宋江白着眼,却乱打将来,口里乱道:"我是玉皇大帝的女婿,丈人教我领十万天兵,来杀你江州人。阎罗大王做先锋,五道将军做合后。与我一颗金印,重八百余斤。杀你这般鸟人!"众做公的道:"原来是个失心风的汉子,我们拿他去何用?"戴宗道:"说得是。我们且去回话,要拿时再来。"

众人跟了戴宗,回到州衙里。蔡九知府在厅上专等回报。戴宗和众做公的在厅下回复知府道:"原来这宋江是个失心风的人,尿屎秽污全不顾,口里胡言乱语,全无正性。浑身臭粪不可当,因此不敢拿来。"蔡九知府正待要问缘故时,黄文炳早在屏风背后转将出来,对知府道:"休信这话!本人作的诗词,写的笔迹,不是有风症的人,其

第三十九回　浔阳楼宋江吟反诗　梁山泊戴宗传假信

中有诈。好歹只顾拿来，便走不动，扛也扛将来。"蔡九知府道："通判说得是。"便发落戴宗："你们不拣怎地，只与我拿得来，在此专等！"戴宗领了钧旨，只叫得苦。再将带了众人，下牢城营里来，对宋江道："仁兄，事不谐矣！兄长只得去走一遭。"便把一个大竹箩，扛了宋江，直抬到江州府里，当厅歇下。知府道："拿过这厮来！"众做公的把宋江押于阶下。宋江那里肯跪，睁着眼，见了蔡九知府道："你是甚么鸟人，敢来问我！我是玉皇大帝的女婿，丈人教我引十万天兵，来杀你江州人。阎罗大王做先锋，五道将军做合后。有一颗金印，重八百余斤。你也快躲了我。不时，教你们都死。"蔡九知府看了，没做理会处。黄文炳又对知府道："且唤本营差拨并牌头来问，这人来时有风，近日却才风？若是来时风，便是真症候；若是近日才风，必是诈风。"知府道："言之极当。"便差人唤到管营、差拨，问他两个时，那里敢隐瞒。只得直说道："这人来时不见有风病，敢只是近日举发此症。"知府听了大怒，唤过牢子狱卒，把宋江捆翻，一连打上五十下，打得宋江一佛出世，二佛涅槃，皮开肉绽，鲜血淋漓。戴宗看了，只叫得苦，又没做道理救他处。宋江初时也胡言乱语，次后吃拷打不过，只得招道："自不合一时酒后，误写反诗，别无主意。"蔡九知府明取了招状，将一面二十五斤死囚枷枷了，推放大牢里收禁。宋江吃打得两腿走不动。当厅钉了，直押赴死囚牢里来。却得戴宗一力维持，分付了众小牢子，都教好觑此人。戴宗自安排饭食，供给宋江，不在话下。诗曰：

　　江上高楼风景浓，偶因登眺气如虹。
　　兴狂忽漫题新句，却被拘拏狴犴中。

批注

批注

再说蔡九知府退厅，邀请黄文炳到后堂，称谢道："若非通判高明远见，下官险些儿被这厮瞒过了。"黄文炳又道："相公在上，此事也不可宜迟。只好急急修一封书，便差人星夜上京师，报与尊府恩相知道，显得相公干了这件国家大事。就一发禀道，若要活的，便着一辆陷车解上京；如不要活的，恐防路途走失，就于本处斩首号令，以除大害，万民称快。便是今上得知，必喜。"蔡九知府道："通判所言有理，见得极明。下官即目也要使人回家送礼物去，书上就荐通判之功，使家尊面奏天子，早早升授富贵城池，去享荣华。"黄文炳拜谢道："小生终身皆托于门下，自当衔环背鞍之报。"黄文炳就撺掇蔡九知府写了家书，印上图书。黄文炳问道："相公差那个心腹人去？"知府道："本州自有个两院节级，唤做戴宗，会使神行法，一日能行八百里路程。只来早便差此人径往京师，只消旬日，可以往回。"黄文炳道："若得如此之快，最好，最好！"蔡九知府就后堂置酒管待了黄文炳，次日相辞知府，自回无为军去了。诗曰：

　　堪恨奸邪用意深，事非干己苦侵寻。
　　致将忠义囚囹圄，报应终当活剖心。

且说蔡九知府安排两个信笼，打点了金珠宝贝玩好之物，上面都贴了封皮。次日早晨，唤过戴宗到后堂，嘱咐道："我有这般礼物，一封家书，要送上东京太师府里去，庆贺我父亲六月十五日生辰。日期将近，只有你能干去得。你休辞辛苦，可与我星夜去走一遭，讨了回书便转来，我自重重地赏你。你的程途都在我心上，我已料着你神行的日期，专等你回报。切不可沿途担阁，有误事情！"戴宗听了，不敢不依。只得领了家书信笼，便拜辞

第三十九回　浔阳楼宋江吟反诗　梁山泊戴宗传假信

了知府，挑回下处安顿了，却来牢里对宋江说道："哥哥放心！知府差我上京师去，只旬日之间便回，就太师府里使些见识，解救哥哥的事。每日饭食，我自分付在李逵身上，委着他安排送来，不教有缺。仁兄且宽心守奈几日。"宋江道："望烦贤弟救宋江一命则个！"戴宗叫过李逵，当面分付道："你哥哥误题了反诗，在这里吃官司，未知如何。我如今又吃差往东京去，早晚便回。牢里哥哥饭食，朝暮全靠着你看觑他则个。"李逵应道："吟了反诗打甚么鸟紧！万千谋反的倒做了大官。你自放心东京去，牢里谁敢奈何他！我好便好；不好，我使老大斧头砍他娘！"戴宗临行，又嘱咐道："兄弟小心，不要贪酒，失误了哥哥饭食。休得出去噇醉了，饿着哥哥！"李逵道："哥哥你自放心去，若是这等疑忌时，兄弟从今日就断了酒，待你回来却开。早晚只在牢里伏侍宋江哥哥，有何不可！"戴宗听了大喜道："兄弟，若得如此发心，坚意守看哥哥，又好。"当日作别自去了。李逵真个不吃酒，早晚只在牢里伏侍宋江，寸步不离。

不说李逵自看觑宋江。且说戴宗回到下处，换了腿绷护膝，八搭麻鞋，穿上杏黄衫，整了搭膊，腰里插了宣牌，换了巾帻，便袋里藏了书信、盘缠，挑上两个信笼，出到城外。身边取出四个甲马，去两只腿上每只各拴两个，肩上挑上两个信笼，口里念起神行法咒语来。怎见得神行法效验？有《西江月》为证：

仿佛浑如驾雾，依稀好似腾云。如飞两脚荡红尘，越岭登山去紧。顷刻才离乡镇，片时又过州城。金钱甲马果通神，万里如同眼近。

当日戴宗离了江州，一日行到晚，投客店安歇。解下

> 批注

批注

甲马，取数陌金钱烧送了。过了一宿，次日早起来，吃了素食，离了客店，又拴上四个甲马，挑起信笼，放开脚步便行。端的是耳边风雨之声，脚不点地。路上略吃些素饭、素酒、点心又走。看看日暮，戴宗早歇了，又投客店宿歇一夜。次日起个五更，赶早凉行，拴上甲马，挑上信笼又走。约行过了三二百里，已是巳牌时分，不见一个干净酒店。此时正是六月初旬天气，蒸得汗雨淋漓，满身蒸湿，又怕中了暑气。正饥渴之际，早望见前面树林侧首一座傍水临湖酒肆。戴宗拈指间走到跟前看时，干干净净，有二十副座头，尽是红油桌凳，一带都是槛窗。戴宗挑着信笼，入到里面，拣一副稳便座头，歇下信笼，解下腰里搭膊，脱下杏黄衫，喷口水，晾在窗栏上。戴宗坐下，只见个酒保来问道："上下，打几角酒？要甚么肉食下酒？或鹅猪羊牛肉？"戴宗道："酒便不要多，与我做口饭来吃。"酒保又道："我这里卖酒卖饭，又有馒头粉汤。"戴宗道："我却不吃荤酒，有甚素汤下饭？"酒保道："加料麻辣熝豆腐如何？"戴宗道："最好，最好！"酒保去不多时，熝一碗豆腐，放两碟菜蔬，连筛三大碗酒来。戴宗正饥又渴，一上把酒和豆腐都吃了，却待讨饭吃，只见天旋地转，头晕眼花，就凳边便倒。酒保叫道："倒了。"只见店里走出一个人来。怎生模样？但见：

　　臂阔腿长腰细，待客一团和气。
　　梁山作眼英雄，旱地忽律朱贵。

当下朱贵从里面出来，说道："且把信笼将入去，先搜那厮身边，有甚东西。"便有两个火家去他身上搜看。只见便袋里搜出一个纸包，包着一封书，取过来递与朱头领。朱贵扯开，却是一封家书，见封皮上面写道："平安家书,百拜奉上父亲大人膝下,男蔡德章谨封。"朱贵便拆开从头看了,见上面写道:"见今拿得应谣言题反诗山东宋江,监收在牢一节,听候施行。"朱贵看罢,惊得呆了,半晌则声不得。火家正把戴宗扛起来,背入杀人作坊里去开剥。只见凳头边溜下搭膊,上挂着朱红绿漆宣牌。朱贵拿起来看时,上面雕着银字,道是"江州两院押牢节级戴宗"。朱贵看了道:"且不要动手。我常听的军师所说,这江州有个神行太保戴宗,是他至爱相识,莫非正是此人?如何倒送书去害宋江?这一段事却又得天幸耽住,宋哥哥性命不当死,撞在我手里。你那火家,且与我把解药救醒他来,问个虚实缘由。"

当时火家把水调了解药,扶起来灌将下去。须臾之间,只见戴宗舒眉展眼,便扒起来,却见朱贵拆开家书在手里看。戴宗便叫道:"你是甚人?好大胆,却把蒙汗药麻翻了我。如今又把太师府书信擅开,拆毁了封皮,却该甚罪!"朱贵笑道:"这封鸟书打甚么不紧!休说拆开了太师府书札,便有利害,俺这里兀自要和大宋皇帝做个对头的!"戴宗听了大惊,便问道:"足下好汉,你却是谁?愿求大名。"朱贵答道:"俺这里行不更名,坐不改姓,梁山泊好汉旱地忽律朱贵的便是。"戴宗道:"既然是梁山泊头领时,定然认得吴学究先生。"朱贵道:"吴学究是俺大寨里军师,执掌兵权。足下如何认得他?"戴宗道:"他和小可至爱相识。"朱贵道:"亦闻军师多曾说来,兄长莫非是江州神行太保戴院长?"戴宗道:"小可便是。"朱贵又问道:"前者宋公明断配江州,经过山寨,吴军师曾寄一封书与足下。如今却倒去害宋三郎性命?"戴宗又说道:"宋公明和我又是至爱弟兄,他如今为吟了反诗,救他不得。我如今正要往京师寻门路救他，我如何肯害他性命！"朱贵道："你不信，请看蔡九知府的来书。"戴宗看了，自吃一惊。却把吴学究初寄的书，与宋公明相会的话，并宋江在浔阳楼醉后误题反诗一事，都将备细说了一遍。朱贵道："既然如此，请院长亲到山寨里与众头领商议良策，可救宋公明性命。"

朱贵慌忙叫备分例酒食，管待了戴宗。便向水亭上，觑着对港放了一枝号箭。响箭到处，早有小喽啰摇过船来。朱贵便同戴宗带了信笼下船，到金沙滩上岸，引至大寨。吴用见报，连忙下关迎接。见了戴宗，叙礼道："间别久矣！今日甚风吹得到此？且请到大寨里来。"与众头领相见了，朱贵说起戴宗来的缘故，"如今宋公明见监在彼。"晁盖听得，慌忙请戴院长坐地，备问："缘何我宋三郎吃官司，为因甚么事起来？"戴宗却把宋江吟反诗的事，一一对晁盖等众人说了。晁盖听罢大惊，便要起请众头领，点了人马，下山去打江州，救取宋三郎上山。吴用谏道："哥哥不可造次。江州离此间路远，军马去时，诚恐因而惹祸，打草惊蛇，倒送宋公明性命。此一件事，不可力敌，只可智取。吴用不才，略施小计，只在戴院长身上，定要救宋三郎性命。"晁盖道："愿闻军师妙计。"吴学究道："如今蔡九知府却差院长送书上东京去，讨太师回报。只这封书上，将计就计，写一封假回书，教院长回去。书上只说教把犯人宋江切不可施行，便须密切差的当人员解赴东京，问了详细，定行处决示众，断绝童谣。等他解来此间经过，我这里自差人下山夺了。此计如何？"晁盖道："倘若不从这里经过，却不误了大事？"公孙胜便道："这个何难。我们自着人去远近探听，遮莫从那里过，

第三十九回　浔阳楼宋江吟反诗　梁山泊戴宗传假信

务要等着，好歹夺了。只怕不能勾他解来。"

晁盖道："好却是好，只是没人会写蔡京笔迹。"吴学究道："吴用已思量心里了。如今天下盛行四家字体，是苏东坡、黄鲁直、米元章、蔡太师四家字体。苏、黄、米、蔡，宋朝四绝。小生曾和济州城里一个秀才做相识，那人姓萧名让。因他会写诸家字体，人都唤他做圣手书生。又会使枪弄棒，舞剑轮刀。吴用知他写得蔡京笔迹。不若央及戴院长，就到他家，赚道泰安州岳庙里要写道碑文，先送五十两银子在此，作安家之资，便要他来。随后却使人赚了他老小上山，就教本人入伙，如何？"晁盖道："书有他写，便好歹也须用使个图书印记。"吴学究又道："吴用再有个相识，小生亦思量在肚里了。这人也是中原一绝，见在济州城里居住，本身姓金，双名大坚。开得好石碑文，剔得好图书玉石印记，亦会枪棒厮打。因为他雕得好玉石，人都称他做玉臂匠。也把五十两银去，就赚他来镌碑文。到半路上，却也如此行便了。这两个人山寨里亦有用他处。"晁盖道："妙哉！"当日且安排筵席，管待戴宗，就晚歇了。

次日早饭罢，烦请戴院长打扮做太保模样，将了一二百两银子，拴上甲马，便下山，把船渡过金沙滩上岸，拽开脚步奔到济州来。没两个时辰，早到城里，寻问圣手书生萧让住处。有人指道："只在州衙东首文庙前居住。"戴宗径到门首，咳嗽一声，问道："萧先生有么？"只见一个秀才从里面出来。那人怎生模样？有诗为证：

　　青衫乌帽气棱棱，顷刻龙蛇笔底生。
　　米蔡苏黄能仿佛，善书圣手有名声。

那萧让出到外面，见了戴宗，却不认得。便问道："太

批注

批注

保何处？有甚见教？"戴宗施礼罢，说道："小可是泰安州岳庙里打供太保。今为本庙重修五岳楼，本州上户要刻道碑文，特地教小可赍白银五十两作安家之资，请秀才便那尊步，同到庙里作文则个。选定了日期，不可迟滞。"萧让道："小生只会作文及书丹，别无甚用。如要立碑，还用刊字匠作。"戴宗道："小可再有五十两白银，就要请玉臂匠金大坚刻石。拣定了好日，万望二位便那尊步。"萧让得了五十两银子，便和戴宗同来寻请金大坚。正行过文庙，只见萧让把手指道："前面那个来的，便是玉臂匠金大坚。"戴宗抬头看时，见那人眉目不凡，资质秀丽。那人怎生模样？有诗为证：

凤篆龙章信手生，雕镌印信更分明。
人称玉臂非虚誉，艺苑驰声第一名。

当时萧让唤住金大坚，教与戴宗相见，且说泰安州岳庙里重修五岳楼，众上户要立道碑文碣石之事，"这太保特地各赍五十两银子，来请我和你两个去。"金大坚见了银子，心中欢喜。两个邀请戴宗就酒肆中市沽三杯，置些蔬食，管待了。戴宗就付与金大坚五十两银子，作安家之资。又说道："阴阳人已拣定了日期，请二位今日便烦动身。"萧让道："天气暄热，今日便动身也行不多路，前面赶不上宿头。只是来日起个五更，挨门出去。"金大坚道："正是如此说。"两个都约定了来早起身，各自归家，收拾动用。萧让留戴宗在家宿歇。

次日五更，金大坚持了包裹行头，来和萧让、戴宗三人同行。离了济州城里，行不过十里多路。戴宗道："二位先生慢来，不敢催逼。小可先去报知众上户来接二位。"拽开步数，争先去了。这两个背着些包裹，自慢慢而行。

第三十九回　浔阳楼宋江吟反诗　梁山泊戴宗传假信

看看走到未牌时分，约莫也走过了七八十里路，只见前面一声唿哨响，山城坡下跳出一伙好汉，约有四五十人。当头一个好汉，正是那清风山王矮虎，大喝一声道："你那两个是甚么人？那里去？孩儿们，拿这厮取心儿吃酒。"萧让告道："小人两个是上泰安州刻石镌文的，又没一分财赋，止有几件衣服。"王矮虎喝道："俺不要你财赋、衣服，只要你两个聪明人的心肝做下酒。"萧让和金大坚焦躁，倚仗各人胸中本事，便挺着杆棒，径奔王矮虎。王矮虎也挺朴刀来斗两个。三人各使手中器械，约战了五七合，王矮虎转身便走。两个却待去赶，听得山上锣声又响，左边走出云里金刚宋万，右边走出摸着天杜迁，背后却是白面郎君郑天寿，各带三十余人一发上，把萧让、金大坚横拖倒拽，捉投林子里来。

四筹好汉道："你两个放心，我们奉着晁天王的将令，特来请你二位上山入伙。"萧让道："山寨里要我们何用？我两个手无缚鸡之力，只好吃饭。"杜迁道："吴军师一来与你相识，二乃知你两个武艺本事，特使戴宗来宅上相请。"萧让、金大坚都面面厮觑，做声不得。当时都到旱地忽律朱贵酒店里，相待了分例酒食，连夜唤船，便送上山来。到得大寨，晁盖、吴用并头领众人都相见了，一面安排筵席相待，且说修蔡京回书一事，"因请二位上山入伙，共聚大义。"两个听了，都扯住吴学究道："我们在此趋侍不妨，只恨各家都有老小在彼，明日官司知道，必然坏了！"吴用道："二位贤弟不必忧心，天明时便有分晓。"当夜只顾吃酒歇了。

次日天明，只见小喽啰报道："都到了。"吴学究道："请二位贤弟亲自去接宝眷。"萧让、金大坚听得，半信半

批注

不信。两个下至半山，只见数乘轿子，抬着两家老小上山来。两个惊得呆了，问其备细。老小说道："你两个出门之后，只见这一行人将着轿子来，说家长只在城外客店里中了暑风，快叫取老小来看救。出得城时，不容我们下轿，直抬到这里。"两家都一般说。萧让听了，与金大坚两个闭口无言。只得死心塌地，再回山寨入伙。

安顿了两家老小。吴学究却请出来与萧让商议写蔡京字体回书，去救宋公明。金大坚便道："从来雕得蔡京的诸样图书名讳字号。"当时两个动手完成，安排了回书，备个筵席，便送戴宗起程，分付了备细书意。戴宗辞了众头领，相别下山。小喽啰已把船只渡过金沙滩，送至朱贵酒店里。戴宗取四个甲马，拴在腿上，作别朱贵，拽开脚步，登程去了。

且说吴用送了戴宗过渡，自同众头领再回大寨筵席。正饮酒之间，只见吴学究叫声苦，不知高低。众头领问道："军师何故叫苦？"吴用便道："你众人不知。是我这封书，倒送了戴宗和宋公明性命也。"众头领大惊，连忙问道："军师书上却是怎地差错？"吴学究道："是我一时只顾其前，不顾其后。书中有个老大脱卯。"萧让便道："小生写的字体，和蔡太师字体一般，语句又不曾差了。请问军师，不知那一处脱卯？"金大坚又道："小生雕的图书，亦无纤毫差错，怎地见得有脱卯处？"吴学究叠两个指头，说出这个差错脱卯处，有分教：众好汉大闹江州城，鼎沸白龙庙。直教弓弩丛中逃性命，刀枪林里救英雄。毕竟军师吴学究说出怎生脱卯来，且听下回分解。

第三十九回　浔阳楼宋江吟反诗　梁山泊戴宗传假信

本回我评论：

煮酒论英雄

　　写宋江问三个人住处，凡三样答法，可谓极尽笔墨之巧。至行入正库，饮酒吟诗，便纯用"月明星稀，乌鹊南飞"笔气，读之令人慷慨。

　　　　　　　　　　　　　　　　　　　　　　　——金圣叹

　　黄通判大通。

　　　　　　　　　　　　　　　　　　　　　　　——李卓吾

　　1. 阅读宋江题诗段落，说说你对金圣叹所言"月明星稀，乌鹊南飞"笔法的理解。

　　2. 黄文炳是本回中一个重要的反面人物，李卓吾说他"大通"，你是否同意他的评价？

197

3. 宋江的几首反诗信息量很大，你都读出了哪些内容？结合上下文谈谈你对宋江的新认识。

水浒校场

　　且说蔡九知府安排两封信笼，打点了金珠宝贝玩好之物，上面都贴了封皮；次日早晨，唤过戴宗到后堂，嘱咐道："我有这般礼物，一封家书，要送上东京太师府里去，庆贺我父亲六月十五日生辰。【夹批：奇文大笔，忽若怪石飞落。宋江为事之根，今日忽又撞着。】日期将近，只有你能干去得。你休辞辛苦，可与我星夜去走一遭。讨了回书便转来。我自重重的赏你。你的程途都在我心上。我已料着你神行的日期，专等你回报。切不可沿途耽搁，有误事情。"戴宗听了，不敢不依，只得领了家书信笼，便拜辞了知府，挑回下处安顿了；却来牢里对宋江说道："哥哥放心。知府差我上京师去，只旬日之间便回。就太师府里使些见识，解救哥哥的事。【夹批：写戴宗不知书里事，妙。】每日饭食，我自分付在李逵身上，委著他安排送来，不教有缺。仁兄且宽心守奈几日。"宋江道："望烦贤弟救宋江一命则个！"戴宗唤过李逵当面分付道："你哥哥【夹批：是对李逵语，只此三字已足。】误题了反诗，在这里吃官司，未知如何。我如今又吃差往东京去，早晚便回。哥哥饭食，朝暮全靠著你看觑他则个。"李逵应道："吟了反诗打甚么鸟紧！万千谋反的倒做了大官！【夹批：骇人语，快绝妙绝。】你自放心东京去，牢里谁敢奈何他！好便好！不好，我使老大斧头砍他娘！"【夹批：亦为下作引。】戴宗临行，又嘱咐道："兄弟小心，不要贪酒，失误了哥哥饮食。休得出去噇醉了，饿着哥哥。"李逵道："哥哥你自放心去。若是这等疑忌时，兄弟从今日就断了酒,【夹批:看他断头沥血,可敬可畏。】待你回来却开!【夹批:未曾断,先算开,写来绝倒。看他未曾断,先算开,却又肯断,一发难得也。】早晚只在牢里服侍宋江哥哥,有何不可!"戴宗听了,大哥道:"兄弟,若得如此发心,坚意守看哥哥,更好。"当日作别自去了。李逵真个不吃酒,早晚只在牢里服侍宋江,寸步不离。【夹批:写得至性人可敬可爱。写李逵口中并不说忠说孝,而忽然发心服侍宋江,便如此寸步不离,激射宋江日日谈忠说孝,不曾伏侍太公一刻也。】

1.请针对金圣叹的夹批进行旁批,可以顺着其观点展开,也可以反对其评论,但须言之有理。

2.《水浒传》中有许多药物,有治病良药,也有杀人毒药,感兴趣的同学可以做一个"水浒药物研究"的小课题。

水浒绣像

搜集本回中几个次要角色的形象,剪贴在下面,并标注姓名和诨号。选出你认为最符合人物形象的一幅图片,并把你的理由用简洁的文字写下来。

李老师的水浒课

A　　　　B　　　　C　　　　D

我最喜欢（　），理由：

第四十三回

假李逵剪径劫单人　黑旋风沂岭杀四虎

诗曰：

　　家住沂州翠岭东，杀人放火恣行凶。
　　因餐虎肉长躯健，好吃人心两眼红。
　　闲向溪边磨巨斧，闷来岩畔斫乔松。
　　有人问我名和姓，撼地摇天黑旋风。

　　话说李逵道："哥哥，你且说那三件事，尽依。"宋江道："你要去沂州沂水县搬取母亲，第一件，径回，不可吃酒；第二件，因你性急，谁肯和你同去，你只自悄悄地取了娘便来；第三件，你使的那两把板斧，休要带去，路上小心在意，早去早回。"李逵道："这三件事有甚么依不得！哥哥放心。我只今日便行，我也不住了。"当下李逵拽扎得爽利，只跨一口腰刀，提条朴刀，带了一锭大银，三五个小银子，吃了几杯酒，唱个大喏，别了众人，便下山来，过金沙滩去了。

　　晁盖、宋江并众头领送行已罢，回到大寨里聚义厅上坐定。宋江放心不下，对众人说道："李逵这个兄弟，此去

批注

必然有失。不知众兄弟们谁是他乡中人，可与他那里探听个消息？"杜迁便道："只有朱贵原是沂州沂水县人，与他是乡里。"宋江听罢，说道："我却忘了。前日在白龙庙聚会时，李逵已自认得朱贵是同乡人。"宋江便着人去请朱贵。小喽啰飞报下山来，直至店里，请的朱贵到来。宋江道："今有李逵兄弟前往家乡搬取老母，因他酒性不好，为此不肯差人与他同去。诚恐路上有失，我们难得知道。今知贤弟是他乡中人，你可去他那里探听走一遭。"朱贵答道："小弟是沂州沂水县人，见在一个兄弟，唤做朱富，在本县西门外开着个酒店。这李逵，他是本县百丈村董店东住，有个哥哥，唤做李达，专与人家做长工。这李逵自小凶顽，因打死了人，逃走在江湖上，一向不曾回归。如今着小弟去那里探听也不妨，只怕店里无人看管。小弟也多时不曾还乡，亦就要回家探望兄弟一遭。"宋江道："这个无人看店，不必你忧心。我自教侯健、石勇替你暂管几日。"朱贵领了这言语，相辞了众头领下山来，便走到店里，收拾包裹，交割铺面与石勇、侯健，自奔沂州去了。这里宋江与晁盖在寨中每日筵席，饮酒快乐，与吴学究看习天书。不在话下。

且说李逵独自一个离了梁山泊，取路来到沂水县界。于路李逵端的不吃酒，因此不惹事，无有话说。行至沂水县西门外，见一簇人围着榜看。李逵也立在人丛中，听得读道：榜上第一名正贼宋江，系郓城县人；第二名贼戴宗，系江州两院押狱；第三名从贼李逵，系沂州沂水县人。李逵在背后听了，正待指手画脚，没做奈何处，只见一个人抢向前来，拦腰抱住，叫道："张大哥！你在这里做甚么？"李逵扭过身看时，认得是旱地忽律朱贵。李逵问

第四十二回 假李逵剪径劫单人 黑旋风沂岭杀四虎

道："你如何也来在这里？"朱贵道："你且跟我来说话。"

两个一同来西门外近村一个酒店内，直入到后面一间静房中坐了。朱贵指着李逵道："你好大胆！那榜上明明写着赏一万贯钱捉宋江，五千贯捉戴宗，三千贯捉李逵，你却如何立在那里看榜？倘或被眼疾手快的拿了送官，如之奈何？宋公明哥哥只怕你惹事，不肯教人和你同来；又怕你到这里做出怪来，续后特使我赶来探听你的消息。我迟下山来一日，又先到你一日。你如何今日才到这里？"李逵道："便是哥哥分付，教我不要吃酒，以此路上走得慢了。你如何认得这个酒店里？你是这里人，家在那里住？"朱贵道："这个酒店便是我兄弟朱富家里。我原是此间人，因在江湖上做客，消折了本钱，就于梁山泊落草。今次方回。"便叫兄弟朱富来与李逵相见了。朱富置酒管待李逵。李逵道："哥哥分付，教我不要吃酒，今日我已到乡里了，便吃两碗儿，打甚么鸟紧！"朱贵不敢阻当他，由他吃。当夜直吃到四更时分，安排些饭食，李逵吃了，趁五更晓星残月，霞光明朗，便投村里去。朱贵分付道："休从小路去。只从大朴树转湾，投东大路，一直望百丈村去，便是董店东。快取了母亲来，和你早回山寨去。"李逵道："我自从小路去，却不近？大路走，谁奈烦！"朱贵道："小路走，多大虫，又有乘势夺包裹的剪径贼人。"李逵应道："我却怕甚鸟！"戴上毡笠儿，提了朴刀，跨了腰刀，别了朱贵、朱富，便出门投百丈村来。约行了数十里，天色渐渐微明，去那露草之中，赶出一只白兔儿来，望前路去了。李逵赶了一直，笑道："那畜生倒引了我一程路！"有诗为证：

山径崎岖静复深，西风黄叶满疏林。

偶逢双斧喽啰汉，横索行人买路金。

正走之间，只见前面有五十来株大树丛杂，时值新秋，叶儿正红。李逵来到树林边厢，只见转过一条大汉，喝道："是会的留下买路钱，免得夺了包裹！"李逵看那人时，带一顶红绢抓髻儿头巾，穿一领粗布衲袄，手里拿着两把板斧，把黑墨搽在脸上。李逵见了，大喝一声："你这厮是甚么鸟人，敢在这里剪径！"那汉道："若问我名字，吓碎你心胆！老爷叫做黑旋风！你留下买路钱并包裹，便饶了你性命，容你过去。"李逵大笑道："没你娘鸟兴！你这厮是甚么人？那里来的？也学老爷名目，在这里胡行！"李逵挺起手中朴刀来奔那汉。那汉那里抵当得住，却待要走，早被李逵腿股上一朴刀，搠翻在地。一脚踏住胸脯，喝道："认得老爷么？"那汉在地下叫道："爷爷！饶恕孩儿性命！"李逵道："我正是江湖上的好汉黑旋风李逵便是！你这厮辱没老爷名字！"那汉道："小人虽然姓李，不是真的黑旋风。为是爷爷江湖上有名目，提起好汉大名，神鬼也怕，因此小人盗学爷爷名目，胡乱在此剪径。但有孤单客人经过，听得说了黑旋风三个字，便撇了行李奔走了去，以此得这些利息，实不敢害人。小人自己的贱名叫做李鬼，只在这前村住。"李逵道："叵耐这厮无礼，却在这里夺人的包裹行李，却坏我的名目，学我使两把板斧，且教他先吃我一斧！"劈手夺过一把斧来便砍。李鬼慌忙叫道："爷爷！杀我一个，便是杀我两个！"李逵听得，住了手问道："怎的杀你一个便是杀你两个？"李鬼道："小人本不敢剪径。家中因有个九十岁的老母，无人养赡，因此小人单题爷爷大名唬吓人，夺些单身的包裹，养赡老母，其实并不曾敢害了一个人。如今爷爷杀了小人，

第四十二回　假李逵剪径劫单人　黑旋风沂岭杀四虎

家中老母必是饿杀。"李逵虽是个杀人不眨眼的魔君，听的说了这话，自肚里寻思道："我特地归家来取娘，却倒杀了一个养娘的人，天地也不佑我。罢罢，我饶了你这厮性命！"放将起来。李鬼手提着斧，纳头便拜。李逵道："只我便是真黑旋风。你从今已后，休要坏了俺的名目。"李鬼道："小人今番得了性命，自回家改业，再不敢倚着爷爷名目，在这里剪径。"李逵道："你有孝顺之心，我与你十两银子做本钱，便去改业。"李鬼拜谢道："重生的父母！再长的爹娘！"李逵便取出一锭银子，把与李鬼，拜谢去了。李逵自笑道："这厮却撞在我手里！既然他是个孝顺的人，必去改业。我若杀了他，也不合天理。我也自去休。"拿了朴刀，一步步投山僻小路而来。走到巳牌时分，看看肚里又饥又渴，四下里都是山径小路，不见有一个酒店饭店。

正走之间，只见远远地山凹里露出两间草屋。李逵见了，奔到那人家里来。只见后面走出一个妇人来，鬒髻鬓边插一簇野花，搽一脸胭脂铅粉。李逵放下朴刀，道："嫂子，我是过路客人，肚中饥饿，寻不着酒食店。我与你一贯足钱，央你回些酒饭吃。"那妇人见了李逵这般模样，不敢说没，只得答道："酒便没买处，饭便做些与客人吃了去。"李逵道："也罢，只多做些个，正肚中饥出鸟来。"那妇人道："做一升米不少么？"李逵道："做三升米饭来吃。"那妇人向厨中烧起火来，便去溪边淘了米，将来做饭。李逵却转过屋后山边来净手。只见一个汉子，撷手撷脚，从山后归来。李逵转过屋后听时，那妇人正要上山讨菜，开后门见了，便问道："大哥，那里闪肭了腿？"那汉子应道："大嫂，我险些儿和你不厮见了。你道我晦鸟气么！指望出去寻个单身的过，整整的等了半个月，不曾

🖐批注

205

批注

发市。甫能今日抹着一个，你道是谁？原来正是那真黑旋风！却恨撞着那驴鸟，我如何敌得他过！倒吃他一朴刀，搠翻在地，定要杀我。吃我假意叫道：'你杀我一个，却害了我两个。'他便问我缘故，我便告道：'家中有个九十岁的老娘，无人赡养，定是饿死。'那驴鸟真个信我，饶了我性命，又与我一个银子做本钱，教我改了业养娘。我恐怕他省悟了赶将来，且离了那林子里，僻净处睡了一回，从后山走回家来。"那妇人道："休要高声！却才一个黑大汉来家中，教我做饭，莫不正是他？如今在门前坐地，你去张一张看。若是他时，你去寻些麻药来，放在菜内，教那厮吃了，麻翻在地。我和你却对付了他，谋得他些金银，搬往县里住去，做些买卖，却不强似在这里剪径！"

李逵已听得了，便道："叵耐这厮！我倒与了他一个银子，又饶了性命，他倒又要害我。这个正是情理难容！"一转踅到后门边。这李鬼却待出门，被李逵劈揪住。那妇人慌忙自望前门走了。李逵捉住李鬼，按翻在地，身边掣出腰刀，早割下头来。拿着刀，却奔前门寻那妇人时，正不知走那里去了。再入屋内来，去房中搜看，只见有两个竹笼，盛些旧衣裳，底下搜得些碎银两并几件钗环，李逵都拿了。又去李鬼身边搜了那锭小银子，都打缚在包裹里。却去锅里看时，三升米饭早熟了，只没菜蔬下饭。李逵盛饭来，吃了一回，看着自笑道："好痴汉！放着好肉在面前，却不会吃！"拔出腰刀，便去李鬼腿上割下两块肉来，把些水洗净了，灶里扒些炭火来便烧。一面烧，一面吃。吃得饱了，把李鬼的尸首拖放屋下，放了把火，提了朴刀，自投山路里去了。那草屋被风一扇，都烧没了。有诗为证：

第四十二回　假李逵剪径劫单人　黑旋风沂岭杀四虎

劫掠资财害善良，谁知天道降灾殃。

家园荡尽身遭戮，到此翻为没下场。

李逵赶到董店东时，日已平西。径奔到家中，推开门，入进里面。只听得娘在床上问道："是谁入来？"李逵看时，见娘双眼都盲了，坐在床上念佛。李逵道："娘！铁牛来家了！"娘道："我儿，你去了许多时，这几年正在那里安身？你的大哥只是在人家做长工，止博得些饭食吃，养娘全不济事！我如常思量你，眼泪流干，因此瞎了双目。你一向正是如何？"李逵寻思道："我若说在梁山泊落草，娘定不肯去。我只假说便了。"李逵应道："铁牛如今做了官，上路特来取娘。"娘道："恁地却好也！只是你怎生和我去得？"李逵道："铁牛背娘到前路，却觅一辆车儿载去。"娘道："你等大哥来，却商议。"李逵道："等做甚么，我自和你去便了。"

恰待要行，只见李达提了一罐子饭来。入得门，李逵见了，便拜道："哥哥，多年不见。"李达骂道："你这厮归来则甚？又来负累人！"娘便道："铁牛如今做了官，特地家来取我。"李达道："娘呀！休信他放屁！当初他打杀了人，教我披枷带锁，受了万千的苦。如今又听得他和梁山泊贼人通同劫了法场，闹了江州，见在梁山泊做了强盗。前日江州行移公文到来，着落原籍追捕正身，却要捉我到官比捕。又得财主替我官司分理，说：'他兄弟已自十来年不知去向，亦不曾回家，莫不是同名同姓的人冒供乡贯？'又替我上下使钱，因此不吃官司杖限追要。见今出榜，赏三千贯捉他。你这厮不死，却走家来胡说乱道！"李逵道："哥哥不要焦躁，一发和你同上山去快活，多少是好。"李达大怒。本待要打李逵，却又敌他不过，把饭罐撇在地下，

207

一直去了。李逵道:"他这一去,必然报人来捉我,却是脱不得身,不如及早走罢。我大哥从来不曾见这大银,我且留下一锭五十两的大银子放在床上。大哥归来见了,必然不赶来。"李逵便解下腰包,取一锭大银放在床上,叫道:"娘,我自背你去休。"娘道:"你背我那里去?"李逵道:"你休问我,只顾去快活便了。我自背你去,不妨!"李逵当下背了娘,提了朴刀,出门望小路里便走。

却说李达奔来财主家报了,领着十来个庄客,飞也似赶到家里看时,不见了老娘,只见床上留下一锭大银子。李达见了这锭大银,心中忖道:"铁牛留下银子,背娘去那里藏了?必是梁山泊有人和他来。我若赶去,倒吃他坏了性命。想他背娘,必去山寨里快活。"众人不见了李逵,都没做理会处。李达却对众庄客说道:"这铁牛背娘去,不知往那条路去了。这里小路甚杂,怎地去赶他?"众庄客见李达没理会处,各自回去了。不在话下。

这里只说李逵怕李达领人赶来,背着娘,只奔乱山深处僻静小路而走。看看天色晚了。但见:

暮烟横远岫,宿雾锁奇峰。慈鸦撩乱投林,百鸟喧呼傍树。行行雁阵坠长空,飞入芦花;点点萤光明野径,偏依腐草。茅荆夹路,惊闻更鼓之声;古木悬崖,时见龙蛇之影。卷起金风飘败叶,吹来霜气布深山。

当下李逵背娘到岭下,天色已晚了。娘双眼不明,不知早晚。李逵却自认得,这条岭唤做沂岭。过那边去,方才有人家。娘儿两个趁着星明月朗,一步步捱上岭来。娘在背上说道:"我儿,那里讨口水来我吃也好。"李逵道:"老娘,且待过岭去,借了人家安歇了,做些饭吃。"娘道:"我日中吃了些干饭,口渴的当不得。"李逵道:"我喉咙里也烟发火出。你且等我背你到岭上，寻水与你吃。"娘道："我儿，端的渴杀我也！救我一救！"李逵道："我也困倦的要不得！"李逵看看捱得到岭上，松树边一块大青石上，把娘放下，插了朴刀在侧边，分付娘道："奈心坐一坐，我去寻水来你吃。"李逵听得溪涧里水响，闻声寻将去，扒过了两三处山脚，到得那涧边看时，一溪好水。怎见得？有诗为证：

　　穿崖透壑不辞劳，远望方知出处高。
　　溪涧岂能留得住，终归大海作波涛。

李逵扒到溪边，捧起水来自吃了几口，寻思道："怎地能勾得寄希望于水去把与娘吃？"立起身来，东观西望，远远地山顶上见个庵儿。李逵道："好了！"攀藤揽葛，上到庵前。推开门看时，却是个泗州大圣祠堂，面前有个石香炉。李逵用手去掇，原来却是和座子凿成的。李逵拔了一回，那里拔得动。一时性起来，连那座子掇出前面石阶上一磕，把那香炉磕将下来。拿了再到溪边，将这香炉水里浸了，拔起乱草，洗得干净，挽了半香炉水，双手擎来，再寻旧路，夹七夹八走上岭来。到得松树里边，石头上不见了娘，只见朴刀插在那里。李逵叫娘吃水，杳无踪迹，叫了几声不应。李逵定住眼，四下里看时，寻不见娘。走不得三十余步，只见草地上一段血迹。李逵见了，心里越疑惑。趁着那血迹寻将去。寻到一处大洞口，只见两个小虎儿在那里舐一条人腿。李逵心里忖道："我从梁山泊归来，特为老娘来取他。千辛万苦背到这里，却把来与你吃了！那鸟大虫拖着这条人腿，不是我娘的是谁的！"心头火起，赤黄须竖立起来，将手中朴刀挺起，来搠那两个小虎。这小大虫被搠得慌，也张牙舞爪，钻向前来。被

批注

　　李逵手起，先搠死了一个，那一个望洞里便钻了入去，李逵赶到洞里，也搠死了，却钻入那大虫洞内。李逵却便伏在里面张外面时，只见那母大虫张牙舞爪，望窝里来。李逵道："正是你这业畜吃了我娘！"放下朴刀，胯边掣出腰刀。那母大虫到洞口，先把尾去窝里一剪，便把后半截身躯坐将入去。李逵在窝内看得仔细，把刀朝母大虫尾底下，尽平生气力，舍命一戳，正中那母大虫粪门。李逵使得力重，和那刀靶也直送入肚里去了。那老大虫吼了一声，就洞口带着刀，跳过涧边去了。李逵却拿了朴刀，就洞里赶将出来。那老虎负疼，直抢下山石岩下去了。李逵恰待要赶，只见就树边卷起一阵狂风，吹得败叶树木如雨一般打将下来。自古道：云生从龙，风生从虎。那一阵风起处，星月光辉之下，大吼了一声，忽地跳出一只吊睛白额虎来。李逵看那大虫，但见：

　　　　一声吼叫轰霹雳，两眼圆睁闪电光。
　　　　摇头摆尾欺存孝，舞爪张牙啖狄梁。

　　那大虫望李逵势猛一扑。那李逵不慌不忙，趁着那大虫的势力，手起一刀，正中那大虫颔下。那大虫不曾再展再扑，一者护那疼痛，二者伤着他那气管。那大虫退不勾五七步，只听得响一声如倒半壁山，登时间死在岩下。那李逵一时间杀了子母四虎，还又到虎窝边，将着刀复看了一遍，只恐还有大虫，已无有踪迹。李逵也困乏了，走向泗州大圣庙里，睡到天明。次日早晨，李逵却来收拾亲娘的两腿及剩的骨殖，把布衫包裹了，直到泗州大圣庵后掘土坑葬了。李逵大哭了一场。有诗为证：

　　　　沂岭西风九月秋，雌雄猛虎聚林丘。
　　　　因将老母身躯啖，致使英雄血泪流。

第四十二回　假李逵剪径劫单人　黑旋风沂岭杀四虎

手执钢刀探虎穴，心如烈火报冤仇。

立诛四虎威神力，千古传名李铁牛。

这李逵肚里又饥又渴，不免收拾包裹，拿了朴刀，寻路慢慢的走过岭来。只见五七个猎户，都在那里收窝弓弩箭。见了李逵一身血污，行将下岭来，众猎户吃了一惊，问道："你这客人莫非是山神土地？如何敢独自过岭来？"李逵见问，自肚里寻思道："如今沂水县出榜赏三千贯钱捉我，我如何敢说实话？只谎说罢。"答道："我是客人。昨夜和娘过岭来，因我娘要水吃，我去岭下取水，被那大虫把我娘拖去吃了。我直寻到虎巢里，先杀了两个小虎，后杀了两个大虎。泗州大圣庙里睡到天明，方才下来。"众猎户齐叫道："不信你一个人如何杀得四个虎？便是李存孝和子路，也只打得一个。这两个小虎且不打紧，那两个大虎非同小可。我们为这两个畜生，正不知都吃了几顿棍棒。这条沂岭，自从有了这窝虎在上面，整三五个月没人敢行。我们不信！敢是你哄我？"李逵道："我又不是此间人，没来由哄你做甚么！你们不信，我和你上岭去，寻讨与你，就带些人去扛了下来。"众猎户道："若端的有时，我们自得重重的谢你。却是好也！"众猎户打起胡哨来，一霎时，聚起三五十人，都拿了挠钩枪棒，跟着李逵，再上岭来。此时天大明朗，都到那山顶上，远远望见窝边果然杀死两个小虎，一个在窝内，一个在外面；一只母大虫死在山岩边；一只雄虎死在泗州大圣庙前。

众猎户见了杀死四个大虫，尽皆欢喜，便把索子抓缚起来。众人扛抬下岭，就邀李逵同去请赏。一面先使人报知里正上户，都来迎接着，抬到一个大户人家，唤做曹太公庄上。那人原是闲吏，专一在乡放刁把滥，近来暴有几贯浮财，只是为人行短。当时曹太公亲自接来，相见了，邀请李逵到草堂上坐定，动问那杀虎的缘由。李逵却把夜来同娘到岭上要水吃，因此杀死大虫的话，说了一遍。众人都呆了。曹太公动问："壮士高姓名讳？"李逵答道："我姓张，无讳，只唤做张大胆。"曹太公道："真乃是大胆壮士！不恁的胆大，如何杀的四个大虫！"一壁厢叫安排酒食管待。不在话下。

　　且说当村里得知沂岭杀了四个大虫，抬在曹太公家，讲动了村坊道店，哄的前村后村，山僻人家，大男幼女，成群拽队都来看虎。入见曹太公相待着打虎的壮士在厅上吃酒。数中却有李鬼的老婆，逃在前村爹娘家里，随着众人也来看虎，却认得李逵的模样，慌忙来家对爹娘说道："这个杀虎的黑大汉，便是杀我老公，烧了我屋的。他正是梁山泊黑旋风李逵。"爹娘听得，连忙来报知里正。里正听了道："他既是黑旋风时，正是岭后百丈村打死了人的李逵。逃走在江州，又做出事来，行移到本县原籍追捉。如今官司出三千贯赏钱拿他。他却走在这里！"暗地使人去请得曹太公到来商议。曹太公推道更衣，急急的到里正家。里正说："这个杀虎的壮士，便是岭后百丈村里的黑旋风李逵。见今官司着落拿他。"曹太公道："你们要打听得仔细。倘不是时，倒惹的不好。若真个是时，却不妨。要拿他时，也容易；只怕不是他时，却难。"里正道："只有李鬼的老婆认得。他曾来李鬼家做饭吃，杀了李鬼。"曹太公道："既是如此，我们且只顾置酒请他，却问他：今番杀了大虫，还是要去县请功，只是要村里讨赏？若还他不肯去县里请功时，便是黑旋风了。着人轮换把盏，灌得醉了，缚在这里，却去报知本县，差都头来取去。万无一

失。"众人道:"说得是。"里正说与众人,商量定了。有《浣溪沙》词为证:

　　杀却凶人毁却房,西风林下路匆忙,忽逢猛虎聚前冈。
　　格杀虽除村岭患,潜谋难免报仇殃,脱离罗网更高强。

　　曹太公回家来款住李逵,一面且置酒来相待,便道:"适间抛撒,请勿见怪。且请壮士解下腰间包裹,放下朴刀,宽松坐一坐。"李逵道:"好,好!我的腰刀已搠在雌虎肚里了,只有刀鞘在这里。若是开剥时,可讨来还我。"曹太公道:"壮士放心,我这里有的是好刀,相送一把与壮士悬带。"李逵解了腰间刀鞘,并缠袋包裹,都递与庄客收贮,便把朴刀倚在壁边。曹太公叫取大盘肉来,大壶酒来。众多大户并里正猎户人等,轮番把盏,大碗大盅只顾劝李逵。曹太公又请问道:"不知壮士要将这虎解官请功,只是在这里讨些赍发?"李逵道:"我是过往客人,忙些个。偶然杀了这窝猛虎,不须去县里请功。只此有些赍发便罢。若无,我也去了。"曹太公道:"如何敢轻慢了壮士!少刻村中敛取盘缠相送。我这里自解虎到县里去。"李逵道:"布衫先借一领与我换了上盖。"曹太公道:"有,有。"当时便取一领细青布衲袄,就与李逵换了身上的血污衣裳。只见门前鼓响笛鸣,都将酒来与李逵把盏作庆。一杯冷,一杯热,李逵不知是计,只顾开怀畅饮,全不记宋江分付的言语。不两个时辰,把李逵灌得酩酊大醉,立脚不住。众人扶到后堂空屋下,放翻在一条板凳上,就取两条绳子,连板凳绑住了。便叫里正带人飞也似去县里报知,就引李鬼老婆去做原告,补了一纸状子。

　　此时哄动了沂水县里。知县听的大惊,连忙升厅问道:"黑旋风拿住在那里?这是谋叛的人,不可走了!"原告人并猎户答应道:"见缚在本乡曹大户家。为是无人禁得他,诚恐有失,路上走了,不敢解来。"知县随即叫唤本县都头去取来,就厅前转过一个都头来声喏。那人是谁?有诗为证:

面阔眉浓须鬓赤,双睛碧绿似番人。

沂水县中青眼虎,豪杰都头是李云。

当下知县唤李云上厅来分付道:"沂岭下曹大户庄上拿住黑旋风李逵。你可多带人去,密地解来,休要哄动村坊,被他走了。"李都头领台旨下厅来了,点起三十个老郎土兵,各带了器械,便奔沂岭村中来。这沂水县是个小去处,如何掩饰得过。此时街市上讲动了,说道:"拿着了闹江州的黑旋风,如今差李都头去拿来。"朱贵在东庄门外朱富家听得了这个消息,慌忙来后面对兄弟朱富说道:"这黑厮又做出来了!如何解救?宋公明特为他诚恐有失,差我来打听消息。如今他吃拿了,我若不救得他时,怎的回寨去见哥哥?似此怎生是好!"朱富道:"大哥且不要慌。这李都头一身好本事,有三五十人近他不得。我和你只两个同心合意,如何敢近傍他?只可智取,不可力敌。李云日常时最是爱我,常常教我使些器械。我却有个道理对他,只是在这里安不得身了。今晚煮了三二十斤肉,将十数瓶酒,把肉大块切了,却将些蒙汗药拌在里面。我两个五更带数个火家,挑着去半路里僻静处等候他,解来时,只做与他把酒贺喜,将众人都麻翻了,却放李逵,如何?"朱贵道:"此计大妙。事不宜迟,可以整顿,及早便去!"朱富道:"只是李云不会吃酒,便麻翻了,终久醒得快。还有件事:倘或日后得知,须在此安身不得。"朱贵道:"兄弟,你在这里卖酒也不济事。不如带领老小,跟

第四十三回　假李逵剪径劫单人　黑旋风沂岭杀四虎

我上山，一发入了伙。论秤分金银，换套穿衣服，却不快活！今夜便叫两个火家，觅了一辆车儿，先送妻子和细软行李起身，约在十里牌等候，都去上山。我如今包裹内带得一包蒙汗药在这里，李云不会吃酒时，肉里多糁些，逼着他多吃些，也麻倒了。救得李逵，同上山去，有何不可。"朱富道："哥哥说得是。"便叫人去觅下了一辆车儿，打拴了三五个包箱，捎在车儿上，家中粗物都弃了。叫浑家和儿女上了车子，分付两个火家跟着。车子只顾先去，救了李逵，后面随即便来。有诗为证：

　　杀人放火惯为非，好似於菟插翅飞。
　　朱贵不施邀截计，定担枷锁入圜扉。

且说朱贵、朱富当夜煮熟了肉，切做大块，将药来拌了，连酒装做两担，带了二三十个空碗，又有若干菜蔬，也把药来拌了。恐有不吃肉的，也教他着手。两担酒肉，两个火家各挑一担。弟兄两个自提了些果盒之类。四更前后，直接将来僻静山路口坐等。到天明，远远地只听得敲着锣响。朱贵接到路口。

且说那三十来个土兵，自村里吃了半夜酒，四更前后，把李逵背剪绑了解将来。后面李都头坐在兜轿儿上。看看早来到面前，朱富便向前拦住，叫道："师父且喜！小弟将来接力。"桶内舀一壶酒来，斟一大盏，上劝李云。朱贵托着肉来，火家捧过果盒。李云见了，慌忙下轿，跳向前来说道："贤弟，何劳如此远接！"朱富道："聊表徒弟的孝顺之心。"李云接过酒来，到口不吃。朱富跪下道："小弟已知师父不饮酒，今日这个喜酒，也饮半盏儿，见徒弟的孝顺之意。"李云推却不过，略呷了两口。朱富便道："师父不饮酒，须请些肉。"李云道："夜间已饱，吃

批注

不得了。"朱富道："师父行了许多路，肚里也饥了。虽不中吃，胡乱请些，也免小弟之羞。"拣两块好的递将过来。李云见他如此殷勤，只得勉意吃了两块。朱富把酒来劝上户里正并猎户人等，都劝了三盅。朱贵便叫土兵庄客众人都来吃酒。这伙男女那里顾个冷热好吃不好吃，酒肉到口，只顾吃，正如这风卷残云，落花流水，一齐上来抢着吃了。李逵光着眼，看了朱贵弟兄两个，已知用计，故意道："你们也请我吃些！"朱贵喝道："你是歹人，有何酒肉与你吃！这般杀才，快闭了口！"李云看着土兵，喝道："叫走！"只见一个个都面面厮觑，走动不得，口颤脚麻，都跌倒了。李云急叫："中了计了！"恰待向前，不觉自家也头重脚轻，晕倒了，软做一堆，睡在地下。当时朱贵、朱富各夺了一条朴刀，喝声："孩儿们休走！"两个挺起朴刀来赶这伙不曾吃酒肉的庄客，并那看的人。走得快的走了，走得迟的就搠死在地。李逵大叫一声，把那绑缚的麻绳都挣断了，便夺过一条朴刀来杀李云。朱富慌忙拦住，叫道："不要害他！是我的师父，为人最好。你只顾先走。"李逵应道："不杀得曹太公老驴，如何出得这口气！"李逵赶上，手起一朴刀，先搠死曹太公并李鬼的老婆。续后里正也杀了。性起来，把猎户排头儿一昧价搠将去。那三十来个土兵都被搠死了。这看的人和众庄客，只恨爹娘少生两只脚，却望深村野路逃命去了。

李逵还直顾寻人要杀。朱贵喝道："不干看的人事，休只管伤人！"慌忙拦住。李逵方才住了手，就土兵身上剥了两件衣服穿上。三个人提着朴刀，便要从小路里走。朱富道："不好，却是我送了师父性命！他醒时，如何见的知县？必然赶来。你两个先行，我等他一等。我想他日前教

第四十二回 假李逵剪径劫单人 黑旋风沂岭杀四虎

我的恩义,且是为人忠直,等他赶来,就请他一发上山入伙,也是我的恩义,免得教回县去吃苦。"朱贵道:"兄弟,你也见的是。我便先去跟了车子行,留李逵在路傍帮你等他。只有李云那厮吃的药少,没一个时辰便醒。若是他不赶来时,你们两个休执迷等他。"朱富道:"这是自然了。"当下朱贵前行去了。

只说朱富和李逵坐在路傍边等候。果然不到一个时辰,只见李云挺着一条朴刀,飞也似赶来,大叫道:"强贼休走!"李逵见他来的凶,跳起身,挺着朴刀来斗李云,恐伤朱富。正是,有分教:梁山泊内添双虎,聚义厅前庆四人。毕竟黑旋风斗青眼虎,二人胜败如何,且听下回分解。

▎批注

本回我评论:

煮酒论英雄

此书处处以宋江、李逵相形对写,意在显暴宋江之恶,固无论矣。独奈何轻以"忠恕"二字,下许李逵?殊不知忠恕天性,八十老翁道不得,周岁娃娃却行得,以"忠恕"二字下许李逵,正深表忠恕之易能,非叹李逵之难能也。

——金圣叹

二十二回写武松打虎一篇,真所谓极盛难继之事也。忽然于李逵取

李老师的水浒课

娘文中，又写出一夜连杀四虎一篇，句句出奇，字字换色。若要李逵学武松一毫，李逵不能；若要武松学李逵一毫，武松亦不敢。各自兴奇作怪，出妙入神；笔墨之能，于斯竭矣。

——金圣叹

李大哥杀死四虎，不特勇猛过人，亦是纯孝格天地，至诚感鬼神，志壹神凝，有进无退故耳。若作勇猛论者，犹非李大哥知己也。识此，然后可与言射石饮羽之事。

——李卓吾

1. 怎样理解第一条金圣叹用"忠恕"评论李逵？说说你对这一评论的看法。可以提出不同意见。

2. 比较金李二人评价李逵杀四虎的评论，找出其评论的方法和侧重点有何异同。

3. 本回写李逵杀虎，也写李逵杀人，仔细梳理一下李逵杀了哪些人？你如何评价李逵杀人？

水浒校场

宋江取爷，村中遇神；李逵取娘，村中遇鬼。此一联绝倒。

宋江黑心人取爷，便遇玄女；李逵赤心人取娘，便遇白兔。此一联又绝倒。

宋江遇玄女，是奸雄捣鬼；李逵遇白兔，是纯孝格天。此一联又绝倒。

宋江遇神，受三卷天书；李逵遇鬼，见两把板斧。此一联又绝倒。

宋江天书，定是自家带去；李逵板斧，不是自家带来。此一联又绝倒。

宋江到底无真，李逵忽然有假。此一联又绝倒。

宋江取爷吃仙枣，李逵取娘吃鬼肉。此一联又绝倒。

宋江爷不忍见活强盗，李逵娘不及见死大虫。此一联又绝倒。

宋江爷不愿见子为盗，李逵娘不得见子为官。此一联又绝倒。

宋江取爷，还时带三卷假书；李逵取娘，还时带两个真虎。此一联又绝倒。

宋江爷生不如死，李逵娘死贤于生。此一联又绝倒。

宋江兄弟也做强盗，李逵阿哥亦是孝子。此一联又绝倒。

以上是金圣叹本回总批里节选的一段，金才子突然玩起了对联，甚是有趣。赏析上述几副对联。并可以尝试模仿创作两副对联。事实上，金圣叹是一个撰联高手。可以通过网络查找他的绝命联，亦使人绝倒。

李老师的水浒课

水浒绣像

如果你擅长绘画，可以在下面画四幅连环画——李逵打虎。

A　　　　　　B　　　　　　C　　　　　　D

家长可加入阅读能力提升群　陪孩子听名师阅读讲解课　读懂经典提升阅读能力

群分类：阅读提升　•　入群指南详见本书 扉页

第五十八回

三山聚义打青州　众虎同心归水泊

诗曰：

一事参差百事难，一人辛苦众人安。
英雄天地彰名誉，鹰隼云霄振羽翰。
孔亮弟兄容易救，青州城郭等闲看。
牢笼又得呼延灼，联辔同归大将坛。

当有武松引孔亮拜告鲁智深、杨志，求救哥哥孔明并叔叔孔宾。鲁智深便要聚集三山人马，前去攻打。杨志便道："若要打青州，须用大队军马方可打得。俺知梁山泊宋公明大名，江湖上都唤他做及时雨宋江，更兼呼延灼是他那里仇人。俺们弟兄和孔家弟兄的人马，都并做一处。洒家这里再等桃花山人马齐备，一面且去攻打青州。孔亮兄弟，你可亲身星夜去梁山泊，请下宋公明来并力攻城，此为上计。亦且宋三郎与你至厚。你们弟兄心下如何？"鲁智深道："正是如此。我只见今日也有人说宋三郎好，明日也有人说宋三郎好，可惜洒家不曾相会。众人说他的名字，聒的洒家耳朵也聋了，想必其人是个真男子，以致天

批注

下闻名。前番和花知寨在清风山时，洒家有心要去和他厮会，及至洒家去时，又听得说道去了，以此无缘不得相见。罢了，孔亮兄弟，你要救你哥哥时，快亲自去那里告请他们。洒家等先在这里和那撮鸟们厮杀。"孔亮交付小喽啰与了鲁智深，只带一个伴当，扮做客商，星夜投梁山泊来。

且说鲁智深、杨志、武松三人去山寨里，唤将施恩、曹正再带一二百人下山来相助。桃花山李忠、周通得了消息，便带本山人马，尽数起点，只留三五十个小喽啰看守寨栅，其余都带下山来青州城下聚集，一同攻打城池。不在话下。

却说孔亮自离了青州，迤逦来到梁山泊边催命判官李立酒店里买酒吃问路。李立见他两个来得面生，便请坐地，问道："客人从那里来？"孔亮道："从青州来。"李立问道："客人要去梁山泊寻谁？"孔亮答道："有个相识在山上，特来寻他。"李立道："山上寨中都是大王住处，你如何去得？"孔亮道："便是要寻宋大王。"李立道："既是来寻宋头领，我这里有分例。"便叫火家快去安排分例酒来相待。孔亮道："素不相识，如何见款？"李立道："客官不知。但是来寻山寨头领，必然是社火中人故旧交友，岂敢有失祇应。便当去报。"孔亮道："小人便是白虎山前庄户孔亮的便是。"李立道："曾听得宋公明哥哥说大名来，今日且请上山。"二人饮罢分例酒，随即开窗，就水亭上放了一枝响箭，见对港芦苇深处，早有小喽啰棹过船来，到水亭下。李立便请孔亮下了船，一同摇到金沙滩上岸，却上关来。孔亮看见三关雄壮，枪刀剑戟如林，心下想道："听得说梁山泊兴旺，不想做下这等大事业！"已有小喽啰先去报知,宋江慌忙下来迎接。孔亮见了,连忙下拜。宋江问道:"贤弟缘何到此?"孔亮拜罢,放声大哭。宋江道:"贤弟心中有何危厄不决之难,但请尽说不妨。便当不避水火,力为救解,与汝相助。贤弟且请起来。"孔亮道:"自从师父离别之后,老父亡化。哥哥孔明与本乡上户争些闲气起来,杀了他一家老小。官司来捕捉得紧,因此反上白虎山,聚得五七百人,打家劫舍。青州城里却有叔父孔宾,被慕容知府捉了,重枷钉在狱中。因此我弟兄两个去打城子,指望救取叔叔孔宾。谁想去到城下,正撞了一个使双鞭的呼延灼,哥哥与他交锋,致被他捉了,解送青州,下在牢里,存亡未保。小弟又被他追杀一阵。次日,正撞着武松,说起师父大名来,见在梁山泊做头领。他便引我去拜见同伴的,一个是花和尚鲁智深,一个是青面兽杨志。他二人一见如故,便商议救兄一事。他道:'我请鲁、杨二头领并桃花山李忠、周通,聚集三山人马攻打青州。你可连夜快去梁山泊内,告你师父宋公明来救你叔兄两个。'以此今日一径到此。万望师父觑先父之面,垂救性命,生死不敢有忘。"宋江道:"此是易为之事,你且放心。先来拜见晁头领,共同商议。"

宋江便引孔亮参见晁盖、吴用、公孙胜并众头领,备说呼延灼走在青州,投奔慕容知府,今来捉了孔明,以此孔亮来到,恳告求救。晁盖道:"既然他两处好汉尚兀自仗义行仁救叔,今者三郎和他至爱交友,如何不去!三郎贤弟,你连次下山多遍,今番权且守寨,愚兄替你走一遭。"宋江道:"哥哥是山寨之主,不可轻动。这个是兄弟的事,既是他远来相投,哥哥若自去,恐他弟兄们心下不安。小可情愿请几位弟兄同走一遭。"说言未了,厅上厅下一齐

都道:"愿效犬马之劳,跟随同去。"宋江大喜。有诗为证:

孔明行事太匆忙,轻引喽啰犯犬羊。

赖有宋江豪侠在,便将军马救危亡。

当日设筵管待孔亮。饮筵中间,宋江唤铁面孔目裴宣定拨下山人数,分作五军起行。前军便差花荣、秦明、燕顺、王矮虎开路作先锋,第二队便差穆弘、杨雄、解珍、解宝,中军便是主将宋江、吴用、吕方、郭盛,第四队便是朱仝、柴进、李俊、张横,后军便差孙立、杨林、欧鹏、凌振催军作合后。梁山泊点起五军,共计二十个头领,马步军兵三千人马。其余头领,自与晁盖守把寨栅。

当下宋江别了晁盖,自同孔亮下山来。梁山人马分作五军起发。正是:

初离水泊,浑如海内纵蛟龙;乍出梁山,却似风中奔虎豹。五军并进,前后列二十辈英雄;一阵同行,首尾分三千名士卒。绣彩旗如云似雾,朴刀枪灿雪铺霜。鸾铃响,战马奔驰;画鼓振,征夫踊跃。卷地黄尘霭霭,漫天土雨蒙蒙。宝纛旗中,簇拥着多智足谋吴学究;碧油幢下,端坐定替天行道宋公明。过去鬼神皆拱手,回来民庶尽歌谣。

话说宋江引了梁山泊二十个头领,三千人马,分作五军前进。于路无事。所过州县,秋毫无犯。已到青州。孔亮先到鲁智深等军中报知,众好汉安排迎接。宋江中军到了,武松引鲁智深、杨志、李忠、周通、施恩、曹正都来相见了。宋江让鲁智深坐地。鲁智深道:"久闻阿哥大名,无缘不曾拜会,今日且喜相认得阿哥。"宋江答道:"不才何足道哉。江湖上义士甚称吾师清德,今日得识慈颜,平生甚幸!"杨志也起身再拜道:"杨志旧日经过梁山泊,多

第五十八回　三山聚义打青州　众虎同心归水泊

蒙山寨重意相留，为是洒家愚迷，不曾肯住。今日幸得义士壮观山寨，此是天下第一好事！"宋江答道："制使威名播于江湖，只恨宋江相会太晚！"鲁智深便令左右置酒管待，一一都相见了。

次日，宋江问青州一节，胜败如何。杨志道："自从孔亮去了，前后也交锋三五次，各无输赢。如今青州只凭呼延灼一个，若是拿得此人，觑此城子，如汤泼雪。"吴学究笑道："此人不可力敌，可用智擒。"宋江道："用何智可获此人？"吴学究道："只除如此如此。"宋江大喜道："此计大妙！"当日分拨了人马，次早起军，前到青州城下，四面尽着军马围住，擂鼓摇旗，呐喊搦战。城里慕容知府见报，慌忙教请呼延灼商议："今次群贼又去报知梁山泊宋江到来，似此如之奈何？"呼延灼道："恩相放心。群贼到来，先失地利。这厮们只好在水泊里张狂，今却擅离巢穴，一个来，捉一个，那厮们如何施展得？请知府上城看呼延灼厮杀。"

呼延灼连忙披挂衣甲上马，叫开城门，放下吊桥，引了一千人马，近城摆开。宋江阵中一将出马。那人手搦狼牙棍，厉声高骂知府："滥官害民贼徒！把我全家诛戮，今日正好报仇雪恨！"慕容知府认得秦明，便骂道："你这厮是朝廷命官，国家不曾负你，缘何敢造反？若拿住你时，碎尸万段！可先下手拿这贼！"呼延灼听了，舞起双鞭，纵马直取秦明。秦明也出马，舞动狼牙大棍来迎呼延灼。二将交马，正是对手。有《西江月》为证：

鞭舞两条龙尾，棍横一串狼牙。三军看得眼睛花，二将纵横交马。　　使棍的闻名寰海，使鞭的声播天涯。龙驹虎将乱交加，这厮杀堪描堪画。

225

批注

秦明与呼延灼厮杀，正是对手。两个斗到四五十合，不分胜败。慕容知府见斗得多时，恐怕呼延灼有失，慌忙鸣金，收军入城。秦明也不追赶，退回本阵。宋江教众头领军校且退十五里下寨。

却说呼延灼回到城中，下马来见慕容知府，说道："小将正要拿那秦明，恩相如何收军？"知府道："我见你斗了许多合，但恐劳困，因此收军暂歇。秦明那厮，原是我这里统制，与花荣一同背反。这厮亦不可轻敌。"呼延灼道："恩相放心，小将必要擒此背义之贼。适间和他斗时，棍法已自乱了。来日教恩相看我立斩此贼。"知府道："既是将军如此英雄，来日若临敌之时，可杀开条路，送三个人出去。一个教他去往东京求救，两个教他去邻近府州会合起兵，相助剿捕。"呼延灼道："恩相高见极明。"当日知府写了求救文书，选了三个军官，都发放了当。

只说呼延灼回到歇处，卸了衣甲暂歇。天色未明，只听的军校来报道："城北门外土坡上有三骑私自在那里看城。中间一个穿红袍骑白马的；两边两个，只认得右边的是小李广花荣，左边那个道装打扮。"呼延灼道："那个穿红的眼见是宋江了，道装的必是军师吴用。你们且休惊动了他。便点一百马军，跟我捉这三个。"呼延灼连忙披挂上马，提了双鞭，带领一百余骑马军，悄悄地开了北门，放下吊桥，引军赶上坡来。宋江、吴用、花荣三个只顾呆了脸看城。呼延灼拍马上坡，三个勒转马头，慢地走去。呼延灼奋力赶到前面几株枯树边厢，宋江、吴用、花荣三个齐齐的勒住马。呼延灼方才赶到枯树边，只听得呐声喊，呼延灼正踏着陷坑，人马都跌将下坑去了。两边走出五六十个挠钩手，先把呼延灼钩将起来，绑缚了拿去，后面牵着那匹马。这许多赶来的马军，却被花荣拈弓搭箭，射倒当头五七个，后面的勒转马，一哄都走了。

　　宋江回到寨里坐，左右群刀手却把呼延灼推将过来。宋江见了，连忙起身，喝叫快解了绳索，亲自扶呼延灼上帐坐定，宋江拜见。呼延灼慌忙跪下道："义士何故如此？"宋江道："小可宋江，怎敢背负朝廷。盖为官吏污滥，威逼得紧，误犯大罪，因此权借水泊里随时避难，只待朝廷赦罪招安。不想起动将军，致劳神力，实慕将军虎威。今者误有冒犯，切乞恕罪。"呼延灼道："呼延灼被擒之人，万死尚轻，义士何故重礼陪话？"宋江道："量宋江怎敢坏得将军性命。皇天可表寸心。"只是恳告哀求。呼延灼道："兄长尊意，莫非教呼延灼往东京告请招安，到山赦罪？"宋江道："将军如何去得！高太尉那厮是个心地匾窄之徒，忘人大恩，记人小过。将军折了许多军马钱粮，他如何不见你罪责？如今韩滔、彭玘、凌振已都在敝山入伙。倘蒙将军不弃山寨微贱，宋江情愿让位与将军。等朝廷见用，受了招安，那时尽忠报国，未为晚矣。"呼延灼沉思了半晌，一者是天罡之数，自然义气相投；二者见宋江礼貌甚恭，叹了一口气，跪下在地道："非是呼延灼不忠于国，实慕兄长义气过人，不容呼延灼不依，愿随鞭镫。事既如此，决无还理。"有诗为证：

　　　　亲受泥书讨不庭，虚张声势役生灵。
　　　　如何世禄英雄士，握手同归聚义厅？

　　宋江大喜。请呼延灼和众头领相见了。叫问李忠、周通讨这匹踢雪乌骓马还将军骑坐。众人再商议救孔明之计。吴用道："只除教呼延灼将军赚开城门，唾手可得。更兼绝了呼延指挥念头。"宋江听了，来与呼延灼陪话道：

"非是宋江贪劫城池，实因孔明叔侄陷在缧绁之中，非将军赚开城门，必不可得。"呼延灼答道："小将既蒙兄长收录，理当效力。"当晚点起秦明、花荣、孙立、燕顺、吕方、郭盛、解珍、解宝、欧鹏、王英十个头领，都扮作军士衣服模样，跟了呼延灼，共是十一骑军马，来到城边，直至濠堑上，大叫："城上开门！我逃得性命回来！"城上人听得是呼延灼声音，慌忙报与慕容知府。此时知府为折了呼延灼，正纳闷间，听得报说呼延灼逃得回来，心中欢喜，连忙上马，奔到城上。望见呼延灼有十数骑马跟着，又不见面颜，只认得呼延灼声音。知府问道："将军如何走得回来？"呼延灼道："我被那厮的陷马捉了我到寨里，却有原跟我的头目，暗地盗这匹马与我骑，就跟我来了。"知府只听得呼延灼说了，便叫军士开了城门，放下吊桥。十个头领跟到城门里，迎着知府，早被秦明一棍，把慕容知府打下马来。解珍、解宝便放起火来。欧鹏、王矮虎奔上城，把军士杀散。宋江大队人马见城上火起，一齐拥将入来。宋江急急传令，休教残害百姓，且收仓库钱粮。就大牢里救出孔明并他叔叔孔宾一家老小。便教救灭了火。把慕容知府一家老幼尽皆斩首，抄扎家私，分俵众军。天明，计点在城百姓被火烧之家，给散粮米救济。把府库金帛，仓廒米粮，装载五六百车。又得了二百余匹好马。就青州府里做个庆喜筵席，请三山头领同归大寨。有诗为证：

呼延逃难不胜羞，忘却君恩事寇仇。
因是天罡并地煞，故为乡导破青州。

且说李忠、周通使人回桃花山，尽数收拾人马钱粮下山，放火烧毁寨栅。鲁智深也使施恩、曹正回二龙山，与

第五十八回 三山聚义打青州 众虎同心归水泊

张青、孙二娘收拾人马钱粮，也烧了宝珠寺寨栅。数日这间，三山人马都皆完备。宋江领了大队人马，班师回山。先叫花荣、秦明、呼延灼、朱仝四将开路。所过州县，分毫不扰。乡村百姓，扶老挈幼，烧香罗拜迎接。数日之间，已到梁山泊边。众多水军头领具舟迎接。晁盖引领山寨马步头领，都在金沙滩迎接。直至大寨，向聚义厅上列位坐定。大排筵席，庆贺新到山寨头领：呼延灼、鲁智深、杨志、武松、施恩、曹正、张青、孙二娘、李忠、周通、孔明、孔亮，共十二位新上山头领。坐间林冲说起相谢鲁智深相救一事，鲁智深动问道："洒家自与教头沧州别后，曾知阿嫂信息否？"林冲答道："小可自火并王伦之后，使人回家搬取老小，已知拙妇被高太尉逆子所逼，随即自缢而死；妻父亦为忧疑，染病而亡。"杨志举起旧日王伦手内上山相会之事，众人皆道："此皆注定，非偶然也。"晁盖说起黄泥冈劫取生辰纲一事，众皆大笑。次日轮流做筵席，不在话下。

且说宋江见山寨又添了许多人马，如何不喜。便叫汤隆做铁匠总管，提督打造诸般军器，并铁叶连环等甲；侯健管做旌旗袍服总管，添造三才九曜四斗五方二十八宿等旗，飞龙飞虎飞熊飞豹旗，黄钺白旄，朱缨皂盖；山边四面筑起墩台；重造西路、南路二处酒店，招接往来上山好汉，一就探听飞报军情；山西路酒店令张青、孙二娘夫妻——二人原是酒家——前去看守；山南路酒店仍令孙新、顾大嫂夫妻看守；山东路酒店依旧朱贵、乐和；山北路酒店还是李立、时迁看守；三关之人，添造寨栅，分调头领看守。部领已定，各宜遵守，不许违误。有诗为证：

天将摧锋已受降，许多军马更精强。

凭陵欲作恢宏计，须仗公明作主张。

数月之后，忽一日花和尚鲁智深来对宋公明说道："智深有个相识，李忠兄弟也曾认的，唤做九纹龙史进。见在华州华阴县少华山上，和那一个神机军师朱武，又有一个跳涧虎陈达，一个白花蛇杨春，四个在那里聚义。洒家常常思念他。昔日在瓦罐寺救助洒家恩念，不曾有忘。今洒家要去那里探望他一遭，就取他四个同来入伙，未知尊意如何？"宋江道："我也曾闻得史进大名。若得吾师去请他来最好。然是如此，不可独自去，可烦武松兄弟相伴走一遭。他是行者，一般出家人，正好同行。"武松应道："我和师父去。"当日便收拾腰包行李拥头笠，只做禅和子打扮；武松妆做随侍行者。两个相辞了众头领下山，过了金沙滩，晓行夜住，不止一日，来到华州华阴县界，径投少华山来。

且说宋江自鲁智深、武松去后，一时容他下山，常自放心不下，便唤神行太保戴宗，随后跟来，探听消息。

再说鲁智深、武松两个来到少华山下，伏路小喽啰出来拦住，问道："你两个出家人那里来？"武松便答道："这山上有史大官人么？"小喽啰说道："既是要寻史大王的，且在这里少等。我上山报知头领，便下来迎接。"武松道："你只说鲁智深到来相探。"小喽啰去不多时，只见神机军师朱武并跳涧虎陈达、白花蛇杨春，三个下山来接鲁智深、武松，却不见有史进。鲁智深便问道："史大官人在那里？却如何不见他？"朱武近前上复道："吾师不是延安府鲁提辖么？"鲁智深道："洒家便是。这行者便是景阳冈打虎都头武松。"三个慌忙剪拂道："闻名久矣！听知二位在二龙山扎寨，今日缘何到此？"鲁智深道："俺们如今不在二龙山了，投托梁山泊宋公明大寨入伙。今者特来寻史大官人。"朱武道："既是二位到此，且请到山寨中容小可备细告诉。"鲁智深道："有话便说，待一待谁鸟奈烦！"武松道："师父是个性急的人，有话便说何妨。"

朱武道："小人等三个在此山寨，自从史大官人上山之后，好生兴旺。近日史大官人下山，正撞见一个画匠，原是北京大名府人氏，姓王名义，因许下西岳华山金天圣帝庙内装画影壁，前去还愿。因为带将一个女儿，名唤玉娇枝同行。却被本州贺太守原是蔡太师门人，那厮为官贪滥，非理害民。一日因来庙里行香，不想正见了玉娇枝有些颜色，累次着人来说，要娶他为妾。王义不从。太守将他女儿强夺了去为妾，又把王义刺配远恶军州。路经这里过，正撞见史大官人，告说这件事。史大官人把王义救在山上，将两个防送公人杀了。直去府里要刺贺太守，被人知觉，倒吃拿了，见监在牢里。又要聚起军马，扫荡山寨。我等正在这里进退无路，无计可施。端的是苦！"有诗为证：

> 花颜云鬟玉娇枝，太守行香忽见之。
> 不畏宪章强夺取，黄童白叟亦相嗤。

鲁智深听了道："这撮鸟敢如此无礼，倒怎么利害。洒家与你结果了那厮！"朱武道："且请二位到寨里商议。"一行五个头领，都到少华山寨中坐下。便叫王义见鲁智深、武松，诉说贺太守贪酷害民，强占良家女子。朱武等一面杀牛宰马，管待鲁智深、武松。饮筵间，鲁智深道："贺太守那厮好没道理！我明日与你去州里打死那厮罢。"武松道："哥哥不得造次！我和你星夜回梁山泊去报知，请宋公明领大队人马来打华州，方可救得史大官人。"鲁智

批注

深叫道:"等俺们去山寨里叫得人来,史家兄弟性命不知那里去了!"武松道:"便杀太守,也怎地救得史大官人?"武松却断然不肯放鲁智深去。朱武又劝道:"吾师且息怒!武都头也论得是。"鲁智深焦躁起来,便道:"都是你这般慢性的人,以此送了俺史家兄弟!你也休去梁山泊报知,看洒家去如何!"众人那里劝得住,当晚又谏不从。明早,起个四更,提了禅杖,带了戒刀,径奔华州去了。武松道:"不听我说,此去必然有失。"朱武随即差两个精细的小喽啰前去打听消息。

却说鲁智深奔到华州城里,路傍借问州衙在那里,人指道:"只过州桥,投东便是。"鲁智深却好来到浮桥上,只见人都道:"和尚且躲一躲,太守相公过来!"鲁智深道:"俺正要寻他,却好正撞在洒家手里,那厮多敢是当死!"贺太守头踏一对对摆将过来。看见太守那乘轿子,却是暖轿,轿窗两边各有十个虞候簇拥着,人人手执鞭枪铁链,守护两边。鲁智深看了寻思道:"不好打那撮鸟。若打不着,倒吃他笑!"贺太守却在轿窗眼里看见了鲁智深欲进不进。过了滑桥,到府中下了轿,便叫两个虞候分付道:"你与我去请桥上那个胖大和尚到府里赴斋。"虞候领了言语,来到桥上,对鲁智深说道:"太守相公请你赴斋。"鲁智深想道:"这厮正合当死在洒家手里!俺却才正要打他,只怕打不着,让他过去了。俺要寻他,他却来请洒家!"鲁智深便随了虞候径到府里。太守已自分付下了。一见鲁智深进到厅前,太守叫放了禅杖,去了戒刀,请后堂赴斋。鲁智深初时不肯。众人说道:"你是出家人,好不晓事!府堂深处,如何许你带刀杖入去?"鲁智深想道:"只俺两个拳头也打碎了那厮脑袋!"廊下放了禅杖、戒刀，跟虞候入来。

贺太守正在后堂坐定，把手一招，喝声："捉下这秃贼！"两边壁衣内走出三四十个做公的来，横拖倒拽，捉了鲁智深。你便是那吒太子，怎逃出地网天罗；火首金刚，难脱龙潭虎窟！正是：飞蛾投火身倾丧，蝙蝠遭竿命必伤。毕竟鲁智深被贺太守拿下性命如何，且听下回分解。

批注

本回我评论：

煮酒论英雄

村学先生团泥作腹，镂炭为眼，读《水浒传》，见宋江口中有许多好语，便遽然以"忠义"两字过许老贼。甚或弁其书端，定为题目。此决不得不与之辩。

辩曰：宋江有过人之才，是即诚然；若言其有忠义之心，心心图报朝廷，此实万万不然之事也。何也？夫宋江，淮南之强盗也。人欲图报朝廷，而无进身之策，至不得已而姑出于强盗。此一大不可也。曰，有逼之者也。

夫有逼之，则私放晁盖亦谁逼之？身为押司，戢法纵贼，此二大不可也。为农则农，为吏则吏；农言不出于畔，吏言不出于庭，分也。身在郓城，而名满天下，远近相煽，包纳荒秽，此三大不可也。私连大贼

以受金，明杀平人以灭口。幸从小惩，便当大戒；乃浔阳题诗，反思报仇，不知谁是其仇？至欲血染江水，此四大不可也。语云："求忠臣必于孝子之门。"江以一朝小忿，贻大僇于老父。夫不有于父，何有于他？诚所谓"是可忍孰不可忍"！

此五大不可也。燕顺、郑天寿、王英则罗而致之梁山，吕方、郭盛则罗而致之梁山，此犹可恕也；甚乃至于花荣亦罗而致之梁山，黄信、秦明亦罗而致之梁山，是胡可恕也。落草之事虽未遂，营窟之心实已久，此六大不可也。

白龙之劫，犹出群力；无为之烧，岂非独断？白龙之劫，犹曰"救死"；无为之烧，岂非肆毒？此七大不可也。打州掠县，只如戏事，劫狱开库，乃为固然。

杀官长则无不坐以污滥之名，买百姓则便借其府藏之物，此八大不可也。官兵则拒杀官兵，王师则拒杀王师，横行河朔，其锋莫犯，遂使上无宁食天子，下无生还将军，此九大不可也。初以水泊避罪，后忽忠义名堂，设印信赏罚之专司，制龙虎熊罴之旗号，甚乃至于黄钺、白旄、朱钺、皂盖违禁之物，无一不有，此十大不可也。夫宋江之罪，擢及无穷，论其大者，则有十条。而村学先生犹鳃鳃以忠义目之，一若惟恐不得当者，斯其心何心也！

原村学先生之心，则岂非以宋江每得名将，必亲为之释缚、擎盏，流泪纵横，痛陈忠君报国之志，极诉寝食招安之诚，言言剖胸臆，声声沥热血哉？

乃吾所以断宋江之为强盗，而万万必无忠义之心者，亦正于此。何也？夫招安，则强盗之变计也。其初父兄失教，喜学拳勇；其既恃其拳勇，不事生产；其既生产乏绝，不免困剧；其既困剧不甘，试为劫夺；其既劫夺既便，遂成啸聚；其既啸聚渐伙，必受讨捕；其既至于必受讨捕，而强盗因而自思：进有自赎之荣，退有免死之乐，则诚莫如招安之策为至便也。若夫保障方面，为王干城，如秦明、呼延等，世受国恩，宠绥未绝，如花荣、徐宁等；奇材异能，莫不毕效，如凌振、索超、董平、张清等；虽在偏裨，大用有日，如彭玘、韩滔、宣赞、郝思文、龚旺、丁得孙等：是皆食宋之禄，为宋之官，感宋之德，分宋之忧，已无不展之才，已无不吐之气，已无不竭之忠，已无不报之恩者也。乃吾不知宋江何心，必欲悉擒而致之于山泊。悉擒而致之，而或不可致，则必曲为之说曰：其暂避此，以需招安。嗟乎！强盗则须招安，将军胡为亦须招安？身在水泊则须招安而归顺朝廷，身在朝廷，胡为亦须招安而反入水泊？以此语问宋江，而宋江无以应也。

故知一心报国、日望招安之言，皆宋江所以诱人入水泊。谚云："饵芳可钓，言美可招也。"宋江以是言诱人入水泊，而人无不信之而甘心入于水泊。传曰："久假而不归。"

恶知其非有也？彼村学先生不知乌之黑白，犹鳃鳃以忠义目之，惟恐不得其当，斯其心何心也！

——金圣叹

自第七回写鲁达后，遥遥直隔四十九回而复写鲁达。乃吾读其文，不惟声情鲁达也，盖其神理悉鲁达也。尤可译者，四十九回之前，写鲁达以酒为命；乃四十九回之后，写鲁达涓滴不饮，然而声情神理无有非鲁达者。夫而后知今日之鲁达涓滴不饮，与昔日之鲁达以酒为命，正是一副事也。

——金圣叹

近来太守姓贺的最多，只少史大官人、花和尚这样不怕太守者耳。

——李卓吾

1.金圣叹本回总批对宋江进行了评价，你是否同意他的观点？

2. 你如何评价本回鲁智深的变化？

3. 李卓吾的评价想说什么？

水浒校场

宋江回到寨里，那左右群刀手却把呼延灼推将过来。宋江见了，连忙起身，喝叫快解了绳索，亲自扶呼延灼上帐坐定。宋江拜见。呼延灼道："何故如此？"宋江道："小可宋江怎敢背负朝廷？盖为官吏污滥，威逼得紧，误犯大罪，因此权借水泊里随时避难，只待朝廷赦罪招安。不想起动将军，致劳神力。实慕将军虎威，今者误有冒犯切乞恕罪。"【夹批：处处以此数语说人入伙，正是宋江权诈铁案，而村竖反因此文，续出半部，又衮然加以忠义之名，何也？】呼延灼道："被擒之人，万死尚轻，义士何故重礼陪话？"宋江道："量宋江怎敢坏得将军性命？皇天可表寸心。"只是恳告哀求。呼延灼道："兄长尊意莫非教呼延灼往东京告请招安，到山赦罪？"【夹批：忽然借呼延口为秦宫铜镜，举地将宋江一照，妙笔。宋江处处以招安说人入伙，人无有答之者，于是天下后世，遂真以宋江为日望招安也。此处忽然用呼延反问一句，直令宋江更遮不得，皮里阳秋，其妙如此。】宋江道："将军如何去得？【夹批：写宋江只用一句截住，权诈如见，然亦心事如见矣，妙笔。】高太尉那厮是心地偏窄之徒，忘人大恩，记人小过。将军折了许多军马钱粮，他如何不见你罪责？【夹批：写宋江巧言如簧，必主于说入伙而后止，皆是皮里阳秋之笔，不重于骂高俅也。】如今韩滔、彭玘、凌振，已多在敝山入伙。倘蒙将军不弃山寨微贱，宋江情愿让位与将军；【夹批：数语是宋江正经题目。情愿让位，丑语难堪。】等朝廷见用，受了招安，那时尽忠报国，未为晚矣。"【夹批：仍作好言，写宋江权诈可笑。】呼延灼沉吟了半晌，一者是宋江礼数甚恭，【夹批：骂杀宋江。】二者见宋江语言有理，【夹批：骂杀宋江。】叹了一口气，跪下在地道："非是呼延灼不忠于国，实感兄长义气过人，不容呼延灼不依！愿随鞭镫，决无还理。"宋江大喜，请呼延灼和众头领相见了。叫问李忠、周通讨这匹踢雪骓马还将军坐骑。【夹批：马字至此始结。】

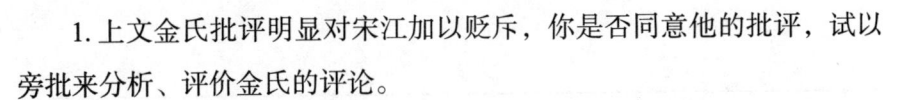

1. 上文金氏批评明显对宋江加以贬斥，你是否同意他的批评，试以旁批来分析、评价金氏的评论。

2. 辩一辩：宋江到底是忠义英雄还是奸诈小人？

水浒绣像

本回出场人物众多，选择几个你最关注的人物，搜寻或画出他们的形象，贴在下面，并选择一幅绣像评论。

李老师的水浒课

A	B	C	D

我最喜欢（　），理由：

家长可加入读书心得讨论群 同30位家长一起分享孩子阅读心得
群分类：读书心得 · 入群指南详见本书 扉页

第六十一回

吴用智赚玉麒麟　张顺夜闹金沙渡

《满庭芳》：

　　通天彻地，能文会武，广交四海豪英。胸藏锦绣，义气更高明。潇洒纶巾野服，笑谈将、白羽麾兵。聚义处，人人瞻仰，四海久驰名。　　韵度同诸葛，运筹帷幄，殚竭忠诚。有才能冠世，玉柱高擎。遂使玉麟归伏，命风雷驱使天丁。梁山泊军师吴用，天上智多星。

　　话说这篇词，单道着吴用的好处。因为这龙华寺僧人，说出此三绝玉麒麟卢俊义名字与宋江，吴用道："小生凭三寸不烂之舌，尽一点忠义之心，舍死忘生，直往北京说卢俊义上山，如探囊取物，手到拈来。只是少一个粗心大胆的伴当，和我同去。"说犹未了，只见阶下一个人高声叫道："军师哥哥，小弟与你走一遭！"吴用大笑。那人是谁？却是好汉黑旋风李逵。宋江喝道："兄弟，你且住着！若是上风放火，下风杀人，打家劫舍，冲州撞府，合用着你。这是做细的勾当，你性子又不好，去不的。"李逵道："你们都道我生的丑，嫌我，不要我去。"宋江道：

▶ 批注

批注

"不是嫌你。如今大名府做公的极多，倘或被人看破，枉送了你的性命。"李逵叫道："不妨，我定要去走一遭。"吴用道："你若依的我三件事，便带你去；若依不的，只在寨中坐地。"李逵道："莫说三件，便是三十件，也依你！"吴用道："第一件，你的酒性如烈火，自今日去便断了酒，回来你却开；第二件，于路上做道童打扮，随着我，我但叫你，不要违拗；第三件最难，你从明日为始，并不要说话，只做哑子一般。依的这三件，便带你去。"李逵道："不吃酒，做道童，却依的；闭着这个嘴不说话，却是鳖杀我！"吴用道："你若开口，便惹出事来。"李逵道："也容易，我只口里衔着一文铜钱便了！"宋江道："兄弟，你若坚执要去，恐有疏失，休要怨我。"李逵道："不妨，不妨！我这两把板斧不到的只这般教他拿了去，少也砍他娘千百个鸟头才罢。"众头领都笑，那里劝的住。

当日忠义堂上做筵席送路，至晚各自去歇息。次日清早，吴用收拾了一包行李，教李逵打扮做道童，挑担下山。宋江与众头领都在金沙滩送行，再三分付吴用小心在意，休教李逵有失。吴用、李逵别了众人下山。宋江等回寨。

且说吴用、李逵二人往北京去，行了四五日路程，却遇天色晚来，投店安歇，平明打火上路。于路上，吴用被李逵呕的苦。行了几日，赶到北京城外店肆里歇下。当晚李逵去厨下做饭，一拳打的店小二吐血。小二哥来房里告诉吴用道："你的哑道童，我小人不与他烧火，打的小人吐血。"吴用慌忙与他陪话，把十数贯钱与他将息，自埋怨李逵。不在话下。过了一夜，次日天明起来，安排些饭食吃了。吴用唤李逵入房中，分付道："你这厮苦死要来，

第六十一回　吴用智赚玉麒麟　张顺夜闹金沙渡

一路上呕死我也！今日入城，不是耍处，你休送了我的性命！"李逵道："不敢，不敢！"吴用道："我再和你打个暗号。若是我把头来摇时，你便不可动掸。"李逵应承了。两个就店里打扮入城。怎见的？

吴用戴一顶乌绉纱抹眉头巾，穿一领皂沿边白绢道服，系一条杂采吕公绦，着一双方头青布履，手里拿一副赛黄金熟铜铃杵。李逵戗几根蓬松黄发，绾两枚浑骨丫髻，黑虎躯穿一领粗布短褐袍，飞熊腰勒一条杂色短须绦，穿一双蹬山透土靴，担一条过头木拐棒，挑着个纸招儿，上写着"讲命谈天，卦金一两"。

吴用、李逵两个打扮了，锁上房门，离了店肆，望北京城南门来。行无一里，却早望见城门。端的好个北京！但见：

城高地险，堑阔濠深。一周回鹿角交加，四下里排叉密布。敌楼雄壮，缤纷杂采旗幡；堞道坦平，簇摆刀枪剑戟。钱粮浩大，人物繁华。千百处舞榭歌台，数万座琳宫梵宇。东西院内，笙箫鼓乐喧天；南北店中，行货钱财满地。公子跨金鞍骏马，佳人乘翠盖珠軿。千员猛将统层城，百万黎民居上国。

此时天下各处盗贼生发，各州府县俱有军马守把。惟此北京是河北第一个去处，更兼又是梁中书统领大军镇守，如何不摆得整齐。

且说吴用、李逵两个，摇摇摆摆，却好来到城门下。守门的左右约有四五十军士，簇捧着一个把门的官人在那里坐定。吴用向前施礼。军士问道："秀才那里来？"吴用答道："小生姓张名用。这个道童姓李。江湖上卖卦营生，今来大郡与人讲命。"身边取出假文引，交军士看了。

众人道:"这个道童的鸟眼,恰像贼一般看人。"李逵听道,正待要发作。吴用慌忙把头来摇,李逵便低了头。吴用向前与把门军士陪话道:"小生一言难尽!这个道童又聋又哑,只有一分蛮气力,却是家生的孩儿,没奈何带他出来。这厮不省人事,望乞恕罪!"辞了便行。李逵跟在背后,脚高步低,望市心里来。吴用手中摇着铃杵,口里念四句口号道:

"甘罗发早子牙迟,彭祖颜回寿不齐。

范丹贫穷石崇富,八字生来各有时。"

吴用又道:"乃时也,运也,命也。知生知死,知因知道。若要问前程,先请银一两。"说罢,又摇铃杵。北京城内小儿,约有五六十个,跟着看了笑。却好转到卢员外解库门首,自歌自笑,去了复又回来,小儿们哄动。

卢员外正在解库厅前坐地,看着那一班主管收解,只听得街上喧哄,唤当直的问道:"如何街上热闹?"当直的报复员外:"端的好笑,街上一个别处来的算命先生,在街上卖卦,要银一两算一命。谁人舍的!后头一个跟的道童,且是生的渗濑,走又走的没样范,小的们跟定了笑。"卢俊义道:"既出大言,必有广学。当直的,与我请他来。"也是天罡星合当聚会,自然生出机会来。当直的慌忙去叫道:"先生,员外有请。"吴用道:"是何人请我?"当直的道:"卢员外相请。"吴用便唤道童跟着转来,揭起帘子,入到厅前,教李逵只在鹅项椅上坐定等候。吴用转过前来,见卢员外时,那人生的如何?有《满庭芳》词为证:

目炯双瞳,眉分八字,身躯九尺如银。威风凛凛,仪表似天神。义胆忠肝贯日,吐虹蜺志气凌云。驰声誉,北京城内,元是富豪门。　　杀场临敌处,冲开万马,扫退千军。殚赤心报国,建立功勋。慷慨名扬宇宙,论英雄播满乾坤。卢员外双名俊义,河北玉麒麟。

这篇词单道卢俊义豪杰处。吴用向前施礼,卢俊义欠身答礼,问道:"先生贵乡何处?尊姓高名?"吴用答道:"小生姓张名用,自号谈天口。祖贯山东人氏。能算皇极先天数,知人生死贵贱。卦金白银一两,方才算命。"卢俊义请入后堂小阁儿里,分宾坐定;茶汤已罢,叫当直的取过白银一两,放于桌上,权为压命之资,"烦先生看贱造则个。"吴用道:"请贵庚月日下算。"卢俊义道:"先生,君子问灾不问福。不必道在下豪富,只求推算目下行藏则个。在下今年三十二岁,甲子年乙丑月丙寅日丁卯时。"吴用取出一把铁算子来,排在桌上,算了一回,拿起算子桌上一拍,大叫一声:"怪哉!"卢俊义失惊,问道:"贱造主何凶吉?"吴用道:"员外若不见怪,当以直言。"卢俊义道:"正要先生与迷人指路,但说不妨。"吴用道:"员外这命,目下不出百日之内,必有血光之灾,家私不能保守,死于刀剑之下。"卢俊义笑道:"先生差矣!卢某生于北京,长在豪富之家,祖宗无犯法之男,亲族无再婚之女;更兼俊义作事谨慎,非理不为,非财不取,又无寸男为盗,亦无只女为非。如何能有血光之灾?"吴用改容变色,急取原银付还,起身便走,嗟叹而言:"天下原来都要人阿谀谄佞。罢,罢!分明指与平川路,却把忠言当恶言。小生告退。"卢俊义道:"先生息怒,前言特地戏耳。愿听指教。"吴用道:"小生直言,切勿见怪。"卢俊义道:"在下专听,愿勿隐匿。"吴用道:"员外贵造,一向都行好运。但今年时犯岁君,正交恶限。目今百日之内,尸首异处。此乃生来分定,不可逃也。"卢俊义道:"可以回避否？"吴用再把铁算子搭了一回，便回员外道："则除非去东南方巽地上一千里之外，方可免此大难。虽有些惊恐，却不伤大体。"卢俊义道："若是免的此难，当以厚报。"吴用道："命中有四句卦歌，小生说与员外，写于壁上，后日应验，方知小生灵处。"卢俊义道："叫取笔砚来。"便去白粉壁上写，吴用口歌四句：

"芦花丛里一扁舟，俊杰俄从此地游。
义士若能知此理，反躬逃难可无忧。"

当时卢俊义写罢，吴用收拾起算子，作揖便行。卢俊义留道："先生少坐，过午了去。"吴用答道："多蒙员外厚意，误了小生卖卦。改日再来拜会。"抽身便起。卢俊义送到门首，李逵拿了拐棒儿走出门外。吴学究别了卢俊义，引了李逵，径出城来，回到店中，算还房宿饭钱，收拾行李包裹。李逵挑出卦牌。出离店肆，对李逵说道："大事了也！我们星夜赶回山寨，安排圈套，准备机关，迎接卢俊义。他早晚便来也。"

且不说吴用、李逵还寨。却说卢俊义自从算卦之后，寸心如割，坐立不安。当夜无话，捱到次日天晓，洗漱罢，早饭已了，出到堂前，便叫当直的去唤众多主管商议事务。少刻都到。那一个为头管家私的主管，姓李名固。这李固原是东京人，因来北京投奔相识不着，冻倒在卢员外门前。卢俊义救了他性命，养他家中。因见他勤谨，写的算的，教他管顾家间事务。五年之内，直抬举他做了都管，一应里外家私都在他身上，手下管着四五十个行财管干，一家内都称他做李都管。当日大小管事之人，都随李固来堂前声喏。卢员外看了一遭，便道："怎生不见我那一个人？"说犹未了，阶前走过一人来。看那来人怎生模

第六十一回　吴用智赚玉麒麟　张顺夜闹金沙渡

样？但见：

六尺以上身材，二十四五年纪，三牙掩口细髯，十分腰细膀阔。戴一顶木瓜心攒顶头巾，穿一领银丝纱团领白衫，系一条蜘蛛斑红线压腰，着一双土黄皮油膀胮靴。脑后一对挨兽金环，护项一枚香罗手帕，腰间斜插名人扇，鬓畔常簪四季花。

这人是北京土居人氏，自小父母双亡，卢员外家中养的他大。为见他一身雪练也似白肉，卢俊义叫一个高手匠人与他刺了这一身遍体花绣，却似玉亭柱上铺着软翠。若赛锦体，由你是谁，都输与他。不则一身好花绣，那人更兼吹的、弹的、唱的、舞的，拆白道字，顶真续麻，无有不能，无有不会。亦是说的诸路乡谈，省的诸行百艺的市语。更且一身本事，无人比的。拿着一张川弩，只用三枝短箭，郊外落生，并不放空，箭到物落，晚间入城，少杀也有百十个虫蚁。若赛锦标社，那里利物管取都是他的。亦且此人百伶百俐，道头知尾。本身姓燕，排行第一，官名单讳个青字。北京城里人口顺，都叫他做浪子燕青。曾有一篇《沁园春》词，单道着燕青的好处。但见：

唇若涂朱，睛如点漆，面似堆琼。有出人英武，凌云志气，资禀聪明。仪表天然磊落，梁山上端的驰名。伊州古调，唱出绕梁声。　　果然是艺苑专精，风月丛中第一名。听鼓板喧云，笙声嘹亮，畅叙幽情。棍棒参差，揎拳飞脚，四百军州到处惊。人都美英雄领袖，浪子燕青。

原来这燕青是卢俊义家心腹人。都上厅声喏了，做两行立住。李固立在左边，燕青立在右边。卢俊义开言道："我夜来算了一命，道我有百日血光之灾，只除非出去东南上一千里之外躲避。我想东南方有个去处，是泰安州，

批注

那里有东岳泰山天齐仁圣帝金殿,管天下人民生死灾厄。我一者去那里烧炷香消灾灭罪,二者躲过这场灾悔,三者做些买卖,观看外方景致。李固,你与我觅十辆太平车子,装十辆山东货物,你就收拾行李,跟我去走一遭。燕青小乙看管家里库房钥匙,只今日便与李固交割。我三日之内便要起身。"李固道:"主人误矣,常言道:贾卜卖卦,转回说话。休听那算命的胡言乱语。只在家中,怕做甚么?"卢俊义道:"我命中注定了,你休逆我。若有灾来,悔却晚矣。"燕青道:"主人在上,须听小乙愚见。这一条路去山东泰安州,正打从梁山泊边过。近年泊内是宋江一伙强人在那里打家劫舍,官兵捕盗,近他不得。主人要去烧香,等太平了去。休信夜来那个算命的胡讲。倒敢是梁山泊歹人,假装做阴阳人来扇惑,要赚主人那里落草。小乙可惜夜来不在家里,若在家时,三言两句,盘倒那先生,倒敢有场好笑。"卢俊义道:"你们不要胡说,谁人敢来赚我!梁山泊那伙贼男女打甚么紧,我观他如同草芥,兀自要去特地捉他,把日前学成武艺显扬于天下,也算个男子大丈夫。"

说犹未了,屏风背后走出娘子来,乃是卢员外浑家,年方二十五岁,姓贾,嫁与卢俊义才方五载,琴瑟谐和。娘子贾氏便道:"丈夫,我听你说多时了。自古道:出外一里,不如屋里。休听那算命的胡说,撇了海阔一个家业,耽惊受怕,去虎穴龙潭里做买卖。你且只在家内,清心寡欲,高居静坐,自然无事。"卢俊义道:"你妇人家省得甚么!宁可信其有,不可信其无。自古祸出师人口,必主吉凶。我既主意定了,你都不得多言多语。"

燕青又道:"小人托主人福荫,学的些个棒法在身。不

第六十一回　吴用智赚玉麒麟　张顺夜闹金沙渡

是小乙说嘴，帮着主人去走一遭，路上便有些个草寇出来，小人也敢发落的三五十个开去。留下李都管看家，小人伏侍主人走一遭。"卢俊义道："便是我买卖上不省的，要带李固去，他须省的，又替我大半气力。因此留你在家看守。自有别人管帐，只教你做个桩主。"李固又道："小人近日有些脚气的症候，十分走不的多路。"卢俊义听了大怒道："养兵千日，用在一朝。我要你跟我去走一遭，你便有许多推故。若是那一个再阻我的，教他知我拳头的滋味！"李固吓的面如土色。众人谁敢再说，各自散了。

李固只得忍气吞声，自去安排行李；讨了十辆太平车子，唤了十个脚夫，四五十拽车头口，把行李装上车子，行货拴缚完备。卢俊义自去结束。第三日，烧了神福给散了，家中大男小女一个个都分付了，当晚先叫李固引两个当直的尽收拾了出城。李固去了。娘子看了车仗，流泪而去。

次日五更，卢俊义起来，沐浴罢，更换一身新衣服，取出器械，到后堂里辞别了祖先香火，出门上路。看卢俊义时怎生打扮？但见：

头戴范阳遮尘毡笠，拳来大小撒发红缨，斜纹段子布衫，查开五指梅红线绦，青白行缠抓住袜口，软绢袜衬多耳麻鞋。腰悬一把雁翎响铜钢刀，海驴皮鞘子，手拿一条搜山搅海棍棒。端的是山东驰誉，河北扬名。

当下卢俊义拜辞家堂已了，分付娘子："好生看家，多便三个月，少只四五十日便回。"贾氏道："丈夫路上小心，频寄书信回来，家中知道。"说罢，燕青在面前拜了。卢俊义分付道："小乙在家，凡事向前，不可出去三瓦两舍打哄。"燕青道："主人在上，小乙不敢偷工夫闲耍。主人如

批注

此出行，怎敢怠慢！"卢俊义提了棍棒，出到城外。有诗一首，单道卢俊义这条好棒。有诗为证：

　　挂壁悬崖欺瑞雪，撑天拄地撼狂风。
　　虽然身上无牙爪，出水巴山秃尾龙。

李固接着。卢俊义道："你可引两个伴当先去。但有干净客店，先做下饭，等候车仗脚夫到来便吃，省的担阁了路程。"李固也提条杆棒，先和两个伴当去了。卢俊义和数个当直的，随后押着车仗行。但见途中山明水秀，路阔坡平，心中欢喜道："我若是在家，那里见这般景致！"行了四十余里，李固接着主人。吃点心中饭罢，李固又先去了。再行四五十里，到客店里，李固接着车仗人马宿食。卢俊义来到店房内，倚了棍棒，挂了毡笠儿，解下腰刀，换了鞋袜。宿食皆不必说。次日清早起来，打火做饭，众人吃了，收拾车辆头口，上路又行。

自此在路夜宿晓行，已经数日，来到一个客店里宿食。天明要行，只见店小二哥对卢俊义说道："好教官人得知，离小人店不得二十里路，正打梁山泊边口子前过去。山上宋公明大王，虽然不害来往客人，官人须是悄悄过去，休得大惊小怪。"卢俊义听了道："原来如此！"便叫当直的取下衣箱，打开锁，去里面提出一个包袱，内取出四面白绢旗。问小二哥讨了四根竹竿，每一根缚起一面旗来。每面栲栳大小几个字，写道：

　　"慷慨北京卢俊义，远驮货物离乡地。
　　一心只要捉强人，那时方表男儿志！"

李固等众人看了，一齐叫起苦来。店小二问道："官人莫不和山上宋大王是亲么？"卢俊义道："我自是北京财主，却和这贼们有甚么亲！我特地要来捉宋江这厮。"小

第六十一回　吴用智赚玉麒麟　张顺夜闹金沙渡

二哥道："官人低声些，不要连累小人，不是耍处！你便有一万人马，也近他不的！"卢俊义道："放屁！你这厮们都和那贼人做一路！"店小二叫苦不迭，众车脚夫都痴呆了。李固跪在地下告道："主人可怜见众人，留了这条性命回乡去，强似做罗天大醮！"卢俊义喝道："你省的甚么！这等燕雀，安敢和鸿鹄厮并！我思量平生学的一身本事，不曾逢着买主。今日幸然逢此机会，不就这里发卖，更待何时！我那车子上叉袋里，已准备下一袋熟麻索。倘或这贼们当死合亡，撞在我手里，一朴刀一个砍翻，你们众人与我便缚在车子上。撇了货物不打紧，且收拾车子捉人。把这贼首解上京师，请功受赏，方表我平生之愿！若你们一个不肯去的，只就这里把你们先杀了！"

前面摆四辆车子，上插了四把绢旗；后面六辆车子，随从了行。那李固和众人，哭哭啼啼，只得依他。卢俊义取出朴刀，装在杆棒上，三个丫儿扣牢了，赶着车子奔梁山泊路上来。李固等见了崎岖山路，行一步怕一步。卢俊义只顾赶着要行。从清早起来，行到巳牌时分，远远地望见一座大林，有千百株合抱不交的大树。却好行到林子边，只听的一声唿哨响，吓的李固和两个当直的没躲处。卢俊义教把车仗押在一边。车夫众人都躲在车子底下叫苦。卢俊义喝道："我若搠翻，你们与我便缚！"说犹未了，只见林子边走出四五百小喽啰来。听得后面锣声响处，又有四五百小喽啰截住后路。林子里一声炮响，托地跳出一筹好汉。怎地模样？但见：

茜红头巾，金花斜袅。铁甲凤盔，锦衣绣袄。血染髭髯，虎威雄暴。大斧一双，人皆吓倒。

又诗曰：

批注

249

> 铁额金睛老大虫,翻身跳出树林中。
> 一声咆吼如雷震,万里传名黑旋风。

当下李逵手搦双斧,厉声高叫:"卢员外认得哑道童么?"卢俊义猛省,喝道:"我如常有心要来拿你这伙强盗,今日特地到此!快教宋江那厮下山投拜!倘或执迷,我片时间教你人人皆死,个个不留!"李逵呵呵大笑道:"员外,你今日中了俺的军师妙计,快来坐把交椅。"卢俊义大怒,搦着手中朴刀,来斗李逵。李逵轮起双斧来迎。两个斗不到三合,李逵托地跳出圈子外来,转过身望林子里便走。卢俊义挺着朴刀,随后赶将入来。李逵在林木丛中,东闪西躲。引得卢俊义性发,破一步抢入林来。李逵飞奔乱松丛里去了。卢俊义赶过林子这边,一个人也不见了。却待回身,只听得松林傍边转出一伙人来,一个人高声大叫:"员外不要走!认得俺么?"卢俊义看时,却是一个胖大和尚,身穿皂直裰,倒提铁禅杖。卢俊义喝道:"你是那里来的和尚?"鲁智深大笑道:"洒家是花和尚鲁智深。今奉哥哥将令,着俺来迎接员外上山。"卢俊义焦躁,大骂:"秃驴,敢如此无礼!"拈手中朴刀,直取那和尚。鲁智深轮起铁禅杖来迎。两个斗不到三合,鲁智深拨开朴刀,回身便走。卢俊义赶将去。正赶之间,喽啰里走出行者武松,轮两口戒刀,直奔将来。卢俊义不赶和尚,来斗武松。又不到三合,武松拨步便走。卢俊义哈哈大笑:"我不赶你,你这厮们何足道哉!"说犹未了,只见山坡下一个人在那里叫道:"卢员外,你如何省得!岂不闻人怕落荡,铁怕落炉?哥哥定下的计策,你待走那里去?"卢俊义喝道:"你这厮是谁?"那人笑道:"小可便是赤发鬼刘唐。"卢俊义骂道:"草贼休走!"挺手中朴刀,直取刘

第六十一回　吴用智赚玉麒麟　张顺夜闹金沙渡

唐。方才斗得三合，刺斜里一个人大叫道："好汉没遮拦穆弘在此！"当时刘唐、穆弘两个，两条朴刀，双斗卢俊义。正斗之间，不到三合，只听的背后脚步响。卢俊义喝声："着！"刘唐、穆弘跳退数步。卢俊义便转身斗背后的好汉，却是扑天雕李应。三个头领丁字脚围定，卢俊义全然不慌，越斗越健。正好步斗，只听得山顶上一声锣响，三个头领各自卖个破绽，一齐拔步去了。卢俊义又斗得一身臭汗，不去赶他。再回林子边来寻车仗人伴时，十辆车子、人伴、头口，都不见了。口里只管叫苦。有诗为证：

　　避灾因作泰山游，暗里机谋不自由。
　　家产妻孥俱撇下，来吞水浒钓鱼钩。

卢俊义便向高阜处四下里打一望，只见远远地山坡下一伙小喽啰，把车仗头口赶在前面，将李固一干人连连串串缚在后面，鸣锣擂鼓，解投松树那边去。卢俊义望见，心如火炽，气似烟生，提着朴刀，直赶将去。约莫离山坡不远，只见两筹好汉喝一声道："那里去！"一个是美髯公朱仝，一个是插翅虎雷横。卢俊义见了，高声骂道："你这伙草贼，好好把车仗人马还我！"朱仝手拈长髯大笑，说道："卢员外，你还怎地不晓得，中了俺军师妙计，便肋生两翅，也飞不出去。快来大寨坐把交椅。"卢俊义听了大怒，挺起朴刀，直奔二人。朱仝、雷横各将兵器相迎。三个斗不到三合，两个回身便走。卢俊义寻思道："须是赶翻一个，却才讨得车仗。"舍着性命，赶转山坡，两个好汉都不见了，只听得山顶上鼓板吹箫。仰面看时，风刮起那面杏黄旗来，上面绣着"替天行道"四字。转过来打一望，望见红罗销金伞下盖着宋江，左有吴用，右有公孙胜。一行部从二百余人，一齐声喏道："员外别来无恙！"

> 批注

卢俊义见了越怒，指名叫骂。山上吴用劝道："兄长且须息怒。宋公明久闻员外清德，实慕威名，特令吴某亲诣门墙，赚员外上山，一同替天行道。请休见责。"卢俊义大骂："无端草贼，怎敢赚我！"宋江背后转过小李广花荣，拈弓取箭，看着卢俊义喝道："卢员外休要逞能，先教你看花荣神箭！"说犹未了，飕地一箭正中卢俊义头上毡笠儿的红缨。吃了一惊，回身便走。山上鼓声震地，只见霹雳火秦明、豹子头林冲，引一彪军马，摇旗呐喊，从东山边杀出来；又见双鞭将呼延灼、金枪手徐宁，也领一彪军马，摇旗呐喊，从山西边杀出来。吓得卢俊义走投没路。看看天色将晚，脚又疼，肚又饥，正是慌不择路，望山僻小径只顾走。约莫黄昏时分，烟迷远水，雾锁深山，星月微明，不分丛莽。正走之间，不到天尽头，须到地尽处。看看走到鸭嘴滩头，只一望时，都是满目芦花，茫茫烟水。卢俊义看见，仰天长叹道："是我不听好人言，今日果有凄惶事！"正烦恼间，只见芦苇里面一个渔人，摇着一只小船出来。正是：

　　生涯临野渡，茅屋隐晴川。
　　沽酒浑家乐，看山满意眠。
　　棹穿波底月，船压水中天。
　　惊起闲鸥鹭，冲开柳岸烟。

那渔人倚定小船叫道："客官好大胆！这是梁山泊出没的去处，半夜三更，怎地来到这里？"卢俊义道："便是我迷踪失路，寻不着宿头。你救我则个！"渔人道："此间大宽转，有一个市井，却用走三十余里向开路程；更兼路杂，最是难认。若是水路去时，只有三五里远近。你舍得十贯钱与我，我便把船载你过去。"卢俊义道："你若渡得

第六十一回　吴用智赚玉麒麟　张顺夜闹金沙渡

我过去,寻得市井客店,我多与你些银两。"那渔人摇船傍岸,扶卢俊义下船,把铁篙撑开。约行三五里水面,只听得前面芦苇丛中橹声响,一只小船飞也似来。船上有两个人,前面一个赤条条地拿着一条水篙,后面那个摇着橹。前面的人横定篙,口里唱着山歌道:

"生来不会读诗书,且就梁山泊内居。

准备窝弓射猛虎,安排香饵钓鳌鱼。"

卢俊义听得,吃了一惊,不敢做声。又听得右边芦苇丛中,也是两个人摇一只小船出来。后面的摇着橹,有咿哑之声；前面的横定篙,口里也唱山歌道:

"乾坤生我泼皮身,赋性从来要杀人。

万两黄金浑不爱,一心要捉玉麒麟。"

卢俊义听了,只叫得苦。只见当中一只小船,飞也似摇将来,船头上立着一个人,倒提铁锁木篙,口里亦唱着山歌道:

"芦花丛里一扁舟,俊杰俄从此地游。

义士若能知此理,反躬逃难可无忧。"

歌罢,三只船一齐唱喏。中间是阮小二,左边是阮小五,右边的是阮小七。那三只小船一齐撞将来。卢俊义听了,心内转惊,自想又不识水性,连声便叫渔人:"快与我拢船近岸!"那渔人呵呵大笑,对卢俊义说道:"上是青天,下是绿水。我生在浔阳江,来上梁山泊,三更不改名,四更不改姓,绰号混江龙李俊的便是!员外若还不肯降时,送了你性命!"卢俊义大惊,喝一声,说道:"不是你,便是我!"拿着朴刀,望李俊心窝里搠将来。李俊见朴刀搠将来,拿定棹牌,一个背抛筋斗,扑同的翻下水去了。那只船滴溜溜在水面上转,朴刀又搠将下水去了。只

> 批注

见船尾一个人从水底下钻出来，叫一声，乃是浪里白跳张顺，把手挟住船梢，脚踏水浪，把船只一侧，船底朝天，英雄落水。未知卢俊义性命如何？正是：铺排打凤牢龙计，坑陷惊天动地人。毕竟卢俊义落水性命如何，且听下回分解。

本回我评论：

煮酒论英雄

卢员外本传中，忽然插出李固、燕青两篇小传。李传极叙恩数，燕传极叙风流。乃卒之受恩者不惟不报，又反噬焉；风流者笃其忠贞，之死靡它，而后知古人所叹：狼子野心，养之成害，实惟恩不易施；而以貌取人，失之子羽，实惟人不可忽也。稗官有戒有劝，于斯篇为极矣。

——金圣叹

写许多诱兵忽然而出，忽然而入，番番不同，人人善谑，奇矣。然尤奇者，如李逵、鲁智深、武松、刘唐、穆弘、李应入去后，忽然一断，便接入车仗人夫，读者至此孰不以为已作收煞，而殊不知乃正在半幅也。徐徐又是朱仝、雷横引出宋江、吴用、公孙胜一行六七十人，真所谓愈出愈奇，越转越妙。此时忽然接入花荣神箭，又作一断，读者于是始自惊叹，以为夫而后方作收煞耳，而殊不知犹在半幅。徐徐又是秦明、林冲、呼延灼、徐宁四将夹攻，夫而后引入卦歌影中。

呜呼！章法之奇，乃令读者欲迷；安得阵法之奇，不令员外中计也！

——金圣叹

　　今之算命卖卦的，虽不如梁山泊那班人，却也是个小贼，言祸言福，胡说乱道，不知误陷了多少人。不道得单是一个卢员外也。要知得要知得。

——李卓吾

1. 评析金圣叹上面两段评论。

2. 李卓吾对算命卖卦人的评论是小贼，你是否同意他的看法？如何评论吴用用这种欺骗手段骗卢俊义落草？

水浒校场

　　次日清早起来，打火做饭，众人吃了，收拾车辆头口，上路又行。【夹批：第二日独写出店上路之时，以引起下文小二报信也。】自此在路夜宿晓行，已经数日，【夹批：省。先详后省，故不见其空缺。今之特等官，真老大空缺耳。】来到一个客店里宿食。天明要行，只见店小二哥对卢俊义说道："好教官人得知：离小人店不得二十里路，正打梁山泊边口子前过去。山上宋公明大王，虽然不害来往客人，官人须是悄悄过去，

休得大惊小怪。"【夹批：瞥然而出。每每惊天惊地之事，其来必轻轻冉冉。】卢俊义听了道："原来如此。"便叫当值的【夹批：奇绝。】取下衣箱，打开锁，去里面提出一个包，【夹批：奇绝。】包内取出四面白绢旗；【夹批：奇绝。】问小二哥讨了四根竹竿，【夹批：奇绝。】每一枝缚起一面旗来，每面栲栳大小七个字，【夹批：奇绝。】写道：

"慷慨北京卢俊义，金装玉匣来探地。太平车子不空回，收取此山奇货去！"【夹批：此回前用卦歌，此用白绢旗，后用三阮唱歌，作章法。绝妙好诗，俗本之讹，真乃可恨。奇货字又用得妙。】

李固、当值的、脚夫、店小二看了，一齐叫起苦来。【夹批：不曰李固等，而必备写众人，活画出一齐叫苦情状来。】店小二问道："官人莫不和山上宋大王是亲么？"【夹批：吓极说出趣话来。】卢俊义道："我自是北京财主，却和这贼们有甚么亲！我特地要来捉宋江这厮！"小二哥道："官人低声些！不要连累小人！不是耍处！你便有一万人马，也近他不得！"卢俊义道："放屁！你这厮们都合那贼人做一路！"店小二掩耳不迭。【夹批：四字，却写出梁山声势。】众脚夫都痴呆了。李固和当值的跪在地下告道："主人，可怜见众人，留了这条性命回乡去，强似做罗天大醮！"卢俊义喝道："你省得甚么！这等燕雀，安敢和鸿鹄厮并？【夹批：用古不合，是精于用古之法者也。】我思量平生学得一身本事，不曾逢着买主！今日幸然逢此机会，不就这里发卖，更待何时？我那车子上叉袋里不是货物，却是准备下一袋熟麻索！【夹批：可知连日咄咄不是为趋吉避凶之计，写卢员外精神过人。】倘若这贼们当死合亡，撞在我手里，一朴刀一个砍翻，你们众人与我便缚在车子里！货物撇了不打紧，且收拾车子装贼；【夹批：可知此行不为买卖而来，真乃写得精神过人。】把这贼首解上京师，请功受赏，方表我平生之志。若你们一个不肯去的，只就这里把你们先杀了！"【夹批：只此一句，写卢员外与山泊众人一鼻孔出气。】

1. 鲍鹏山教授在评论卢俊义时认为他的命运固然有吴用等人设圈套

诱骗的因素，但是与他自身因素也有关。查找相关论述，旁批上面选文，与金圣叹评论比较。

2.《水浒传》中有关人物服饰的描写很多，可以尝试做一个"水浒服饰研究"的小课题。

水浒绣像

本回是卢俊义和燕青第一次出场，寻找不同的卢俊义或燕青形象，或者你自己根据本回文字画一幅其中一人的形象，附在下面。

A	B	C	D

第七十一回

忠义堂石碣受天文　梁山泊英雄排座次

诗曰：

　　光耀飞离土窟间，天罡地煞降尘寰。
　　说时豪气侵肌冷，讲处英风透胆寒。
　　仗义疏财归水泊，报仇雪恨下梁山。
　　堂堂一卷天文字，付与诸公仔细看。

　　话说宋公明一打东平，两打东昌，回归山寨忠义堂上，计点大小头领共有一百八员，心中大喜，遂对众兄弟道："宋江自从闹了江州，上山之后，皆赖托众弟兄英雄扶助，立我为头。今者共聚得一百八员头领，心中甚喜。自从晁盖哥哥归天之后，但引兵马下山，公然保全，此是上天护佑，非人之能。纵有被掳之人，陷于缧绁，或是中伤回来，且都无事。被擒捉者，俱得天佑，非我等众人之能也。今者一百八人，皆在面前聚会，端的古往今来，实为罕有！如今兵刃到处，杀害生灵，无可禳谢大罪。我心中欲建一罗天大醮，报答天地神明眷佑之恩。一则祈保众兄弟身心安乐；二则惟愿朝廷早降恩光，赦免逆天大罪，众当竭力捐躯，尽忠报国，死而后已；三则上荐晁天王早生仙界，世世生生，再得相见。就行超度横亡恶死，火烧水溺，一应无辜被害之人，俱得善道。我欲行此一事，未知众弟兄意下若何？"众头领都称道："此是善果好事，哥哥主见不差。"吴用便道："先请公孙胜一清主行醮事，然后令人下山，四边邀请得道高士，就带醮器赴寨。仍使人收买一应香烛纸马，花果祭仪，素馔净食，并合用一应物件。"商议选定四月十五日为始，七昼夜好事。山寨广施钱财，督并干办。日期已近，向那忠义堂前，挂起长幡四首。堂上扎缚三层高台，堂内铺设七宝三清圣像。两班设二十八宿，十二宫辰，一切主醮星官真宰。堂外仍设监坛崔、卢、邓、窦神将。摆列已定，设放醮器齐备。请到道众，连公孙胜共是四十九员。

是日晴明的好，天和气朗，月白风清。宋江、卢俊义为首，吴用与众头领为次拈香，公孙胜作高功，主行斋事，关发一应文书符命，不在话下。当日醮筵，但见：

香腾瑞霭，花簇锦屏。一千条画烛流光，数百盏银灯散彩。对对高张羽盖，重重密布幢幡。风清三界步虚声，月冷九天垂沆瀣。金钟撞处，高功表进奏虚皇；玉珮鸣时，都讲登坛朝玉帝。绛绡衣星辰灿烂，芙蓉冠金碧交加。监坛神将狰狞，直日功曹勇猛。道士齐宣宝忏，上瑶台酌水献花；真人密诵灵章，按法剑踏罡布斗。青龙隐隐来黄道，白鹤翩翩下紫宸。

当日公孙胜与那四十八员道众，都在忠义堂上做醮，每日三朝，至第七日满散。宋江要求上天报应，特教公孙胜专拜青词，奏闻天帝，每日三朝。却好至第七日三更时分，公孙胜在虚皇坛第一层，众道士在第二层，宋江等众

批注

头领在第三层，众小头目并将校都在坛下，众皆恳求上苍，务要拜求报应。是夜三更时候，只听得天上一声响，如裂帛相似，正是西北乾方天门上。众人看时，直竖金盘，两头尖，中间阔，又唤做天门开，又唤做天眼开。里面毫光射人眼目，霞彩缭绕，从中间卷出一块火来，如栲栳之形，直滚下虚皇坛来。那团火绕坛滚了一遭，竟攒入正南地下去了。此时天眼已合，众道士下坛来。宋江随即叫人将铁锹锄头掘开泥土，跟寻火块。那地下掘不到三尺深浅，只见一个石碣，正面两侧各有天书文字。有诗为证：

蕊笈琼书定有无，天门开阖亦糊涂。

滑稽谁造丰亨论？至理昭昭敢厚诬。

当下宋江且教化纸满散，平明，斋众道士，各赠与金帛之物，以充衬资。方才取过石碣看时，上面乃是龙章凤篆蝌蚪之书，人皆不识。众道士内有一人，姓何，法讳玄通，对宋江说道："小道家间祖上留下一册文书，专能辨验天书。那上面自古都是蝌蚪文字，以此贫道善能辨认。译将出来，便知端的。"宋江听了大喜，连忙捧过石碣，教何道士看了，良久说道："此石都是义士大名，镌在上面。侧首一边是'替天行道'四字，一边是'忠义双全'四字。顶上皆有星辰南北二斗，下面却是尊号。若不见责，当以从头一一敷宣。"宋江道："幸得高士指迷，拜谢不浅！若蒙先生见教，实感大德！惟恐上天见责之言，请勿藏匿，万望尽情剖露，休遗片言。"宋江唤过圣手书生萧让，用黄纸誊写。何道士乃言："前面有天书三十六行，皆是天罡星。背后也有天书七十二行，皆是地煞星。下面注着众义士的姓名。"观看良久，教萧让从头至后，尽数抄誊。

石碣前面书梁山泊天罡星三十六员：

第七十一回 忠义堂石碣受天文 梁山泊英雄排座次

天魁星呼保义宋江、天罡星玉麒麟卢俊义、天机星智多星吴用、天闲星入云龙公孙胜、天勇星大刀关胜、天雄星豹子头林冲、天猛星霹雳火秦明、天威双鞭呼延灼、天英星小李广花荣、天贵星小旋风柴进、天富星扑天雕李应、天满星美髯公朱仝、天孤星花和尚鲁智深、天伤星行者武松、天立星双枪将董平、天捷星没羽箭张清、天暗星青面兽杨志、天祐星金枪手徐宁、天空星急先锋索超、天速星神行太保戴宗、天异星赤发鬼刘唐、天杀星黑旋风李逵、天微星九纹龙史进、天究星没遮拦穆弘、天退星插翅虎雷横、天寿星混江龙李俊、天剑星立地太岁阮小二、天竟星船火儿张横、天罪星短命二郎阮小五、天损星浪里白跳张顺、天败星活阎罗阮小七、天牢星病关索杨雄、天慧星拚命三郎石秀、天暴星两头蛇解珍、天哭星双尾蝎解宝、天巧星浪子燕青。

石碣背面书地煞星七十二员：

地魁星神机军师朱武、地煞星镇三山黄信、地勇星病尉迟孙立、地杰星丑郡马宣赞、地雄星井木犴郝思文、地威星百胜将韩滔、地英星天目将彭玘、地奇星圣水将单廷圭、地猛星神火将魏定国、地文星圣手书生萧让、地正星铁面孔目裴宣、地阔星摩云金翅欧鹏、地阖星火眼狻猊邓飞、地强星锦毛虎燕顺、地暗星锦豹子杨林、地轴星轰天雷凌振、地会星神算子蒋敬、地佐星小温侯吕方、地祐星赛仁贵郭盛、地灵星神医安道全、地兽星紫髯伯皇甫端、地微星矮脚虎王英、地慧星一丈青扈三娘、地暴星丧门神鲍旭、地然星混世魔王樊瑞、地猖星毛头星孔明、地狂星独火星孔亮、地飞星八臂那吒项充、地走星飞天大圣李衮、地巧星玉臂匠金大坚、地明星铁笛仙马麟、地进星出洞蛟童威、地退星翻江蜃童猛、地满星玉幡竿孟康、地遂星通臂猿侯健、地周星跳涧虎陈达、地隐星白花蛇杨春、地异星白面郎君郑天寿、地理星九尾龟陶宗旺、地俊星铁扇子宋清、地乐星铁叫子乐和、地捷星花项虎龚旺、地速星中箭虎丁得孙、地镇星小遮拦穆春、地稽星操刀鬼曹正、地魔星云里金刚宋万、地妖星摸着天杜迁、地幽星病大虫薛永、地伏星金眼彪施恩、地僻星打虎将李忠、地空星小霸王周通、地孤星金钱豹子汤隆、地全星鬼脸儿杜兴、地短星出林龙邹渊、地角星独角龙邹润、地囚星旱地忽律朱贵、地藏星笑面虎朱富、地平星铁臂膊蔡福、地损星一枝花蔡庆、地奴星催命判官李立、地察星青眼虎李云、地恶星没面目焦挺、地丑星石将军石勇、地数星小尉迟孙新、地阴星母大虫顾大嫂、地刑星菜园子张青、地壮星母夜叉孙二娘、地劣星霍闪婆王定六、地健星险道神郁保四、地耗星白日鼠白胜、地贼星鼓上蚤时迁、地狗星金毛犬段景住。

当时何道士辨验天书，教萧让写录出来。读罢，众人看了，俱惊讶不已。宋江与众头领道："鄙猥小吏，原来上应星魁。众多弟兄，也原来都是一会之人。今者上天显应，合当聚义。今已数足，上苍分定位数，为大小二等。天罡、地煞星辰，都已分定次序。众头领各守其位，各休争执，不可逆了天言。"众人皆道："天地之意，物理数定，谁敢违拗！"宋江遂取黄金五十两酬谢何道士。其余道众，收得经资，收拾醮器，四散下山去了。有诗为证：

    忠义堂前启道场，敬伸丹悃醮虚皇。

    精诚感得天书降，凤篆龙章仔细详。

    月明风冷醮坛深，鸾鹤空中送好音。

    地煞天罡排姓字，激昂忠义一生心。

第七十一回　忠义堂石碣受天文　梁山泊英雄排座次

　　且不说众道士回家去了。只说宋江与军师吴学究、朱武等计议。堂上要立一面牌额，大书"忠义堂"三字。断金亭也换个大牌扁，前面册立三关。忠义堂后建筑雁台一座，顶上正面大厅一所，东西各设两房。正厅供养晁天王灵位；东边房内，宋江、吴用、吕方、郭盛；西边房内，卢俊义、公孙胜、孔明、孔亮。第二坡左一带房内，朱武、黄信、孙立、萧让、裴宣；右一带房内，戴宗、燕青、张清、安道全、皇甫端。忠义堂左边，掌管钱粮仓廒收放，柴进、李应、蒋敬、凌振；右边花荣、樊瑞、项充、李衮。山前南路第一关，解珍、解宝守把；第二关，鲁智深、武松守把；第三关，朱仝、雷横守把。东山一关，史进、刘唐守把；西山一关，杨雄、石秀守把；北山一关，穆弘、李逵守把。六关之外置立八寨，有四旱寨，四水寨。正南旱寨，秦明、索超、欧鹏、邓飞；正东旱寨，关胜、徐宁、宣赞、郝思文；正西旱寨，林冲、董平、单廷圭、魏定国；正北旱寨，呼延灼、杨志、韩滔、彭玘。东南水寨，李俊、阮小二；西南水寨，张横、张顺；东北水寨，阮小五、童威；西北水寨，阮小七、童猛。其余各有执事。从新置立旌旗等项。山顶上立一面杏黄旗，上书"替天行道"四字。忠义堂前绣字红旗二面：一书"山东呼保义"，一书"河北玉麒麟"。外设飞龙飞虎旗，飞熊飞豹旗，青龙白虎旗，朱雀玄武旗，黄钺白旄，青幡皂盖，绯缨黑纛。中军器械外，又有四斗五方旗，三才九曜旗，二十八宿旗，六十四卦旗，周天九宫八卦旗，一百二十四面镇天旗。尽是侯健制造。金大坚铸造兵符印信。一切完备。选定吉日良时，杀牛宰马，祭献天地神明。挂上"忠义堂""断金亭"牌额，立起"替天行道"

杏黄旗。堂前柱上，立朱红牌二面，各有金书七个字，道是："常怀贞烈常忠义，不爱资财不扰民。"

宋江当日大设筵宴，亲捧兵符印信，颁布号令：

"诸多大小兄弟，各各管领，悉宜遵守，毋得违误，有伤义气。如有故违不遵者，定依军法治之，决不轻恕。

计开：

梁山泊总兵都头领二员：

呼保义宋江、玉麒麟卢俊义

梁山泊掌管机密军师二员：

智多星吴用、入云龙公孙胜

梁山泊掌管钱粮头领二员：

小旋风柴进、扑天雕李应

马军五虎将五员：

大刀关胜、豹子头林冲、霹雳火秦明、双鞭呼延灼、双枪将董平

马军八骠骑兼先锋使八员：

小李广花荣、金枪手徐宁、青面兽杨志、急先锋索超、没羽箭张清、美髯公朱仝、九纹龙史进、没遮拦穆弘

马军小彪将兼远探出哨头领一十六员：

镇三山黄信、病尉迟孙立、丑郡马宣赞、井木犴郝思文、百胜将韩滔、天目将彭玘、圣水将单廷圭、神火将魏定国、摩云金翅欧鹏、火眼狻猊邓飞、锦毛虎燕顺、铁笛仙马麟、跳涧虎陈达、白花蛇杨春、锦豹子杨林、小霸王周通

步军头领一十员：

花和尚鲁智深、行者武松、赤发鬼刘唐、插翅虎雷横、黑旋风李逵、浪子燕青、病关索杨雄、拼命三郎石秀、两头蛇解珍、双尾蝎解宝

步军将校一十七员：

混世魔王樊瑞、丧门神鲍旭、八臂那吒项充、飞天大圣李衮、病大虫薛永、金眼彪施恩、小遮拦穆春、打虎将李忠、白面郎君郑天寿、云里金刚宋万、摸着天杜迁、出林龙邹渊、独角龙邹润、花项虎龚旺、中箭虎丁得孙、没面目焦挺、石将军石勇

梁山泊四寨水军头领八员：

混江龙李俊、船火儿张横、浪里白跳张顺、立地太岁阮小二、短命二郎阮小五、活阎罗阮小七、出洞蛟童威、翻江蜃童猛

梁山泊四店打听声息，邀接来宾头领八员：

东山酒店：小尉迟孙新、母大虫顾大嫂

西山酒店：菜园子张青、母夜叉孙二娘

南山酒店：旱地忽律朱贵、鬼脸儿杜兴

北山酒店：催命判官李立、霍闪婆王定六

梁山泊总探声息头领一员：

神行太保戴宗

梁山泊军中走报机密步军头领四员：

铁叫子乐和、鼓上蚤时迁、金毛犬段景住、白日鼠白胜

守护中军马军骁将二员：

小温侯吕方、赛仁贵郭盛

守护中军步军骁将二员：

毛头星孔明、独火星孔亮

梁山泊专掌行刑刽子二员：

铁臂膊蔡福、一枝花蔡庆

专掌三军内探事马军头领二员：

矮脚虎王英、一丈青扈三娘

批注

梁山泊一同参赞军务头领一员：

神机军师朱武

梁山泊掌管监造诸事头领一十六员：

掌管行文走檄调兵遣将一员：圣手书生萧让

掌管定功赏罚军政司一员：铁面孔目裴宣

掌管考算钱粮支出纳入一员：神算子蒋敬

掌管专工监造大小战船一员：玉幡竿孟康

掌管专造一应兵符印信一员：玉臂匠金大坚

掌管专造一应旌旗袍袄一员：通臂猿侯健

掌管专攻医兽一应马匹一员：紫髯伯皇甫端

掌管专治诸疾内外科医士一员：神医安道全

掌管监督打造一应军器铁甲一员：金钱豹子汤隆

掌管专造一应大小号炮一员：轰天雷凌振

掌管专一起造修缉房舍一员：青眼虎李云

掌管专一屠宰牛马猪羊牲口一员：操刀鬼曹正

掌管专一排设筵宴一员：铁扇子宋清

掌管监造供应一切酒醋一员：笑面虎朱富

掌管专一筑梁山泊一应城垣一员：九尾龟陶宗旺

掌管专一把捧帅字旗一员：险道神郁保四

宣和二年孟夏四月吉旦，梁山泊大聚会，分调人员告示。"

当日梁山泊宋公明传令已了，分调众头领已定，各各领了兵符印信，筵宴已毕，人皆大醉，众头领各归所拨寨分。中间有未定执事者，都于雁台前后驻扎听调。有篇言语单道梁山泊的好处。怎见得？

山分八寨，旗列五方。交情浑似股肱，义气真同骨肉。断金亭上，高悬石绿之碑；忠义堂前，特扁金书之额。总兵主将,山东豪杰宋公明;协赞军权,河北英雄卢俊义。施谋运计,吴加亮号智多星;唤雨呼风,入云龙是公孙胜。五虎将英雄猛烈,八骠骑悍勇当先。马步将军,弓箭枪刀遮路;水军将校,艨艟战舰相连。八寨军兵,守护山头港泊;四方酒肆,招邀远路来宾。掌管钱粮,廉干李应柴进;总驰飞报,太保神行戴宗。飞符走檄,萧让是圣手书生;定赏行刑,裴宣为铁面孔目。神算须还蒋敬,造船原有孟康。金大坚置印信兵符,通臂猿造衣袍铠甲。皇甫端专攻医兽,安道全惟务救人。打军器须是汤隆,造炮石全凭凌振。修缮房舍,李云善布碧瓦朱甍;屠宰猪羊,曹正惯习挑筋剔骨。宋清安排筵宴,朱富酝造香醪。陶宗旺筑补城垣,郁保四护持旌节。人人戮力,个个同心。休言啸聚山林,真可图王伯业。列两副仗义疏财金字障,竖一面替天行道杏黄旗。

梁山泊忠义堂上,号令已定,各各遵守。宋江拣了吉日良时,焚一炉香,鸣鼓聚众,都到堂上。宋江对众道:"今非昔比,我有片言。今日既是天罡地曜相会,必须对天盟誓,各无异心,死生相托,吉凶相救,患难相扶,一同保国安民。"众皆大喜。各人拈香已罢,一齐跪在堂上。宋江为首誓曰:"宋江鄙猥小吏,无学无能,荷天地之盖载,感日月之照临,聚弟兄于梁山,结英雄于水泊。共一百八人,上符天数,下合人心。自今已后,若是各人存心不仁,削绝大义,万望天地行诛,神人共戮,万世不得人身,亿载永沉末劫。但愿共存忠义于心,同著功勋于国,替天行道,保境安民。神天察鉴,报应昭彰。"誓毕,众皆同声共愿,但愿生生相会,世世相逢,永无断阻。当日歃血誓盟,尽醉方散。看官听说:这里方才是梁山泊大

批注

聚义处。起头分拨已定，话不重言。

原来泊子里好汉，但闲便下山，或带人马，或只是数个头领，各自取路去。途次中若是客商车辆人马，任从经过；若是上任官员，箱里搜出金银来时，全家不留。所得之物，解送山寨，纳库公用；其余些小，就便分了。折莫便是百十里、三二百里，若有钱财广积，害民的大户，便引人去，公然搬取上山。谁敢阻当！但打听得有那欺压良善，暴富小人，积攒得些家私，不论远近，令人便去尽数收拾上山。如此之为，大小何止千百余处。为是无人可以当抵，又不怕你叫起撞天屈来，因此不曾显露。所以无有说话。

再说宋江自盟誓之后，一向不曾下山，不觉炎威已过，又早秋凉，重阳节近。宋江便叫宋清安排大筵席，会众兄弟同赏菊花。唤做菊花之会。但有下山的兄弟们，不拘远近，都要招回寨来赴筵。至日肉山酒海，先行给散马、步、水三军，一应小头目人等，各令自去打团儿吃酒。且说忠义堂上遍插菊花，各依次坐，分头把盏。堂前两边筛锣击鼓，大吹大擂，笑语喧哗，觥筹交错，众头领开怀痛饮。马麟品箫唱曲，燕青弹筝。不觉日暮。宋江大醉，叫取纸笔来，一时乘着酒兴，作《满江红》一词。写毕，令乐和单唱这首词曲。道是：

"喜遇重阳，更佳酿今朝新熟。见碧水丹山，黄芦苦竹。头上尽教添白发，鬓边不可无黄菊。愿樽前长叙弟兄情，如金玉。　　统豺虎，御边幅。号令明，军威肃。中心愿平虏，保民安国。日月常悬忠烈胆，风尘障却奸邪目。望天王降诏早招安，心方足。"

乐和唱这个词，正唱到"望天王降诏早招安"，只见武松叫道："今日也要招安，明日也要招安去，冷了弟兄们的

第七十一回　忠义堂石碣受天文　梁山泊英雄排座次

心！"黑旋风便睁圆怪眼，大叫道："招安，招安！招甚鸟安！"只一脚，把桌子踢起，攧做粉碎。宋江大喝道："这黑厮怎敢如此无礼！左右与我推去斩讫报来！"众人都跪下告道："这人酒后发狂。哥哥宽恕！"宋江答道："众贤弟且起，把这厮推抢监下。"众人皆喜。有几个当刑小校，向前来请李逵。李逵道："你怕我敢挣扎？哥哥剐我也不怨，杀我也不恨。除了他，天也不怕！"说了，便随着小校去监房里睡。宋江听了他说，不觉酒醒，忽然发悲。吴用劝道："兄长既设此会，人皆欢乐饮酒。他是个粗卤的人，一时醉后冲撞，何必挂怀。且陪众兄弟尽此一乐。"宋江道："我在江州醉后误吟了反诗，得他气力来。今日又作《满江红》词，险些儿坏了他性命。早是得众弟兄谏救了！他与我身上情分最重，如骨肉一般，因此潸然泪下。"便叫武松："兄弟，你也是个晓事的人。我主张招安，要改邪归正，为国家臣子，如何便冷了众人的心？"鲁智深便道："只今满朝文武，俱是奸邪，蒙蔽圣聪，就比俺的直裰染做皂了，洗杀怎得干净。招安不济事！便拜辞了，明日一个个各去寻趁罢。"宋江道："众弟兄听说：今皇上至圣至明，只被奸臣闭塞，暂时昏昧。有日云开见日，知我等替天行道，不扰良民，赦罪招安，同心报国，竭力施功，有何不美？因此只愿早早招安，别无他意。"众皆称谢不已。当日饮酒，终不畅怀。席散各回本寨。有诗为证：

虎噬狼吞兴已阑，偶摅心愿欲招安。

武松不解公明意，直要纵横振羽翰。

且说次日清晨，众人来看李逵时，尚兀自未醒。众头领睡里唤起来，说道："你昨日大醉，骂了哥哥，今日要杀你。"李逵道："我梦里也不敢骂他。他要杀我时，便由他

批注

杀了罢。"众弟兄引着李逵，去堂上见宋江请罪。宋江喝道："我手下许多人马，都似你这般无礼，不乱了法度！且看众兄弟之面，寄下你项上一刀。再犯，必不轻恕！"李逵喏喏连声而退。众人皆散。

一向无事，渐近岁终。纷纷雪落乾坤，顷刻银装世界，正是王猷访戴之时，袁安高卧之日。不觉雪晴，只见山下有人来报："离寨七八里，拿得莱州解灯上东京去的一行人，在关外听候将令。"宋江道："休要执缚，好生叫上关来。"没多时，解到堂前：两个公人，八九个灯匠，五辆车子。为头的这一个告道："小人是莱州承差公人。这几个都是灯匠。年例东京着落本州要灯三架，今年又添两架，乃是玉棚玲珑九华灯。"宋江随即赏与酒食，叫取出灯来看。那做灯匠人将那玉棚灯挂起，搭上四边结带，上下通计九九八十一盏，从忠义堂上挂起，直垂到地。宋江道："我本待都留了你的，惟恐教你吃苦，不当稳便，只留下这碗九华灯在此，其余的你们自解官去。酬烦之资，白银二十两。"众人再拜，恳谢不已，下山去了。宋江教把这碗灯点在晁天王孝堂内。次日对众头领说道："我生长在山东，不曾到京师。闻知今上大张灯火，与民同乐，庆赏元宵，自冬至后，便造起灯，至今才完。我如今要和几个兄弟，私去看灯一遭便回。"吴用便谏道："不可。如今东京做公的最多，倘有疏失，如之奈何？"宋江道："我日间只在客店里藏身，夜晚入城看灯，有何虑焉。"众人苦谏不住，宋江坚执要行。

不争宋江要去看灯，有分教：舞榭歌台，翻为瓦砾之场；柳陌花街，变作战争之地。正是：猛虎直临丹凤阙，杀星夜犯卧牛城。毕竟宋江怎地去闹东京，且听下回分解。

第七十一回 忠义堂石碣受天文　梁山泊英雄排座次

本回我评论：

煮酒论英雄

或问：石碣天文，为是真有是事？为是宋江伪造？此痴人说梦之智也，作者亦只图叙事既毕，重将一百八人姓名一一排列出来，为一部七十回书点睛结穴耳。

——金圣叹

梁山泊如李逵、武松、鲁智深，那一班都是莽男子汉，不以鬼神之事愚弄他，如何得他死心塌地。妙哉！吴用石碣天文之计，真是神出鬼没，不由他众人不同心一意也。或问：何以见得是吴用之计？曰：眼见得萧让任书，金大坚任刻，做成一碣，埋之地下，公孙胜作法，掘将起来，以愚他众人。曰：这个何道士恐怕不知。卓吾老子笑曰：既有黄金五十两，人人都是何道士了。不然，何七日之后，定要恳求上苍，务要拜求报应哉？可知已，可知已！

——李卓吾

1.你认为石碣天文是宋江伪造的吗？结合金、李评论试分析宋江此举的心理动机。

2.历史上是否还有类似的情况出现？查阅史料，试另举一例阐述这种现象。

水浒校场

1.本回"水浒一百零八将"全部归梁山，尝试阐释并背诵他们的绰号和名字，看谁记得多。

2.尝试画出梁山防务地图，看谁画得详细清晰。

水浒绣像

1.搜集整理出一套水浒人物图谱。

2.《水浒传》里的人物形象生动鲜活，在连环画、评书、年画、游戏、动漫、影视剧里多有表现，甚至在日本、韩国也有众多梁山好汉形象。尝试整合这些资源，选择感兴趣的人物，做一个全面的比较研究。

家长可加入读书心得讨论群 同30位家长一起分享孩子阅读心得

群分类：读书心得 · 入群指南详见本书 扉页

第三篇

招安的是是非非

第七十四回

燕青智扑擎天柱　李逵寿张乔坐衙

古风一首：

罡星飞出东南角，四散奔流绕寥廓。
徽宗朝内长英雄，弟兄聚会梁山泊。
中有一人名燕青，花绣遍身光闪烁。
凤凰踏碎玉玲珑，孔雀斜穿花错落。
一团俊俏真堪夸，万种风流谁可学。
锦体社内夺头筹，东岳庙中相赛博。
功成身退避嫌疑，心明机巧无差错。
世间无物堪比论，金风未动蝉先觉。

　　话说这一篇诗，单道着燕青。他虽是三十六星之末，果然机巧心灵，多见广识，了身达命，都强似那三十五个。当日燕青禀宋江道："小乙自幼跟着卢员外，学得这身相扑，江湖上不曾逢着对手。今日幸遇此机会，三月二十八日又近了，小乙并不要带一人，自去献台上，好歹攀他撷一跤。若是输了撷死，永无怨心。倘或赢时，也与哥哥增些光彩。这日必然有一场好闹，哥哥却使人救应。"

批注

宋江说道："贤弟，闻知那人身长一丈，貌若金刚，约有千百斤气力。你这般瘦小身材，总有本事，怎地近傍得他。"燕青道："不怕他长大身材，只恐他不着圈套。常言道：相扑的有力使力，无力斗智。非是燕青敢说口，临机应变，看景生情，不到的输与他那呆汉。"卢俊义便道："我这小乙，端的自小学成好一身相扑。随他心意，叫他去。至期，卢某自去接应他回来。"宋江问道："几时可行？"燕青答道："今日是三月二十四日了，来日拜辞哥哥下山，路上略宿一宵，二十六日赶到庙上，二十七日在那里打探一日，二十八日却好和那厮放对。"当日无事。

次日，宋江置酒与燕青送行。众人看燕青时，打扮得村村朴朴，将一身花绣，把衲袄包得不见。扮做山东货郎，腰里插着一把串鼓儿，挑一条高肩杂货担子。诸人看了都笑。宋江道："你既然装做货郎担儿，你且唱个山东货郎转调歌与我众人听。"燕青一手拈串鼓，一手打板，唱出货郎太平歌，与山东人不差分毫来去。众人又笑。酒至半酣之后，燕青辞了众头领下山。过了金沙滩，取路望泰安州来。有诗为证：

　　骁勇燕青不可扳，当场铁扑有机关。
　　欲寻敌手相论较，特地驱驰上泰山。

当日天晚，正待要寻店安歇，只听得背后有人叫道："燕小乙哥，等我一等！"燕青歇下担子看时，却是黑旋风李逵。燕青道："你赶来怎地？"李逵道："你相伴我去荆门镇走了两遭，我见你独自个来，放心不下，不曾对哥哥说知，偷走下山，特来帮你。"燕青道："我这里用你不着，你快早早回去。"李逵焦躁起来，说道："你便是真个了得的好汉！我好意来帮你，你倒翻成恶意。我却偏鸟要

第七十四回　燕青智扑擎天柱　李逵寿张乔坐衙

去！"燕青寻思怕坏了义气，便对李逵说道："和你去不争，那里圣帝生日，都有四山五岳的人聚会，认的你的颇多。你依的我三件事，便和你同去。"李逵道："依得。"燕青道："从今路上和你前后各自走，一脚到客店里，入得店门，你便自不要出来。这是第一件了。第二件，到得庙上客店里，你只推病，把被包了头脸，假做打齁睡，便不要做声。第三件，当日庙上，你挨在稠人中看争跤时，不要大惊小怪。大哥，依得么？"李逵道："有甚难处！都依你便了。"当晚两个投客店安歇。次日五更起来，还了房钱，同行到前面，打火吃了饭。燕青道："李大哥，你先走半里，我随后来也。"那条路上只见烧香的人来往不绝，多有讲说任原的本事，"两年在泰岳无对，今年又经三年了。"燕青听得，有在心里。申牌时候，将近庙上，傍边众人都立定脚，仰面在那里看。燕青歇下担儿，分开人丛，也挨向前看时，只见两条红标柱，恰似坊巷牌额一般相似。上立一面粉牌，写道"太原相扑擎天柱任原"；傍边两行小字道"拳打南山猛虎，脚踢北海苍龙"。燕青看了，便扯匾担将牌打得粉碎，也不说甚么，再挑了担儿，望庙上去了。看的众人多有好事的，飞报任原，说今年有劈牌放对的。

且说燕青前面迎着李逵，便来寻客店安歇。原来庙上好生热闹，不算一百二十行经商买卖，只客店也有一千四五百家，延接天下香官。到菩萨圣节之时，也没安着人处，许多客店都歇满了。燕青、李逵只得就市梢头赁一所客店安下，把担子歇了，取一床夹被教李逵睡着。店小二来问道："大哥是山东货郎，来庙上赶趁，怕敢出房钱不起？"燕青打着乡谈说道："你好小觑人！一间小房，值

> 批注

277

批注

得多少，便比一间大房钱。没处去了，别人出多少房钱，我也出多少还你。"店小二道："大哥休怪。正是要紧的日脚，先说得明白最好。"燕青道："我自来做买卖，倒不打紧，那里不去歇了。不想路上撞见了这个乡中亲戚，见患气病，因此只得要讨你店中歇。我先与你五贯铜钱，央及你就锅中替我安排些茶饭，临起身一发酬谢你。"小二哥接了铜钱，自去门前安排茶饭，不在话下。有诗为证：

　　李逵平昔性刚强，相伴燕青上庙堂。
　　只恐途中闲惹事，故令推病卧枯床。

没多时候，只听得店门外热闹。二三十条大汉走入店里来，问小二哥道："劈牌定对的好汉在那房里安歇？"店小二道："我这里没有。"那伙人道："都说在你店中。"小二哥道："只有两眼房，空着一眼，一眼是个山东货郎扶着一个病汉赁了。"那一伙人道："正是那个货郎儿劈牌定对。"店小二道："休道别人取笑！那货郎儿是一个小小后生，做得甚用！"那伙人齐道："你只引我们去张一张。"店小二指道："那角落头房里便是。"众人来看时，见紧闭着房门；都去窗子眼里张时，见里面床上，两个人脚厮抵睡着。众人寻思不下，数内有一个道："既是敢来劈牌，要做天下对手，不是小可的人。怕人算他，以定是假装做害病的。"众人道："正是了。都不要猜，临期便见。"不到黄昏前后，店里何止三二十伙人来打听，分说得店小二口唇也破了。当晚搬饭与二人吃，只见李逵从被窝里钻出头来，小二哥见了吃一惊，叫声："阿也！这个是争跤的爷爷了！"燕青道："争跤的不是他，他自病患在身。我便是径来争跤的。"小二哥道："你休要瞒我，我看任原吞得你在肚里。"燕青道："你休笑我，我自有法度教你们大笑一场，回来多把利物赏你。"小二哥看他两个吃了晚饭，收了碗碟，自去厨头洗刮，心中只是不信。

次日，燕青和李逵吃了些早饭，分付道："哥哥，你自拴了房门高睡。"燕青却随了众人来到岱岳庙里看时，果然是天下第一。但见：

庙居岱岳，山镇乾坤，为山岳之至尊，乃万神之领袖。山头伏槛，直望见弱水蓬莱；绝顶攀松，尽都是密云薄雾。楼台森耸，疑是金乌展翅飞来；殿角棱层，定觉玉兔腾身走到。雕梁画栋，碧瓦朱檐。凤扆亮槅映黄纱，龟背绣帘垂锦带。遥观圣像，九疏冕舜目尧眉；近睹神颜，衮龙袍汤肩禹背。九天司命，芙蓉冠掩映绛绡衣；炳灵圣公，赭黄袍偏称蓝田带。左侍下玉簪珠履，右侍下紫绶金章。阃殿威严，护驾三千金甲将；两廊勇猛，勤王十万铁衣兵。五岳楼相接东宫，仁安殿紧连北阙。蒿里山下，判官分七十二司；白骡庙中，土神按二十四气。管火池铁面太尉，月月通灵；掌生死五道将军，年年显圣。御香不断，天神飞马报丹书；祭祀依时，老幼望风皆获福。嘉宁殿祥云杳霭，正阳门瑞气盘旋。万民朝拜碧霞君，四远归依仁圣帝。

当时燕青游玩了一遭，却出草参亭，参拜了四拜。问烧香的道："这相扑任教师在那里歇？"便有好事人说："在迎恩桥下那个大客店里便是。他教着三二百个上足徒弟。"燕青听了，径来迎恩桥下看时，见桥边栏杆子上，坐着二三十个相扑子弟，面前遍插铺金旗牌，锦绣帐额，等身靠背。燕青闪入客店里去看，见任原坐在亭心上。真乃有揭谛仪容，金刚貌相。坦开胸脯，显存孝打虎之威；侧坐胡床，有霸王拔山之势。在那里看徒弟相扑。数内

批注

　　有人认得燕青曾劈牌来，暗暗报与任原。只见任原跳将起来，搦着膀子，口里说道："今年那个合死的，来我手里纳命。"燕青低了头，急出店门，听得里面都笑。急回到自己下处，安排些酒食，与李逵同吃了一回。李逵道："这们睡，闷死我也。"燕青道："只有今日一晚，明日便见雌雄。"当时闲话，都不必说。

　　三更前后，听得一派鼓乐响，乃是庙上众香官与圣帝上寿。四更前后，燕青、李逵起来，问店小二先讨汤洗了面，梳光了头，脱去了里面衲袄，下面牢拴了腿绷护膝，匾扎起了熟绢水裩，穿了多耳麻鞋，上穿汗衫，搭膊系了腰。两个吃了早饭，叫小二分付道："房中的行李，你与我照管。"店小二应道："并无失脱，早早得胜回来。"只这小客店里，也有三二十个烧香的，都对燕青道："后生，你自斟酌，不要枉送了性命。"燕青道："当下小人喝采之时，众人可与小人夺些利物。"众人都有先去了的。李逵道："我带了这两把板斧去也好。"燕青道："这个却使不得。被人看破，误了大事。"当时两个杂在人队里，先到廊下做一块儿伏了。那日烧香的人，真乃亚肩叠背。偌大一个东岳庙，一涌便满了。屋脊梁上，都是看的人。朝着嘉宁殿，扎缚起山棚。棚上都是金银器皿，锦绣段匹。门外拴着五头骏马，全副鞍辔。知州禁住烧香的人，看这当年相扑献圣。一个年老的部署，拿着竹批，上得献台，参神已罢，便请今年相扑的对手出马争跤。

　　说言未了，只见人如潮涌，却早十数对哨棒过来，前面列着四把绣旗，那任原坐在轿上。这轿前轿后，三二十对花胳膊的好汉，前遮后拥，来到献台上。部署请下轿来，开了几句温暖的呵会。任原道："我两年到岱岳，夺了

第七十四回　燕青智扑擎天柱　李逵寿张乔坐衙

头筹，白白拿了若干利物。今年必用脱膊。"说罢，见一个拿水桶的上来。任原的徒弟都在献台边，一周遭都密密地立着。且说任原先解了搭膊，除了巾帻，虚笼着蜀锦袄子，喝了一声参神喏，受了两口神水，脱下锦袄。百十万人齐喝一声采。看那任原时，怎生打扮？

头绾一窝穿心红角子，腰系一条绛罗翠袖。三串带儿拴十二个玉蝴蝶牙子扣儿，主腰上排数对金鸳鸯楚裰衬衣。护膝中有铜裆铜裤，缴臁内有铁片铁环。扎腕牢拴，踢鞋紧系。世间架海擎天柱，岳下降魔斩将人。

那部署道："教师两年在庙上不曾有对手，今年是第三番了。教师有甚言语，安复天下众香官？"任原道："四百座军州，七千余县治，好事香官恭敬圣帝，都助将利物来。任原两年白受了。今年辞了圣帝还乡，再也不上山来了。东至日出，西至日没，两轮日月，一合乾坤，南及南蛮，北济幽燕，敢有和我争利物的么？"说犹未了，燕青捼着两边人的肩臂，口中叫道："有，有！"从人背上直飞抢到献台上来。众人齐发声喊。那部署接着问道："汉子，你姓甚名谁？那里人氏？你从何处来？"燕青道："我是山东张货郎，特地来和他争利物。"那部署道："汉子，性命只在眼前，你省得么？你有保人也无？"燕青道："我是保人，死了要谁偿命！"部署道："你且脱膊下来看。"燕青除了头巾，光光的梳着个角儿，脱下草鞋，赤了双脚，蹲在献台一边，解了腿绷护膝，跳将起来，把布衫脱将下来，吐个架子。则见庙里的看官，如搅海翻江相似，迭头价喝采。众人都呆了。任原看了他这花绣急健身材，心里倒有五分怯他。

殿门外月台上，本州太守坐在那里弹压，前后皂衣公

批注

吏，环列七八十对。随即使人来叫燕青下献台，直到面前。太守见了他这身花绣，一似玉亭柱上铺着软翠，心中大喜，问道："汉子，你是那里人家？因何到此？"燕青道："小人姓张，排行第一。山东莱州人氏。听得任原搦天下人相扑，特来和他争跤。"知州道："前面那匹全副鞍马，是我出的利物，把与任原；山棚上应有物件，我主张分一半与你，你两个分了罢。我自抬举你在我身边。"燕青道："相公，这利物倒不打紧，只要撷翻他，教众人取笑，图一声喝采。"知州道："他是金刚般一条大汉，你敢近他不得！"燕青道："死而无怨。"再上献台来，要与任原定对。部署问他先要了文书，怀中取出相扑社条，读了一遍，对燕青道："你省得么？不许暗算。"燕青冷笑道："他身上都有准备，我单单只这个水裩儿，暗算他甚么？"知州又叫部署来分付道："这般一个汉子，俊俏后生，可惜了。你去与他分了这扑。"部署随即上献台，又对燕青道："汉子，你留了性命还乡去，我与你分了这扑。"燕青道："你好不晓事！知是我赢我输？"众人都和起来。只见分开了数万香官，两边排得似鱼鳞一般，廊庑屋脊上也都坐满，只怕遮着了这对相扑。任原此时，有心恨不得把燕青丢去九霄云外，跌死了他。部署道："既然你两个要相扑，今年且赛这对献圣。都要小心着，各各在意。"净净地献台上只三个人。

此时宿雾尽收，旭日初起。部署拿着竹批，两边分付已了，叫声："看扑。"这个相扑，一来一往，最要说得分明。说时迟，那时疾，正如空中星移电掣相似，些儿迟慢不得。当时，燕青做一块儿蹲在右边，任原先在左边立个门户。燕青则不动掸。初时，献台上各占一半，中间心里合交。任原见燕青不动掸，看看逼过右边来。燕青只瞅他下三面。任原暗忖道："这人必来算我下三面，你看我不消动手，只一脚踢这厮下献台去。"有诗为证：

　　百万人中较艺强，轻生捐命等寻常。
　　试看两虎相吞啖，必定中间有一伤。

任原看看逼将入来，虚将左脚卖个破绽。燕青叫一声："不要来！"任原却待奔他，被燕青去任原左胁下穿将过去；任原性起，急转身又来拿燕青，被燕青虚跃一跃，又在右胁下钻过去。大汉转身终是不便，三换换得脚步乱了。燕青却抢将入去，用右手扭住任原，探左手插入任原交裆，用肩胛顶住他胸脯，把任原直托将起来，头重脚轻，借力便旋，五旋旋到献台边，叫一声："下去！"把任原头在下，脚在上，直撺下献台来。这一扑，名唤做鹁鸽旋。数万香官看了，齐声喝采。那任原的徒弟们，见撷翻了他师父，先把山棚拽倒，乱抢了利物。众人乱喝打时，那二三十徒弟抢入献台来。知州那里治押得住。

不想傍边恼犯了这个太岁，却是黑旋风李逵看见了，睁圆怪眼，倒竖虎须，面前别无器械，便把杉刺子撅葱般拔断，拿两条杉木在手，直打将来。香官数内有人认得李逵的，说将出名姓来，外面做公的人齐入庙里，大叫道："休教走了梁山泊黑旋风！"那知州听得这话，从顶门上不见了三魂，脚底下疏失了七魄，便投后殿走了。四下里的人涌并围将来，庙里香官各自奔走。李逵看任原时，跌得昏晕，倒在献台边，口内只有些游气。李逵揭块石板，把任原头打得粉碎。两个从庙里打将出来，门外弓箭乱射入来。燕青、李逵只得爬上屋去，揭瓦乱打。不多时，只听得庙门前喊声大举，有人杀将入来。当头一个头领，白

批注

范阳毡笠儿,身穿白段子袄,跨口腰刀,挺条朴刀。那汉是北京玉麒麟卢俊义。后面带着史进、穆弘、鲁智深、武松、解珍、解宝七条好汉,引一千余人,杀开庙门,入来策应。燕青、李逵见了,便从屋上跳将下来,跟着大队便走。李逵又去客店里拿了双斧,赶来厮杀。这府里整点得官军来时,那伙好汉已自去得远了。官兵已知梁山泊人众难敌,不敢来追赶。

却说卢俊义便叫收拾李逵回去。行了半日,路上又不见了李逵。卢俊义又笑道:"正是招灾惹祸!必须使人寻他上山。"穆弘道:"我去寻他回寨。"卢俊义道:"最好。"

且不说卢俊义引众还山。却说李逵手持双斧,直到寿张县。当日午衙方散,李逵来到县衙门口,大叫入来:"梁山泊黑旋风爹爹在此!"吓得县中人手脚都麻木了,动掸不得。原来这寿张县贴着梁山泊最近,若听得"黑旋风李逵"五个字,端的医得小儿夜啼惊哭。今日亲身到来,如何不怕!

当时李逵径去知县椅子上坐了,口中叫道:"着两个出来说话,不来时便放火。"廊下房内众人商量,只得着几个出去答应,"不然,怎地得他去。"数内两个吏员出来厅上,拜了四拜,跪着道:"头领到此,必有指使。"李逵道:"我不来打搅你县里人,因往这里经过,闲耍一遭。请出你知县来,我和他厮见。"两个去了,出来回话道:"知县相公却才见头领来,开了后门,不知走往那里去了。"李逵不信,自转入后堂房里来寻,却见有那幞头衣衫匣子在那里放着。李逵扭开锁,取出幞头,插上展角,将来带了,把绿袍公服穿上,把角带系了,再寻朝靴,换了麻鞋,拿着槐简,走出厅前,大叫道:"吏典人等,都来参

第七十四回　燕青智扑擎天柱　李逵寿张乔坐衙

见!"众人没奈何，只得上去答应。李逵道："我这般打扮，也好么？"众人道："十分相称。"李逵道："你们令史祗候，都与我排衙了便去。若不依我，这县都翻做白地。"众人怕他，只得聚集些公吏人来，擎着牙杖骨朵，打了三通擂鼓，向前声喏。李逵呵呵大笑。又道："你众人内，也着两个来告状。"吏人道："头领在此坐地，谁敢来告状。"李逵道："可知人不来告状。你这里自着两个装做告状的来告，我又不伤他，只是取一回笑耍。"公吏人等商量了一回，只得着两个牢子，装做厮打的来告状。县门外百姓都放来看。两个跪在厅前，这个告道："相公可怜见，他打了小人。"那个告："他骂了小人，我才打他。"李逵道："那个是吃打的？"原告道："小人是吃打的。"又问道："那个是打了他的？"被告道："他先骂了，小人是打他来。"李逵道："这个打了人的是好汉，先放了他去。这个不长进的，怎地吃人打了？与我枷号在衙门前示众。"李逵起身，把绿袍抓扎起，槐简揣在腰里，掣出大斧，直看着枷了那个原告人，号令在县门前，方才大踏步去了，也不脱那衣靴。县门前看的百姓，那里忍得住笑。正在寿张县前，走过东，走过西，忽听得一处学堂读书之声。李逵揭起帘子，走将入去。吓得那先生跳窗走了。众学生们哭的哭，叫的叫，跑的跑，躲的躲。李逵大笑出门来，正撞着穆弘。穆弘叫道："众人忧得你苦，你却在这里风！快上山去！"那里由他，拖着便走。李逵只得离了寿张县，径奔梁山泊来。有诗为证：

　　牧民县令古贤良，想是腌臢没主张。
　　怪杀李逵无道理，琴堂闹了闹书堂。

二人渡过金沙滩，到得寨里。众人见了李逵这般打

批注

批注

扮，都笑。到得忠义堂上，宋江正与燕青庆喜，只见李逵放下绿襕袍，去了双斧，摇摇摆摆，直至堂前，执着槐简，来拜宋江。拜不得两拜，把这绿襕袍踏裂，绊倒在地。众人都笑。宋江骂道："你这厮忒大胆，不曾着我知道，私走下山。这是该死的罪过！但到处，便惹起事端。今日对众兄弟说过，再不饶你！"李逵喏喏连声而退。梁山泊自此人马平安，都无甚事，每日在山寨中教演武艺，操练人马。令会水者上船习学。各寨中添造军器、衣袍、铠甲、枪刀、弓箭、牌弩、旗帜，不在话下。

且说泰安州备将前事申奏东京，进奏院中又有收得各处州县申奏表文，皆为宋江等反乱骚扰一事。大卿类总启奏。是日景阳钟响，都来到待漏院中，伺候早朝，面奏天子。此时道君皇帝有一个月不曾临朝视事。当日早朝，正是：三下静鞭鸣御阁，两班文武列金阶。圣主临朝，百官拜罢，殿头官喝道："有事出班早奏，无事卷帘退朝。"进奏院卿出班奏曰："臣院中收得各处州县累次表文，皆为宋江等部领贼寇，公然直进府州，劫掠库藏，抢掳仓廒，杀害军民，贪厌无足。所到之处，无人可敌。若不早为剿捕，日后必成大患。伏乞陛下圣鉴。"天子乃云："去年上元夜，此寇闹了京国，今年又往各处骚扰，何况那里附近州郡。我已累次差遣枢密院进兵，至今不见回奏。"傍有御史大夫崔靖出班奏曰："臣闻梁山泊上立一面大旗，上书'替天行道'四字。此是曜民之术。民心既伏，不可加兵。即目辽兵犯境，各处军马遮掩不及。若要起兵征伐，深为不便。以臣愚意，此等山间亡命之徒，皆犯官刑，无路可避，遂乃啸聚山林，恣为不道。若降一封丹诏，光禄寺颁给御酒珍羞，差一员大臣，直到梁山泊好言抚谕，招安来降，假此以敌辽兵，公私两便。伏乞陛下圣鉴。"天子云："卿言甚当，正合朕意。"便差殿前太尉陈宗善为使，赍擎丹诏御酒，前去招安梁山泊大小人数。是日朝散，陈太尉领了诏敕，回家收拾。

不争陈太尉捧诏招安，有分教：千千金戈铁骑，密布山头；簇簇战舰艨艟，平铺水面。误冲邪祟，恼犯魔王。正是：香醪翻做烧身药，丹诏应为引战书。毕竟陈太尉怎地去招安宋江，且听下回分解。

批注

本回我评论：

煮酒论英雄

燕青相扑，已属趣事，然犹有所为而为也。何如李大哥做知县、闹学堂，都是逢场作戏，真个神通自在，未至不迎，既去不恋。活佛，活佛。

——李卓吾

1. 本回是《水浒传》中充满喜剧色彩的一回，谈谈你认为作者为什么要安排这一回情节。

2. 本回对李逵人物塑造起怎样的作用？

水浒校场

1. 燕青相扑一段，作者写得一波三折，试模仿金圣叹点评的方法，选择一个角度进行旁批。

2. 日本的相扑运动为人熟知，原来北宋时期也有相扑运动，感兴趣的同学可以做一个小课题，研究一下相扑运动的源流发展。

3. 辩一辩，本回内容似乎是赘笔，可否删去？

4. 演一演，根据本回内容，创作一个剧本，并进行排练演出。

第七十四回　燕青智扑擎天柱　李逵寿张乔坐衙

水浒绣像

请喜欢绘画的同学创作一幅"李逵当官"的九宫格漫画。

第七十五回

活阎罗倒船偷御酒　黑旋风扯诏谤徽宗

批注

诗曰：

祸福渊潜未易量，两人行事太猖狂。
售奸暗抵黄封酒，纵恶明撕彩凤章。
爽口物多终作疾，快心事过必为殃。
距埋辊辒成虚谬，到此翻为傀儡场。

话说陈宗善领了诏书，回到府中，收拾起身。多有人来作贺："太尉此行，一为国家干事，二为百姓分忧，军民除害。梁山泊以忠义为主，只待朝廷招安。太尉可着些甜言美语，加意抚恤。留此清名，以传万代。"正话间，只见太师府干人来请，说道："太师相邀太尉说话。"陈宗善上轿，直到新宋门大街太师府前下轿。干人直引进节堂内书院中，见了太师，侧边坐下。茶汤已罢，蔡太师问道："听得天子差你去梁山泊招安，特请你来说知：到那里不要失了朝廷纲纪，乱了国家法度。你曾闻《论语》有云：'行己有耻，使于四方，不辱君命，可谓使矣。'"陈太尉道："宗善尽知。承太师指教。"蔡京又道："我叫这个干人

第七十五回 活阎罗倒船偷御酒 黑旋风扯诏谤徽宗

跟随你去。他多省得法度，怕你见不到处，就与你提拨。"陈太尉道："深感恩相厚意。"辞了太师，引着干人，离了相府，上轿回家。方才歇定，门吏来报："高殿帅下马。"陈太尉慌忙出来迎接，请到厅上坐定。叙问寒温已毕，高太尉道："今日朝廷商量招安宋江一事，若是高俅在内，必然阻住。况此贼辈，累辱朝廷，罪恶滔天。今更赦宥罪犯，引入京城，必成后患。欲待回奏，玉音已出。且看大意何如。若还此寇仍昧良心，怠慢圣旨，太尉早早回京，不才奏过天子，整点大军，亲身到彼，剪草除根，是吾之愿。太尉此去，下官手下有个虞候，能言快语，问一答十，好与太尉提拨事情。"陈太尉谢道："感蒙殿帅忧心。"高俅起身，陈太尉送至府前，上马去了。

次日，蔡太师府张干办，高殿帅府李虞候，二人都到了。陈太尉拴束马匹，整点人数，十将捧十瓶御酒，装在龙凤担内挑了，前插黄旗。陈太尉上马，亲随五六人，张干办、李虞候都乘马匹，丹诏背在前面，引一行人出新宋门。以下官员亦有送路的，都回去了。迤逦来到济州，太守张叔夜接着，请到府中，设筵相待，动问招安一节。陈太尉都说了备细。张叔夜道："论某愚意，招安一事最好。只是一件：太尉到那里须是陪些和气，用甜言美语抚恤他众人。好共歹，只要成全大事。太尉留个清名于万古。他数内有几个性如烈火的汉子，倘或一言半语冲撞了他，便坏了大事。"张干办、李虞候道："放着我两个跟着太尉，定不致差迟。太守，你只管教小心和气，须坏了朝廷纲纪。小辈人常压着不得一半，若放他头起，便做模样。"张叔夜道："这两个是甚么人？"陈太尉道："这一个人是蔡太师府内干办，这一个是高太尉府虞候。"张叔夜道：

批注

"只好教这两位干办不去罢。"陈太尉道："他是蔡府、高府心腹人，不带他去，必然疑心。"张叔夜道："下官这话，只是要好。恐怕劳而无功。"张干办道："放着我两个，万丈水无涓滴漏。"张叔夜再不敢言语，一面安排筵宴，送至馆驿内安歇。有诗为证：

　　一封丹诏下青云，特地招安水浒军。

　　可羡明机张叔夜，预知难以策华勋。

　　且说次日，济州先使人去梁山泊报知。却说宋江每日在忠义堂上聚众相会，商议军情。早有细作人报知此事，未见真实，心中甚喜。当日，有一人同济州报信的直到忠义堂上，说道："朝廷今差一个太尉陈宗善，赍到十瓶御酒，赦罪招安丹诏一道，已到济州城内。这里准备迎接。"宋江大喜，遂取酒食并彩段二表里，花银十两，打发报信人先回。宋江与众人道："我们受了招安，得为国家臣子，不枉吃了许多时磨难，今日方成正果。"吴用说道："论吴某的意，这番必然招安不成。纵使招安，也看得俺们如草芥。等这厮引将大军来，到教他着些毒手，杀得他人亡马倒，梦里也怕。那时方受招安，才有些气度。"宋江道："你们若如此说时，须坏了'忠义'二字。"林冲道："朝廷中贵官来时，有多少装么。中间未必是好事。"关胜便道："诏书上必然写着些唬吓的言语，来惊我们。"徐宁又道："来的人必然是高太尉门下。"宋江道："你们都休要疑心，且只顾安排接诏。"先令宋清、曹正准备筵席，委柴进都管提调，务要十分齐整。铺设下太尉幕次，列五色绢段，堂上堂下，搭彩悬花。先使裴宣、萧让、吕方、郭盛预前下山，离二十里伏道迎接。水军头领准备大船傍岸。吴用传令："恁们尽依我行。不如此，行不得。"

第七十五回　活阎罗倒船偷御酒　黑旋风扯诏谤徽宗

　　且说萧让引着三个随行，带引五六人，并无寸铁，将着酒果，在二十里外迎接。陈太尉当日在途中，张干办、李虞候不乘马匹，在马前步行。背后从人，何止三二百。济州的军官约有十数骑，前面摆列导引人马，龙凤担内挑担御酒，骑马的背着诏匣。济州牢子前后也有五六十人，都要去梁山泊内，指望觅个小富贵。萧让、裴宣、吕方、郭盛在半路上接着，都俯伏跪在道傍迎接。那张干办便问道："你那宋江大似谁？皇帝诏敕到来，如何不亲自来接？甚是欺君！你这伙本是该死的人，怎受得朝廷招安！请太尉回去。"萧让、裴宣、吕方、郭盛俯伏在地，请罪道："自来朝廷不曾有诏到寨，未见真实，宋江与大小头领都在金沙滩迎接。万望太尉暂息雷霆之怒，只要与国家成全好事，恕免则个。"李虞候便道："不成全好事，也不愁你这伙贼飞上天去了！"有诗为证：

　　　　贝锦生谗自古然，小人凡事不宜先。
　　　　九天恩雨难宣布，抚谕招安未十全。

　　当时吕方、郭盛道："是何言语？只如此轻看人！"萧让、裴宣只得恳请他。捧去酒果，又不肯吃。众人相随来到水边，梁山泊已摆着三只战船在彼，一只装载马匹，一只装裴宣等一干人，一只请太尉下船，并随从一应人等。先把诏书、御酒放在船头上，那只船正是活阎罗阮小七监督。

　　当日阮小七坐在船梢上，分拨二十余个军健棹船，一家带一口腰刀。陈太尉初下船时，昂昂而已，旁若无人，坐在中间。阮小七招呼众人把船棹动，两边水手齐唱起歌来。李虞候便骂道："村驴！贵人在此，全无忌惮！"那水手那里采他，只顾唱歌。李虞候拿起藤条来打，两边水手众人并无惧色，有几个为头的回话道："我们自唱歌，干你甚事！"李虞候道："杀不尽的反贼，怎敢回我话！"便把藤条去打。两边水手都跳在水里去了。阮小七在梢上说道："直这般打我水手下水里面去了，这船如何得去！"只见上流头两只快船下来接。原来阮小七预先积下两舱水，见后头来船相近，阮小七便去拔了楔子，叫一声"船漏了"，水早滚上舱里来。急叫救时，船里有一尺多水。那两只船帮将拢来，众人急救陈太尉过船去。各人且把船只顾摇开，那里来顾御酒、诏书。两只快船先行去了。

  阮小七叫上水手来，舀了舱里水，把展布都拭抹了。却叫水手道："你且掇一瓶御酒过来，我先尝一尝滋味。"一个水手便去担中取一瓶酒出来，解了封头，递与阮小七。阮小七接过来，闻得喷鼻馨香。阮小七道："只怕有毒。我且做个不着，先尝些个。"也无碗瓢，和瓶便呷，一饮而尽。阮小七吃了一瓶道："有些滋味。一瓶那里济事，再取一瓶来！"又一饮而尽。吃得口滑，一连吃了四瓶。阮小七道："怎地好？"水手道："船梢头有一桶白酒在那里。"阮小七道："与我取舀水的瓢来，我都教你们到口。"将那六瓶御酒，都分与水手众人吃了，却装上十瓶村醪水白酒，还把原封头缚了，再放在龙凤担内，飞也似摇着船来。

  赶到金沙滩，却好上岸。宋江等都在那里迎接，香花灯烛，鸣金擂鼓，并山寨里村乐，一齐都响。将御酒摆在桌子上，每一桌令四个人抬，诏书也在一个桌子上抬着。陈太尉上岸，宋江等接着，纳头便拜。宋江道："文面小吏，罪恶迷天，曲辱贵人到此，接待不及，望乞恕罪。"李虞候道："太尉是朝廷大贵人，大臣来招安你们，非同小

第七十五回 活阎罗倒船偷御酒 黑旋风扯诏谤徽宗

可,如何把这等漏船,差那不晓事的村贼乘驾,险些儿误了大贵人性命!"宋江道:"我这里有的是好船,怎敢把漏船来载贵人。"张干办道:"太尉衣襟上兀自湿了,你如何耍赖!"宋江背后,五虎将紧随定,不离左右,又有八骠骑将簇拥前后。见这李虞候、张干办在宋江前面指手划脚,你来我去,都有心要杀这厮,只是碍着宋江一个,不敢下手。

当日宋江请太尉上轿,开读诏书。四五次才请得上轿。牵过两匹马来与张干办、李虞候骑,这两个男女,不知身已多大,装煞臭么。宋江央及得上马行了,令众人大吹大擂,迎上三关来。宋江等一百余个头领都跟在后面,直迎至忠义堂前,一齐下马,请太尉上堂。正面放着御酒、诏匣,陈太尉、张干办、李虞候立在左边,萧让、裴宣立在右边。宋江叫点众头领时,一百七人,于内单只不见了李逵。此时是四月间天气,都穿夹罗战袄,跪在堂上,拱听开读。陈太尉于诏书匣内取出诏书,度与萧让。裴宣赞礼,众将拜罢。萧让展开诏书,高声读道:

"制曰:文能安邦,武能定国。五帝凭礼乐而有封疆,三皇用杀伐而定天下。事从顺逆,人有贤愚。朕承祖宗之大业,开日月之光辉,普天率土,罔不臣伏。近为宋江等辈,啸聚山林,劫掳郡邑。本欲用彰天讨,诚恐劳我生民。今差太尉陈宗善前来招安。诏书到日,即将应有钱粮、军器、马匹、船只,目下纳官,拆毁巢穴,率领赴京,原免本罪。倘或仍昧良心,违戾诏制,天兵一至,齑龀不留。故兹诏示,想宜知悉。

宣和三年孟夏四月日诏示。"

萧让却才读罢,宋江已下皆有怒色。只见黑旋风李逵

▷ 批注

批注

从梁上跳将下来，就萧让手里夺过诏书，扯的粉碎，便来揪住陈太尉，搂拳便打。此时宋江、卢俊义大横身抱住，那里肯放他下手。恰才解拆得开，李虞候喝道："这厮是甚么人？敢如此大胆！"李逵正没寻人打处，劈头揪住李虞候便打，喝道："写来的诏书是谁说的话？"张干办道："这是皇帝圣旨。"李逵道："你那皇帝正不知我这里众好汉，来招安老爷们，倒要做大！你的皇帝姓宋，我的哥哥也姓宋，你做得皇帝，偏我哥哥做不得皇帝！你莫要来恼犯着黑爹爹，好歹把你那写诏的官员尽都杀了！"众人都来解劝，把黑旋风推下堂去。宋江道："太尉且宽心，休想有半星儿差池。且取御酒教众人沾恩。"随即取过一副嵌宝金花盏，令裴宣取一瓶御酒，倾在银酒海内看时，却是村醪白酒。再将九瓶都打开倾在酒海内，却是一般的淡薄村醪。众人见了，尽都骇然，一个个都走下堂去了。鲁智深提着铁禅杖，高声叫骂："入娘撮鸟，忒杀是欺负人！把水酒做御酒来哄俺们吃！"赤发鬼刘唐也挺着朴刀杀上来，行者武松掣出双戒刀，没遮拦穆弘、九纹龙史进一齐发作。六个水军头领都骂下关去了。

宋江见不是话，横身在里面拦当，急传将令，叫轿马护送太尉下山，休教伤犯。此时四下大小头领，一大半闹将起来。宋江、卢俊义只得亲身上马，将太尉并开诏一干人数，护送下三关，再拜伏罪："非宋江等无心归降，实是草诏的官员不知我梁山泊里弯曲。若以数句善言抚恤，我等尽忠报国，万死无怨。太尉若回得朝廷，善言则个。"急急送过渡口。这一干人吓的屁滚尿流，飞奔济州去了。有诗为证：

太尉承宣出帝乡，为招忠义欲归降。

第七十五回　活阎罗倒船偷御酒　黑旋风扯诏谤徽宗

卑身辱国难成事，反被无端骂一场。

却说宋江回到忠义堂上，再聚众头领筵席。宋江道："虽是朝廷诏旨不明，你们众人也忒性躁。"吴用道："哥哥你休执迷，招安须自有日。如何怪得众弟兄们发怒，朝廷忒不将人为念。如今闲话都打叠起，兄长且传将令，马军拴束马匹，步军安排军器，水军整顿船只。早晚必有大军前来征讨，一两阵杀得他人亡马倒，片甲不回，梦着也怕，那时却再商量。"众人道："军师言之极当。"是日散席，各归本帐。

且说陈太尉回到济州，把梁山泊开诏一事诉与张叔夜，张叔夜道："敢是你们多说甚言语来？"陈太尉道："我几曾敢发一言。"张叔夜道："既是如此，枉费了心力，坏了事情。太尉急急回京，奏知圣上，事不宜迟。"陈太尉、张干办、李虞候一行人从，星夜回京来，见了蔡太师，备说梁山泊贼寇扯诏毁谤一节。蔡京听了，大怒道："这伙草寇，安敢如此无礼！堂堂宋朝天下，如何教你这伙横行！"陈太尉哭道："若不是太师福荫，小官粉骨碎身在梁山泊。今日死得逃生，再见恩相。"太师随即叫请童枢密，高、杨二太尉，都来相府商议军情重事。无片时，都请到太师府白虎堂内。众官坐下，蔡太师教唤过张干办、李虞候，备说梁山泊扯诏毁谤一事。杨太尉道："这伙贼徒，如何主张招安他！当初是那一个官奏来？"高太尉道："那日我若在朝内，必然阻住，如何肯行此事。"童枢密道："鼠窃狗盗之徒，何足虑哉！区区不才，亲引一支军马，克时定日，扫清水泊而回。"众官道："来日奏闻。"当下都散。

次日早朝，众官都在御阶伺候。只见殿上净鞭三下

批注

　　响,文武两班齐,三呼万岁,君臣礼毕。蔡太师出班,将此事上奏天子。天子大怒,问道:"当日谁奏寡人,主张招安?"侍臣给事中奏道:"此日是御史大夫崔靖所言。"天子教拿崔靖送大理寺问罪。天子又问蔡京道:"此贼为害多时,差何人可以收剿?"蔡太师奏道:"非以重兵,不能收伏。以臣愚意,必得枢密院官亲率大军前去剿捕,可以刻日取胜。"天子教宣枢密使童贯,问道:"卿肯领兵收捕梁山泊草寇?"童贯跪下奏曰:"古人有云:孝当竭力,忠则尽命。臣愿效犬马之劳,以除心腹之患。"高俅、杨戬亦皆保举。天子随即降下圣旨,赐与金印、兵符,拜东厅枢密使童贯为大元帅,任从各处选调军马,前去剿捕梁山泊贼寇,拣日出师起行。

　　不是童贯引大军来,有分教:千千铁骑,布满山川;万万战船,平铺绿水。正是:只凭飞虎三千骑,卷起貔貅百万兵。毕竟童贯领了大军怎地出师,且听下回分解。

本回我评论:

煮酒论英雄

　　张干办、李虞候极识大体,只少转变。若是阮小七、李大,不过为吴用所使耳,蠢汉蠢汉。又曰:你的皇帝姓宋,我的哥哥也姓宋,实是不经人道语。李大哥一派天机,妙人趣人,真不食烟火人也。

——李卓吾

1. 你是否同意李卓吾的评价?

2. 七十回后,金圣叹先生没有再做评论,试以金圣叹批评笔法,评价阮小七、李逵、鲁智深、武松等人的言行。

3. 张叔夜是历史中真实存在的人物,查找相关史料,与本回内容比较。

水浒校场

1. 点评李逵扯诏书的一段文字。

2. 小人物有时在情节发展中起到至关重要的作用，本回中的张干办、李虞候就是这样的角色。从情节发展的角度，点评二人的言行。

3. 辩一辩：第一次招安失败是谁的责任？

4. 演一演：把黑旋风扯诏一节改编成剧本并排练演出。

水浒绣像

整理本回中各路好汉的言行，如果能用漫画形式表现出来更好。

第八十回

张顺凿漏海鳅船　宋江三败高太尉

诗曰：

乾坤日月如梭急，万死千生如瞬息。
只因政化多乖违，奋剑挥刀动白日。
梁山义士真英豪，矢心忠义凌云霄。
朝廷遣将非仁义，致令壮士心劳忉。
高俅不奉朝廷意，狡狯萦心竟妖魅。
诏书违戾害心萌，济州黎庶肝涂地。
仁存方寸不在多，机关万种将如何？
九重天远岂知得，纷纷寰海兴干戈。

> 批注

话说高太尉在济州城中帅府坐地，唤过王焕等众节度商议：传令将各路军马，拔寨收入城中；教见在节度使俱各全副披挂，伏于城内；各寨军士，尽数准备，摆列于城中；城上俱各不竖旌旗，只于北门上立黄旗一面，上书"天诏"二字。高俅与天使众官都在城上，只等宋江到来。

当日梁山泊中，先差没羽箭张清将带五百哨马，到济州城边周回转了一遭，望北去了。须臾，神行太保戴宗步

批注

行来探了一遭。人报与高太尉，亲自临月城上女墙边，左右从者百余人，大张麾盖，前设香案。遥望北边宋江军马到来，前面金鼓，五方旌旗，众头领簇箕掌，栲栳圈，雁翅一般，摆列将来。当先为首，宋江、卢俊义、吴用、公孙胜，在马上欠身，与高太尉声喏。高太尉见了，使人在城上叫道："如今朝廷赦你们罪犯，特来招安，如何披甲前来？"宋江使戴宗至城下回复道："我等大小人员，未蒙恩泽，不知诏意如何，未敢去其介胄。望太尉周全。可尽唤在城百姓耆老，一同听诏，那时承恩卸甲。"高太尉出令，教唤在城耆老百姓，尽都上城听诏。无移时，纷纷滚滚，尽皆到了。宋江等在城下，看见城上百姓老幼摆满，方才勒马向前。鸣鼓一通，众将下马。鸣鼓二通，众将步行到城边。背后小校，牵着战马，离城一箭之地，齐齐地伺候着。鸣鼓三通，众将在城下拱手，听城上开读诏书。那天使读道：

"制曰：人之本心，本无二端；国之恒道，俱是一理。作善则为良民，造恶则为逆党。朕闻梁山泊聚众已久，不蒙善化，未复良心。今差天使颁降诏书，除宋江、卢俊义等大小人众所犯过恶，并与赦免。其为首者，诣京谢恩；协随助者，各归乡间。毋违朕意，以负汝怀。呜呼，速沾雨露，以就去邪归正之心；毋犯雷霆，当效革故鼎新之意。故兹诏示，想宜悉知。

宣和　年月日"

当时军师吴用正听读到"除宋江"三字，便目视花荣道："将军听得么？"却才读罢诏书，花荣大叫："既不赦我哥哥，我等投降则甚？"搭上箭，拽满弓，望着那个开诏使臣道："看花荣神箭！"一箭射中面门，众人急

第八十回　张顺凿漏海鳅船　宋江三败高太尉

救。城下众好汉一齐叫声："反！"乱箭望城上射来，高太尉回避不迭。四门突出军马来，宋江军中，一声鼓响，一齐上马便走。城中官军追赶，约有五六里回来。只听得后军炮响，东有李逵，引步军杀来；西有扈三娘，引马军杀来。两路军兵，一齐合到。城内官军只怕有埋伏，都急退时，宋江全伙却回身卷杀将来，三面夹攻。城中军马大乱，急急奔回，杀死者多。宋江收军，不教追赶，自回梁山泊去了。

却说高太尉在济州写表，申奏朝廷，称说宋江贼寇，射死天使，不伏招安。外写密书，送与蔡太师、童枢密、杨太尉，烦为商议，教太师奏过天子，沿途接应粮草，星夜发兵前来，并力剿捕群贼。

却说蔡太师收得高太尉密书，径自入朝，奏知天子。天子闻奏，龙颜不悦云："此寇数辱朝廷，累犯大逆。"随次降敕，教诸路各助军马，并听高太尉调遣。杨太尉已知节次失利，再于御营司选拨二将，就于龙猛、虎翼、捧日、忠义四营内，各选精兵五百，共计二千，跟随两个上将，去助高太尉杀贼。

这两员将军是谁？一个是八十万禁军都教头，官带左义卫亲军指挥使，护驾将军丘岳；一个是八十万禁军副教头，官带右义卫亲军指挥使，车骑将军周昂。这两个将军，累建奇功，名闻海外，深通武艺，威镇京师，又是高太尉心腹之人。当时杨太尉点定二将，限目下起身，来辞蔡太师。蔡京分付道："小心在意，早建大功，必当重用！"二将辞谢了，去四营内，一个个选拣身长体健，腰细膀阔，山东、河北能登山、惯赴水，那一等精锐军汉，拨与二将。这丘岳、周昂辞了众省院官，去辞杨太尉，禀

批注

说:"明日出城。"杨太尉各赐与二将五匹好马,以为战阵之用。二将谢了太尉,各自回营,收拾起身。次日,军兵拴束了行程,都在御营司前伺候。丘岳、周昂二将分做四队:龙猛、虎翼二营一千军,有二千余骑军马,丘岳总领;捧日、忠义二营一千军,也有二千余骑军马,周昂总领。又有一千步军,分与二将随从。丘岳、周昂到辰牌时分,摆列出城。杨太尉亲自在城门上看军。且休说小校威雄,亲随勇猛。去那两面绣旗下,一丛战马之中,簇拥着护驾将军丘岳。怎生打扮,但见:

戴一顶缨撒火,锦兜鍪,双凤翅照天盔;披一副绿绒穿,红绵套,嵌连环锁子甲;穿一领翠沿边,珠络缝,荔枝红,圈金绣戏狮袍;系一条衬金叶,玉玲珑,双獭尾,红鞓钉盘螭带;着一双簇金线,海驴皮,胡桃纹,抹绿色云根靴;弯一张紫檀靶,泥金梢,龙角面,虎筋弦宝雕弓;悬一壶紫竹杆,朱红扣,凤尾翎,狼牙金点钢箭;挂一口七星装,沙鱼鞘,赛龙泉,欺巨阙霜锋剑;横一把撒朱缨,水磨杆,龙吞头,偃月样三停刀;骑一匹快登山,能跳涧,背金鞍,摇玉勒胭脂马。

那丘岳坐在马上,昂昂奇伟,领着左队人马,东京百姓看了,无不喝采。随后便是右队,捧日、忠义两营军马,端的整齐。去那两面绣旗下,一丛战马之中,簇拥着车骑将军周昂。怎生打扮,但见:

戴一顶吞龙头,撒青缨,珠闪烁烂银盔;披一副损枪尖,坏箭头,衬香绵熟钢甲;穿一领绣牡丹,飞双凤,圈金线绛红袍;系一条称狼腰,宜虎体,嵌七宝麒麟带;着一双起三尖,海兽皮,倒云根虎尾靴;弯一张雀画面,龙角靶,紫综绣六钧弓;攒一壶皂雕翎,铁梨杆,透唐猊凿子箭;使一柄欺袁达,赛石丙,劈开山金蘸斧;驶一匹负千斤,高八尺,能冲阵火龙驹;悬一条简银杆,四方棱,赛金光劈楞简;好似南天六丁将,浑如西岳巨灵神。

这周昂坐在马上,停停威猛。领着右队人马,来到城边,与丘岳下马,来拜辞杨太尉,作别众官,离了东京,取路望济州进发。

且说高太尉在济州,和闻参谋商议,比及添拨得军马到来,先使人去近处山林,砍伐木植大树;附近州县,拘刷造船匠人,就济州城外,搭起船场,打造战船;一面出榜,招募敢勇水手军士。

济州城中客店内,歇着一个客人,姓叶名春,原是泗州人氏,善会造船。因来山东,路经梁山泊过,被他那里小伙头目劫了本钱,流落在济州,不能勾回乡。听得高太尉要伐木造船,征进梁山泊,以图取胜,将纸画成船样,来见高太尉。拜罢,禀道:"前者恩相以船征进,为何不能取胜?盖因船只皆是各处拘刷将来的,使风摇橹,俱不得法;更兼船小底尖,难以用武。叶春今献一计,若要收伏此寇,必须先造大船数百只。最大者名为大海鳅船。两边置二十四部水车,船中可容数百人,每车用十二个人踏动。外用竹笆遮护,可避箭矢。船面上竖立弩楼,另造划车摆布放于上。如要进发,垛楼上一声梆子响,二十四部水车,一齐用力踏动,其船如飞,他将何等船只可以拦当!若是遇着敌军,船面上伏弩齐发,他将何物可以遮护!其第二等船,名为小海鳅船。两边只用十二部水车,船中可容百十人,前面后尾,都钉长钉,两边亦立弩楼,仍设遮洋笆片。这船却行梁山泊小港,当住这厮私路伏兵。若依此计,梁山之寇,指日唾手可平。"高太尉听

> 批注

说，看了图样，心中大喜。便叫取酒食衣服赏了叶春，就着做监造战船都作头。连日晓夜催并，砍伐木植，限日定时，要到济州交纳。各路府州县，均派合用造船物料。如若违限二日，笞四十，每三日加一等；若违限五日外者，定依军令处斩。各处逼迫守令催督，百姓亡者数多，众民嗟怨。有诗为证：

　　井蛙小见岂知天，可慨高俅听谲言。
　　毕竟鳅船难取胜，伤财劳众更徒然。

且不说叶春监造海鳅等船，却说各处添拨水军人等，陆续都到济州。高太尉分拨各寨节度使下听调，不在话下。只见门吏报道："朝廷差遣丘岳、周昂二将到来。"高太尉令众节度使出城迎接。二将到帅府，参见了，太尉亲赐酒食，抚慰已毕，一面差人赏军，一面管待二将。二将便请太尉将令，引军出城搦战。高太尉道："二公且消停数日，待海鳅船完备，那时水陆并进，船骑双行，一鼓可平贼寇。"丘岳、周昂禀道："某等觑梁山泊草寇，如同儿戏，太尉放心，必然奏凯还京。"高俅道："二将若果应口，吾当奏知天子前，必当重用。"是日宴散，就帅府前上马，回归本寨，且把军马屯驻听调。

不说高太尉催促造船征进，却说宋江与众头领自从济州城下叫反杀人，奔上梁山泊来，却与吴用等商议道："两次招安，都伤犯了天使，越增的罪恶重了，如何是好？朝廷必然又差军马来讨罪。"便差小喽啰下山去探事情如何，火急回报。不数日，只见小喽啰探知备细，报上山来："高俅近日招募一水军，叫叶春为作头，打造大小海鳅船数百只，东京又新遣差两个御前指挥使，到来助战。一个姓丘名岳，一个姓周名昂，二将英勇；各路又添拨到许多人

第八十回　张顺凿漏海鳅船　宋江三败高太尉

马，前来助战。"宋江便与吴用计议道："似此大船，飞游水面，如何破得？"吴用笑道："有何惧哉！只消得几个水军头领便了。旱路上交锋，自有猛将应敌。然虽如此，料这等大船，要造必在数旬间，方得成就。目今尚有四五十日光景，先教一两个弟兄去那造船厂里，先薅恼他一遭，后却和他慢慢地放对。"宋江道："此言最好！可教鼓上蚤时迁、金毛犬段景住，这两个走一遭。"吴用道："再叫张青、孙新扮作拽树民夫，杂在人丛里入船厂去。却叫顾大嫂、孙二娘扮做送饭妇人，和一般的妇人杂将入去，却叫时迁、段景住相帮。再用张清引军接应，方保万全。"前后唤到堂上，各各听令已了。众人欢喜无限，分投下山，自去行事。

却说高太尉晓夜催促督造船只，朝暮捉拿民夫供役。那济州东路上一带都是船厂，攒造大海鳅船百只，何止匠人数千，纷纷攘攘。那等蛮军，都拔出刀来，唬吓民夫，无分星夜，要攒完备。

是日，时迁、段景住先到了厂内，两个商量道："眼见的孙、张二夫妻，只是去船厂里放火，我和你也去那里，不显我和你高强。我们只伏在这里左右，等他船厂里火发，我便却去城门边伺候，必然有救军出来，乘势闪将入去，就城楼上放起火来，你便却去城西草料场里，也放起把火来，教他两下里救应不迭，教他这场惊吓不小。"两个自暗暗地相约了，身边都藏了引火的药头，各自去寻个安身之处。

却说张青、孙新两个来到济州城下，看见三五百人，拽木头入船厂里去。张、孙二人杂在人丛里，也去拽木头投厂里去。厂门口约有二百来军汉，各带腰刀，手拿棍

> 批注

批注

棒，打着民夫，尽力拖拽入厂里面交纳。团团一遭，都是排栅；前后搭盖茅草厂屋，有二三百间。张青、孙新入到里面看时，匠人数千，解板的在一处，钉船的在一处，艌船的在一处。匠人民夫，乱滚滚往来，不记其数。这两个径投做饭的笆棚下去躲避。孙二娘、顾大嫂两个穿了些腌腌臜臜衣服，各提着个饭罐，随着一般送饭的妇人，打哄入去。看看天色渐晚，月色光明，众匠人大半尚兀自在那里挣攒未办的工程。有诗为证：

战船打造役生灵，枉费工夫用不成。
内外不知谁放火，可怜烧得太无情。

当晚约有二更时分，孙新、张青在左边船厂里放火，孙二娘、顾大嫂在右边船厂里放火。两下火起，草屋焰腾腾地价烧起来。船厂内民夫工匠，一齐发喊，拔翻排栅，各自逃生。

高太尉正睡间，忽听得人报道："船场里火起！"急忙起来，差拨官军出城救应。丘岳、周昂二将各引本部军兵，出城救火。去不多时，城楼上一把火起。高太尉听了，亲自上马，引军上城救火时，又见报道："西草场内又一把火起，照耀浑如白日。"丘、周二将引军去西草场中救护时，只听得鼓声振地，喊杀连天，原来没羽箭张清引着五百骠骑马军，在那里埋伏，看见丘岳、周昂引军来救应，张清便直杀将来，正迎着丘岳、周昂军马。张清大喝道："梁山泊好汉全伙在此！"丘岳大怒，拍马舞刀，直取张清。张清手搠长枪来迎，不过三合，拍马便走。丘岳要逞功劳，随后赶来，大喝："反贼休走！"张清按住长枪，轻轻去锦袋内偷取个石子在手，扭回身躯，看丘岳来得较近，手起喝声道："着！"一石子正中丘岳面门，翻身落马。周昂见了，便和数个牙将，死命来救丘岳。周昂战住张清，众将救得丘岳上马去了。张清与周昂战不到数合，回马便走。周昂不赶。张清又回来，却见王焕、徐京、杨温、李从吉四路军到。张清手招引了五百骠骑军，竟回旧路去了。这里官军恐有伏兵，不敢去赶，自收军兵回来，且只顾救火。三处火灭，天色已晓。高太尉教看丘岳中伤如何。原来那一石子，正打着面门，唇口里打落了四个牙齿；鼻子嘴唇，都打破了。高太尉着令医人治疗，见丘岳重伤，恨梁山泊深入骨髓。一面使人唤叶春，分付教在意造船征进。船厂四围，都教节度使下了寨栅，早晚提备，不在话下。

却说张青、孙新夫妻四人，俱各欢喜；时迁、段景住两个，都回旧路。六人已都有部从人马，迎接回梁山泊去了。都到忠义堂，去说放火一事。宋江大喜，设宴特赏六人。自此之后，不时间使人探视。造船将完，看看冬到。其年天气甚暖，高太尉心中暗喜，以为天助。叶春造船，已都完办，高太尉催趱水军，都要上船演习本事。大小海鳅等船陆续下水。城中帅府招募到四山五岳水手人等，约有一万余人。先教一半去各船上学踏车，着一半学放弩箭。不过二十余日，战船演习已都完足了。叶春请太尉看船，有诗为证：

　　自古兵机在速攻，锋摧师老岂成功。
　　高俅卤莽无通变，经岁劳民造战艟。

是日，高俅引领众多节度使、军官头目，都来看船。把海鳅船三百余只，分布水面。选十数只船，遍插旌旗，筛锣击鼓，桹子响处，两边水车，一齐踏动，端的是风飞电走。高太尉看了，心中大喜：似此如飞船只，此寇将何

批注

拦截，此战必胜。随取金银段匹，赏赐叶春；其余人匠，各给盘缠，疏放归家。次日，高俅令有司宰乌牛、白马、猪羊果品，摆列金银钱纸，致祭水神。排列已了，众将请太尉行香。丘岳疮口已完，恨入心髓，只要活捉张清报仇。当同周昂与众节度使，一齐都上马，跟随高太尉到船边下马，随侍高俅致祭水神。焚香赞礼已毕，烧化楮帛，众将称贺已了，高俅叫取京师原带来的歌儿舞女，都令上船作乐侍宴。一面教军健车船演习，飞走水面，船上笙箫谩品，歌舞悠扬，游玩终夕不散。当夜就船中宿歇。次日，又设席面饮酌，一连三日筵宴，不肯开船。忽有人报道："梁山泊贼人写一首诗，贴在济州城里土地庙前，有人揭得在此。"其诗写道：

　　　　帮闲得志一高俅，漫领三军水上游。
　　　　便有海鳅船万只，俱来泊内一齐休！

高太尉看了诗大怒，便要起军征剿："若不杀尽贼寇，誓不回军！"闻参谋谏道："太尉暂息雷霆之怒。想此狂寇惧怕，特写恶言哄吓，不为大事。消停数日之间，拨定了水陆军马，那时征进未迟。目今深冬，天气和暖，此天子洪福，元帅虎威也。"高俅听罢甚喜，遂入城中，商议拨军遣将。旱路上便调周昂、王焕同领大军，随行策应。却调项元镇、张开总领军马一万，直至梁山泊山前那条大路上守住厮杀。原来梁山泊自古四面八方，茫茫荡荡，都是芦苇烟水。近来只有山前这条大路，却是宋公明方才新筑的，旧不曾有。高太尉教调马军先进，截住这条路口。其余闻参谋、丘岳、徐京、梅展、王文德、杨温、李从吉，长史王瑾，造船人叶春，随行牙将，大小军校随从人等，都跟高太尉上船征进。闻参谋谏道："主帅只可监督

第八十回 张顺凿漏海鳅船 宋江三败高太尉

马军,陆路进发,不可自登水路,亲临险地。"高太尉道:"无伤。前番二次,皆不得其人,以致失陷了人马,折了许多船只。今番造得若干好船,我若不亲临监督,如何擒捉此寇?今次正要与贼人决一死战,汝不必多言!"闻参谋再不敢开口,只得跟随高太尉上船。高俅拨三十只大海鳅船,与先锋丘岳、徐京、梅展管领,拨五十只小海鳅船开路,令杨温同长史王瑾、船匠叶春管领。头船上立两面大红绣旗,上书十四个金字道:"搅海翻江冲巨浪,安邦定国灭洪妖。"中军船上,却是高太尉、闻参谋,引着歌儿舞女,自守中军队伍。向那三五十只大海鳅船上,摆开碧油幢、帅字旗、黄钺白旄、朱幡皂盖、中军器械。后面船上,便令王文德、李从吉压阵。此是十一月中时。马军得令先行。水军先锋丘岳、徐京、梅展三个,在头船上,首先进发,飞云卷雾,望梁山泊来。但见海鳅船:

前排箭洞,上列弩楼。冲波如蛟蜃之形,走水似鲲鲸之势。龙鳞密布,左右排二十四部绞车;雁翅齐分,前后列一十八般军器。青布织成皂盖,紫竹制作遮洋。往来冲击似飞梭,展转交锋欺快马。五方旗帜翻风,遍插碌楼;两下甲兵挺剑,皆潜复道。搅起掀天骇浪,掀翻滚雪洪涛。来时金鼓喧阗,到处波澜汹涌。荷叶池中风雨响,蒹葭丛里海鳅来。

当下三个先锋,催动船只,把小海鳅分在两边,当住小港;大海鳅船望中进发。众军诸将,正如蟹眼鹤顶,只望前面奔窜,迤逦来到梁山泊深处。宋江、吴用已知备细,预先布置已定,单等官军船只到来。只见远远地早有一簇船来,每只船上,只有十四五人,身上都有衣甲,当中坐着一个头领。前面三只船上,插着三把白旗,旗上写道："梁山泊阮氏三雄"。中间阮小二，左边阮小五，右边阮小七。远远地望见明晃晃都是戎装衣甲，却原来尽把金银箔纸糊成的。

　　三个先锋见了，便叫前船上将火炮、火枪、火箭，一齐打放。那三阮全然不惧，料着船近，枪箭射得着时，发声喊，齐跳下水里去了。丘岳等夺得三只空船，又行不过三里来水面，见三只快船抢风摇来。头只船上，只有十数个人，都把青黛、黄丹、土朱、泥粉抹在身上，头上披着发，口中打着唿哨，飞也似来。两边两只船上，都只五七个人，搽红画绿不等。中央是玉幡竿孟康，左边是出洞蛟童威，右边是翻江蜃童猛。这里先锋丘岳，又叫打放火器，只见对面发声喊，都弃了船，一齐跳下水里去了。又捉得三只空船。再行不得三里多路，又见水面上三只中等船来。每船上四把橹，八个人摇动，十余个小喽罗，打着一面红旗，簇拥着一个头领坐在船头上，旗上写："水军头领混江龙李俊"。左边这只船上，坐着这个头领，手搦铁枪，打着一面绿旗，上写道："水军头领船火儿张横"。右边那只船上，立着那个好汉，上面不穿衣服，下腿赤着双脚，腰间插着几个铁凿，手中挽个铜锤，打着一面皂旗，银字，上书："头领浪里白跳张顺"。乘着船，高声说道："承谢送船到泊！"三个先锋听了，喝教："放箭！"弓弩响时，对面三只船上众好汉，都翻筋斗跳下水里去了。此是暮冬天气，官军船上招来的水手军士，那里敢下水去。

　　正犹豫间，只听得梁山泊顶上，号炮连珠价响，只见四分五落，芦苇丛中，钻出千百只小船来，水面如飞蝗一般。每只船上，只三五个人，船舱中竟不知有何物。大海鳅船要撞时，又撞不得。水车正要踏动时，前面水底下都填塞定了，车辐板竟踏不动。弩楼上放箭时，小船上人，一个个自顶片板遮护。看看逼将拢来，一个把挠钩搭住了舵，一个把板刀便砍那踏车的军士。早有五六十个爬上先锋船来。官军急要退时，后面又塞定了，急切退不得。前船正混战间，后船又大叫起来。高太尉和闻参谋在中军船上，听得大乱，急要上岸，只听得芦苇中金鼓大振，舱内军士一齐喊道："船底漏了。"滚滚走入水来。前船后船，尽皆都漏，看看沉下去。四下小船，如蚂蚁相似，望大船边来。高太尉新船，缘何得漏？却原来是张顺引领一班儿高手水军，都把锤凿在船底下凿透船底，四下里滚入水来。

高太尉扒去舵楼上，叫后船救应，只见一个人从水底下钻将起来，便跳上舵楼来，口说道："太尉，我救你性命。"高俅看时，却不认得。那人近前，便一手揪往高太尉巾帻，一手提住腰间束带，喝一声："下去！"把高太尉扑同地丢下水里去。堪嗟架海擎天手，翻作生擒败阵人。有诗为证：

　　攻战鳅船事已空，高俅人马竟无功。
　　堂堂奉命勤王将，却被生擒落水中。

只见旁边两只小船，飞来救应，拖起太尉上船去。那个人便是浪里白跳张顺，水里拿人，浑如瓮中捉鳖，手到拈来。

前船丘岳见阵势大乱，急寻脱身之计，只见旁边水手丛中，走出一个水军来。丘岳不曾提防，被他赶上，只一刀，把丘岳砍下船去。那个便是梁山泊锦豹子杨林。徐京、梅展见杀了先锋丘岳，两个奔来杀杨林。水军丛中，连抢出四个小头领来：一个是白面郎君郑天寿，一个是病大虫薛永，一个是打虎将李忠，一个是操刀鬼曹正，一发从后面杀来。徐京见不是头，便跳下水去逃命，不想水底下已有人在彼，又吃拿了。薛永将梅展一枪，搠着腿股，跌下舱里去。原来八个头领，来投充水军，尚兀自有三个在前船上：一个是青眼虎李云，一个是金钱豹子汤隆，一个是鬼脸儿杜兴。众节度使便有三头六臂，到此也施展不得。

梁山泊宋江、卢俊义，已自各分水陆进攻。宋江掌水路，卢俊义掌旱路。休说水路全胜，且说卢俊义引领诸将军马，从山前大路杀将出来，正与先锋周昂、王焕马头相迎。周昂见了，当先出马，高声大骂："反贼，认得俺么？"卢俊义大喝："无名小将，死在目前，尚且不知！"便挺枪跃马，直奔周昂，周昂也轮动大斧，纵马来敌。两将就山前大路上交锋，斗不到二十余合，未见胜败。只听得后队马军，发起喊来。原来梁山泊大队军马，都埋伏在山前两下大林丛中，一声喊起，四面杀将出来。东南关胜、秦明，西北林冲、呼延灼，众多英雄，四路齐到。项元镇、张开那里拦当得住，杀开条路，先逃性命走了。周昂、王焕不敢恋战，拖了枪斧，夺路而走，逃入济州城中；扎住军马，打听消息。

再说宋江掌水路，捉了高太尉，急教戴宗传令，不可杀害军士。中军大海鳅船上闻参谋等并歌儿舞女，一应部从，尽掳过船。鸣金收军，解投大寨。宋江、吴用、公孙胜等，都在忠义堂上，见张顺水渌渌地解到高俅。宋江见了，慌忙下堂扶住，便取过罗段新鲜衣服，与高太尉从新换了，扶上堂来，请在正面而坐。宋江纳头便拜，口称："死罪！"高俅慌忙答礼。宋江叫吴用、公孙胜扶住，拜罢，就请上坐。再叫燕青传令下去："如若今后杀人者，定

第八十回 张顺凿漏海鳅船 宋江三败高太尉

依军令，处以重刑！"号令下去，不多时，只见纷纷解上人来：童威、童猛解上徐京；李俊、张横解上王文德；杨雄、石秀解上杨温；三阮解上李从吉；郑天寿、薛永、李忠、曹正解上梅展；杨林解献丘岳首级；李云、汤隆、杜兴，解献叶春、王瑾首级；解珍、解宝掳捉闻参谋并歌儿舞女一应部从，解将到来。单单只走了四人：周昂、王焕、项元镇、张开。宋江都教换了衣服，从新整顿，尽皆请到忠义堂上，列坐相待。但是活捉军士，尽数放回济州。另教安排一只好船，安顿歌儿舞女一应部从，令他自行看守。有诗为证：

奉命高俅欠取裁，被人活捉上山来。
不知忠义为何物，翻宴梁山啸聚台。

当时宋江便教杀牛宰马，大设筵宴，一面分投赏军，一面大吹大擂，会集大小头领，都来与高太尉相见。各施礼毕，宋江持盏擎杯，吴用、公孙胜执瓶捧案，卢俊义等侍立相待。宋江开口道："文面小吏，安敢叛逆圣朝，奈缘积累罪尤，逼得如此。二次虽奉天恩，中间委曲奸弊，难以缕陈。万望太尉慈悯，救拔深陷之人，得瞻天日，刻骨铭心，誓图死保。"

高俅见了众多好汉，一个个英雄猛烈，林冲、杨志怒目而视，有欲要发作之色，先有五分惧怯，便道："宋公明，你等放心！高某回朝，必当重奏，请降宽恩大赦，前来招安，重赏加官，大小义士，尽食天禄，以为良臣。"宋江听了大喜，拜谢太尉。当日筵会，甚是整齐，大小头领，轮番把盏，殷勤相劝。高太尉大醉，酒后不觉失言、疏狂放荡，便道："我自小学得一身相扑，天下无对。"卢俊义却也醉了，怪高太尉自夸天下无对，便指着燕青道：

"我这个小兄弟，也会相扑，三番上岱岳争跤，天下无对。"高俅便起身来，脱了衣裳，要与燕青厮扑。

众头领见宋江敬他是个天朝太尉，没奈何处，只得随顺听他说，不想要勒燕青相扑，正要灭高俅的嘴，都起身来道："好，好！且看相扑！"众人都哄下堂去。宋江亦醉，主张不定。两个脱了衣裳，就厅阶上，宋江叫把软褥铺下。两个在剪绒毯上，吐个门户。高俅抢将入来，燕青手到，把高俅扭摔得定，只一跤，撷翻在地褥上，做一块，半晌挣不起。这一扑，唤做守命扑。宋江、卢俊义慌忙扶起高俅，再穿了衣服，都笑道："太尉醉了，如何相扑得成功，切乞恕罪！"高俅惶恐无限，却再入席，饮至夜深，扶入后堂歇了。有诗为证：

禽争兽攘共喧哗，醉后高俅尽自夸。
堪笑将军不持重，被人跌得眼睛花。

次日又排筵会，与高太尉压惊，高俅遂要辞回，与宋江等作别。宋江道："某等淹留大贵人在此，并无异心。惹有瞒昧，天地诛戮！"高俅道："若是义士肯放高某回京，便将全家于天子前保奏义士，定来招安，国家重用。若更翻变，天所不盖，地所不载，死于枪箭之下！"宋江听罢，叩首拜谢。高俅又道："义士恐不信高某之言，可留下众将为当。"宋江道："太尉乃大贵人之言，焉肯失信？何必拘留众将。容日各备鞍马，俱送回营。"高太尉谢了："既承如此相款，深感厚意。只此告回。"宋江等众苦留。当日再排大宴，序旧论新，筵席直至更深方散。

第三日，高太尉定要下山，宋江等相留不住，再设筵宴送行，抬出金银彩段之类，约数千金，专送太尉，为折席之礼；众节度使以下，另有馈送。高太尉推却不得，只得都受了。饮酒中间，宋江又提起招安一事。高俅道："义士可叫一个精细之人，跟随某去，我直引他面见天子，奏知你梁山泊衷曲之事，随即好降诏敕。"宋江一心只要招安，便与吴用计议，教圣手书生萧让跟随太尉前去。吴用便道："再教铁叫子乐和作伴，两个同去。"高太尉道："既然义士相托，便留闻参谋在此为信。"宋江大喜。至第四日，宋江与吴用带二十余骑，送高太尉并众节度使下山，过金沙滩二十里外饯别。拜辞了高太尉，自回山寨，专等招安消息。

却说高太尉等一行人马，望济州回来，先有人报知，济州先锋周昂、王焕、项元镇、张开，太守张叔夜等出城迎接。高太尉进城，略住了数日，传下号令，收拾军马，教众节度使各自领兵回程暂歇，听候调用。高太尉自带了周昂并大小牙将头目，领了三军，同萧让、乐和一行部从，离了济州，迤逦望东京进发。太守张叔夜自回济州，紧守城池。

不因高太尉带领梁山泊两个人来，有分教：风流浪子，花阶柳陌遇君王；神圣公人，相府侯门寻俊杰。直教龙凤宴中知猛勇，虎狼丛里显英雄。毕竟高太尉回京，怎地保奏招安宋江等众，且听下回分解。

本回我评论：

煮酒论英雄

梁山泊好汉一味以战为戏，所以为妙。又曰：高俅丑态也够了。

——李卓吾

1. 李卓吾认为梁山好汉是"以战为戏"，你是否同意他的观点？

2. 高俅被俘后，梁山好汉对其态度各异，试一一评析。

3. 比较阅读三次高俅攻打梁山的异同，说说高俅最终同意招安的主客观原因。

水浒校场

1. 点评高太尉被俘后宋江设宴的情节。

2. 如果梁山好汉不走招安路，三败高太尉后该如何走下去？

3. 辩一辩，宋江能否代表梁山大多数好汉的意愿？

4. 演一演：改编宋江宴请高太尉的一段情节，突出不同好汉的论辩环节，排练并演出。

水浒绣像

请以漫画形式表现高太尉参加水浒英雄宴的过程。

第八十二回

梁山泊分金大买市　宋公明全伙受招安

诗曰：

> 燕青心胆坚如铁，外貌风流却异常。
> 花柳曲中逢妓女，洞房深处遇君王。
> 只因姓字题金榜，致使皇恩降玉章。
> 持本御书丹诏去，英雄从此作忠良。

话说燕青在李师师家遇见道君皇帝，告得一道本身赦书。次后见了宿太尉。又和戴宗定计，高太尉府中赚出萧让、乐和。四个人等城门开时，随即出城。径赶回梁山泊来，报知上项事务。

且说李师师当夜不见燕青来家，心中亦有些疑虑。却说高太尉府中亲随人，次日供送茶饭与萧让、乐和，就房中不见了二人，慌忙报知都管。都管便来花园中看时，只见柳树边拴着两条粗索，因此已知走了二人，只得报知太尉。高俅听罢，吃了一惊，越添忧闷，只在府中，推病不出。次日五更，道君皇帝设朝，受百官朝贺。

星斗依稀玉漏残，锵锵环珮列千官。

第八十二回　梁山泊分金大买市　宋公明全伙受招安

露凝仙掌金盘冷，月映瑶空贝阙寒。

禁柳绿连青琐闼，宫桃红压碧栏杆。

皇风清穆乾坤泰，千载君臣际会难。

当日天子驾坐文德殿，道："今日文武班齐么？"殿头官奏道："是日左文右武，都会集在殿下，俱各班齐。"天子宣命卷帘，旨令左右近臣宣枢密使童贯出班，问道："你去岁统十万大军，亲为招讨，征进梁山泊，胜败如何？"童贯跪下，便奏道："臣旧岁统率大军前去征进，非不效犬马力，奈缘暑热，军士不伏水土，患病者众，十死二三。臣见军马委顿，以此权且收兵振旅，各归本营操练。所有御林军于路伤喝者，计损太半。后蒙降诏，贼人假气游魂，未伏招抚。及高俅以戈船进征，亦中途抱病而返。"天子大怒，喝道："汝这不才奸佞之臣！政不奏闻寡人，以致坏了国家大事。你去岁统兵征伐梁山泊，如何只两阵，被寇兵杀的人马辟易，片甲只骑无还，遂令王师败绩。次后高俅那厮，废了州郡多少钱粮，陷害了许多兵船，折了若干军马，自又被寇活捉上山。宋江等不忍诛之，以礼放还。大辱君命，岂不为天下僇笑！寡人闻宋江等，不侵州府，不掠良民，只待招安，与国家出力。都是汝等嫉贤妒能之臣壅蔽，不使下情上达，何异城狐社鼠也！汝掌管枢密，岂不自惭！本欲拿问以谢天下，姑且待后。"喝退一壁。童贯默默无言，退在一边。天子命宣翰林学士："与寡人亲修丹诏，便差大臣前去，招抚梁山泊宋江等归还。"天子圣宣未了，有殿前太尉宿元景出班跪下，奏道："臣虽不才，愿往一遭。"天子大喜："寡人御笔亲书丹诏！"便叫抬上御案，拂开诏纸，天子就御案上亲书丹诏。左右近臣，捧过御宝，天子自行用讫。又命库藏官，教取金牌

> 批注

> 批注

三十六面,银牌七十二面,红锦三十六匹,绿锦七十二匹,黄封御酒一百八瓶,尽付与宿太尉。又赠正从表里二十四,金字招安御旗一面,限次日便行。宿太尉就文德殿辞了天子。百官朝罢,童枢密羞颜回府,推病不敢入朝。高太尉闻知,恐惧无措,亦不敢入朝。正是:凤凰丹禁里,衔出紫泥书。有诗为证:

  一封恩诏出明光,共喜怀柔迈汉唐。

  珍重侍臣宣帝泽,会看水浒尽来王。

  且说宿太尉打担了御酒、金银牌面、段匹表里之物,上马出城。打起御赐金字黄旗,众官相送出南薰门,投济州进发,不在话下。

  却说燕青、戴宗、萧让、乐和四个,连夜到山寨,把上件事都说与宋公明并头领知道。燕青便取出道君皇帝御笔亲写赦书,与宋江等众人看了。吴用道:"此回必有佳音。"宋江焚起好香,取出九天玄女课来,望空祈祷祝告了,卜得个上上大吉之兆。宋江大喜,"此事必成!"再烦戴宗、燕青,前去探听虚实,作急回报,好做准备。戴宗、燕青去了数日,回来报说:"朝廷差宿太尉亲赍丹诏,更有御酒、金银牌面、红绿锦段表里,前来招安,早晚到也。"宋江听罢大喜。在忠义堂上,忙传将令,分拨人员,从梁山泊直抵济州地面,扎缚起二十四座山棚,上面都是结彩悬花,下面陈设笙箫鼓乐。各处附近州郡,雇倩乐人,分拨于各山棚去处,迎接诏敕。每一座山棚上,拨一个小头目监管。一壁教人分投买办果品海味,按酒干食等项,准备筵宴茶饭席面。

  且说宿太尉奉敕来梁山泊招安,一干人马,迤逦都到济州。太守张叔夜出郭,迎接入城,馆驿中安下。太守起

第八十二回　梁山泊分金大买市　宋公明全伙受招安

居宿太尉已毕。把过接风酒，张叔夜禀道："朝廷颁诏敕来招安，已是二次。盖因不得其人，误了国家大事。今者太尉此行，必与国家立大功也。"宿太尉乃言："天子近闻梁山泊一伙，以义为主，不侵州郡，不害良民，专一替天行道。今差下官赍到天子御笔亲书丹诏，敕赐金牌三十六面，银牌七十二面，红锦三十六匹，绿锦七十二匹，黄封御酒一百八瓶，表里二十四匹，来此招安。礼物轻否？"张叔夜道："这一般人，非在礼物轻重，要图忠义报国，扬名后代。若得太尉早来如此，也不教国家损兵折将，虚耗了钱粮。此一伙义士归降之后，必与朝廷建功立业。"宿太尉道："下官在此专待，有烦太守亲往山寨报知，着令准备迎接。"张叔夜答道："小官愿往。"随即上马出城，带了十数个从人，径投梁山泊来。到的山下，早有小头目接着，报上寨里来。宋江听罢，慌忙下山迎接。张太守上山，到忠义堂上。相见罢，张叔夜道："义士恭喜！朝廷特遣殿前宿太尉，赍擎丹诏，御笔亲书，前来招安，敕赐金牌表里御酒段匹，见在济州城内。义士可以准备迎接诏旨。"宋江大喜，以手加额道："实江等再生之幸！"当时留请张太守茶饭。张叔夜道："非是下官拒意，惟恐太尉见怪回迟。"宋江道："略奉一杯，非敢为礼。"托出一盘金银相送。张太守见了，便道："叔夜更不敢受！"宋江道："些少微物，何故推却？未足以为报谢，聊表寸心。若事毕之后，则当重酬。"张叔夜道："深感义士厚意。且留于大寨，却来请领，未为晚矣。"太守可谓廉以律己者也。有诗为证：

　　　　风流太守来传信，便把黄金作钱行。
　　　　捧献再三原不受，一廉水月更分明。

宋江便差大小军师吴用、朱武并萧让、乐和四个，跟随张太守下山，直往济州来，参见宿太尉。约至后日，众多大小头目离寨三十里外，伏道相迎。当时吴用等跟随太守张叔夜，连夜下山，直到济州。次日来馆驿中参见宿太尉。拜罢，跪在面前。宿太尉教平身起来，俱各命坐。四个谦让，那里敢坐。太尉问其姓氏。吴用答道："小生吴用，在下朱武、萧让、乐和，奉兄长宋公明命，特来迎接恩相。兄长与弟兄，后日离寨三十里外，伏道相迎。"宿太尉大喜，便道："加亮先生，间别久矣！自从华州一别之后，已经数载。谁想今日得与重会！下官知汝弟兄之心，素怀忠义。只被奸臣闭塞，谗佞专权，使汝众人下情不能上达。目今天子悉已知之，特命下官赍到天子御笔亲书丹诏，金银牌面，红绿锦段，御酒表里，前来招安。汝等勿疑，尽心受领。"吴用等再拜称谢道："山野狂夫，有劳恩相降临，感蒙天恩，皆出乎太尉之赐也。众弟兄刻骨铭心，难以补报。"张叔夜一面设宴管待。

到第三日清晨，济州装起香车三座，将御酒另一处龙凤盒内抬着。金银牌面、红绿锦段，另一处扛抬。御书丹诏，龙亭内安放。宿太尉上了马，靠龙亭东行。太守张叔夜，骑马在后相陪。吴用等四人，乘马跟着。大小人伴，一齐簇拥。前面马上打着御赐销金黄旗，金鼓旗幡，队伍开路。出了济州，迤逦前行。未及十里，早迎着山棚。宿太尉在马上看了，见上面结采悬花，下面笙箫鼓乐，迫道迎接。再行不过数十里，又是结采山棚。前面望见香烟拂道，宋江、卢俊义跪在面前，背后众头领齐齐都跪在地下，迎接恩诏。宿太尉道："都教上马。"同迎至水边。那梁山泊千百只战船，一齐渡将过去，直至金沙滩上岸。三关之上，三关之下，鼓乐喧天。军士导从，仪卫不断，异香缭绕，直至忠义堂前下马。香车龙亭，抬放忠义堂上。中间设着三个几案，都用黄罗龙凤桌围围着。正中设万岁龙牌，将御书丹诏放在中间，金银牌面放在左边，红绿锦段放在右边，御酒表里亦放于前。金炉内焚着好香。宋江、卢俊义邀请宿太尉、张太守上堂设坐。左边立着萧让、乐和，右边立着裴宣、燕青。卢俊义等都跪在堂前。裴宣喝拜。拜罢，萧让开读诏文：

"制曰：朕自即位以来，用仁义以治天下，行礼乐以变海内，公赏罚以定干戈。求贤之心未尝少急，爱民之心未尝少洽。博施济众，欲与天地均同；体道行仁，咸使黎民蒙庇。遐迩赤子，咸知朕心。切念宋江、卢俊义等，素怀忠义，不施暴虐。归顺之心已久，报效之志凛然。虽犯罪恶，各有所由。察其情恳，深可悯怜。朕今特差殿前太尉宿元景，赍捧诏书，亲到梁山水泊，将宋江等大小人员所犯罪恶尽行赦免。给降金牌三十六面，红锦三十六匹，赐与宋江等上头领；银牌七十二面，绿锦七十二匹，赐与宋江部下头目。赦书到日，莫负朕心，早早归降，必当重用。故兹诏敕，想宜悉知。宣和四年春二月日诏示。"

萧让读罢丹诏，宋江等山呼万岁，再拜谢恩已毕。宿太尉取过金银牌面，红绿锦段，令裴宣依次照名，给散已罢，叫开御酒，取过银酒海，都倾在里面。随即取过旋杓舀酒，就堂前温热，倾在银壶内。宿太尉执着金盏，斟过一杯酒来，对众头领道："宿元景虽奉君命，特赍御酒到此，命赐众头领，诚恐义士见疑。元景先饮此杯，与众义士看，勿得疑虑。"众头领称谢不已。宿太尉饮毕，再斟酒来，先劝宋江。宋江举杯跪饮。然后卢俊义、吴用、公孙胜陆续饮酒。遍劝一百单八名头领，俱饮一杯。

宋江传令，教收起御酒，却请太尉居中而坐。众头领拜复起居。宋江进前称谢道："宋江昨者西岳得识台颜，多感太尉恩厚，于天子左右力奏，救拔宋江等再见天日之光。铭心刻骨，不敢有忘。"宿太尉道："元景虽知义士等忠义凛然，替天行道，奈缘不知就里委曲之事，因此天子左右，未敢题奏，以致担误了许多时。前者收得闻参谋书，又蒙厚礼，方知有此衷情。其日天子在披香殿上，官家与元景闲论，问起义士，以此元景奏知此事。不期天子已知备细，与某所奏相同。次日，天子驾坐文德殿，就百官之前，痛责童枢密，深怪高太尉累次无功，亲命取过文房四宝，天子御笔亲书丹诏，特差宿某亲到大寨，启请众头领。烦望义士早早收拾朝京，休负圣天子宣召抚安之意。"众皆大喜，拜手称谢。宋江邀请闻参谋相见。宿太尉欣然交集，满堂欢喜。当请宿太尉居中上坐，张太守、闻参谋对席相陪。堂上堂下，皆列位次，大设筵宴，轮番把盏。厅前大吹大擂。虽无庖龙烹凤，端的是肉山酒海。当日尽皆大醉，各扶归幕次里安歇。次日，又排筵宴，彼各叙旧论新，讲说平生之怀。第三日，再排席面，请宿太尉游山，至暮尽醉方散，各归安歇。倏尔已经数日，宿太尉要回，宋江等坚意相留。宿太尉道："义士不知就里。元景奉天子敕旨而来，到此间数日之久。荷蒙英雄慨然归顺，大义俱全。若不急回，诚恐奸臣相妒，别生异议。"宋江等道："据某愚意，相留恩相游玩数日。太尉既然有此之念，不敢苦留。今日尽此一醉，来早拜送恩相下山。"当时会集大小头领，尽来集义饮宴。吃酒中间，众皆称谢。宿太尉又用好言抚恤，至晚方散。

次日清晨，安排车马。宋江亲捧一盘金珠，到宿太尉幕次内，再拜上献。宿太尉那里肯受。宋江再三献纳，方才收了，打挟在衣箱内。拴束行李鞍马，准备起程。其余跟来人数，连日自是朱武、乐和管待，依例饮馔，酒量高低，并皆厚赠金银财帛。众人皆喜。仍将金宝赍送闻参谋、张太守，二公亦不肯受。宋江坚执奉承，才肯收纳。宋江遂令闻参谋跟同宿太尉回京师。梁山泊大小头领，俱金鼓细乐，相送太尉下山。渡过金沙滩，俱送过三十里外，众皆下马，与宿太尉把盏饯行相别。宋江当先，执盏擎杯道："太尉恩相回见天颜，善言保奏。"宿太尉回道："义士但且放心，只早早收拾朝京为上。军马若到京师来，可先使人到我府中通报。俺先奏闻天子，使人持节来迎，方见十分公气。"宋江道："恩相容复：小可水洼，自从王伦上山开创之后，却是晁盖上山。今至宋江，已经数载，附近居民，扰害不浅。小可愚意，今欲罄竭资财，买市十日，收拾已了，便当尽数朝京，安敢迟滞。亦望太尉烦请将此愚衷，上达圣听，以宽限次。"宿太尉应允。别了众人，带了开诏一干人马，自投济州而去。

　　宋江等却回大寨。到忠义堂上鸣鼓聚众。大小头领坐下，诸多军校都到堂前。宋江传令："众弟兄在此！自从王伦创立山寨以来，次后晁天王上山建业，如此兴旺。我自江州得众兄弟相救到此，推我为尊，已经数载。今日喜得朝廷招安，重见天日之面。早晚要去朝京，与国家出力，图个荫子封妻，共享太平之福。今来汝等众人，但得府库之物，纳于库中公用。其余所得之资，并从均分。以义逢义，以仁达仁，并无争执。我一百八人，上应天星，生死一处。今者天子宽恩降诏，赦罪招安，大小众人，尽皆释其所犯。我等一百八人，早晚朝京面圣，莫负天子洪恩。汝等军校，也有自来落草的，也有随众上山的，亦有军官失陷的，亦有掳掠来的。今次我等受了招安，俱赴朝廷。你等如愿去的，作速上名进发。如不愿去的，就这里报名相辞，我自赍发你等下山，任从生理。"宋江号令已罢，着落裴宣、萧让，照数上名。号令一下，三军各各自去商议。当下辞去的也有三五千人。宋江皆赏钱物赍发去了。愿随去充军者，作速报官。

次日宋江又令萧让写了告示，差人四散去贴，晓示临近州郡乡镇村坊，各各报知。仍请诸人到山，买市十日。其告示曰：

"梁山泊义士宋江等，谨以大义，布告四方：昨因哨聚山林，多扰四方百姓，今日幸蒙天子宽仁厚德，特降诏敕，赦免本罪，招安归降，朝暮朝觐。无以酬谢，就本身买市十日。倘蒙不外，赍价前来，以一报答，并无虚谬。特此告知远近居民，勿疑辞避，惠然光临，不胜万幸。宣和四年三月日，梁山泊义士宋江等谨请。"

萧让写毕告示，差人去附近州郡及四散村坊，尽行贴遍。发库内金珠、宝贝、彩段、绫罗、纱绢等项，分散各头领并军校人员。另选一分，为上国进奉。其余堆集山寨，尽行招人买市十日。于三月初三日为始，至十三日终止。宰下牛羊，酝造酒醴。但到山寨里买市的人，尽以酒食管待，犒劳从人。至期，四方居民，担囊负笈，雾集云屯，俱至山寨。宋江传令，以一举十。俱各欢喜，拜谢下山。一连十日，每日如此。十日已外，住罢买市，号令大小，收拾赴京朝觐。宋江便要起送各家老小还乡。吴用谏道："兄长未可，且留众宝眷在此山寨。待我等朝觐面君之后，承恩已定，那时发遣各家老小还乡未迟。"宋江听罢道："军师言之极当。"再传将令，教头领即便收拾，整顿军士。宋江等随即火速起身，早到济州，谢了太守张叔夜。太守即设筵宴，管待众多义士，赏劳三军人马。宋江等辞了张太守，出城进发，带领众多军马，大小约有五七百人，径投东京来。先令戴宗、燕青前来京师宿太尉府中报知。太尉见说，随即便入内里奏知天子："宋江等众军马朝京。"天子闻奏大喜，便差太尉并御驾指挥使一员，手持旌旄节钺，出城迎接宋江。当下宿太尉领圣旨出郭。

且说宋江军马在路，甚是摆的整齐。前面打著两面红旗，一面上书"顺天"二字，一面上书"护国"二字。众头领都是戎装披挂。惟有吴学究纶巾羽扇，公孙胜鹤氅道袍，鲁智深烈火僧衣，武行者香皂直裰。其余都是战袍金铠，本身服色。在路非止一日。前到京师城外，前逢御驾指挥使持节迎着军马。宋江闻知，领众头领前来参见宿太尉已毕，且把军马屯驻新曹门外，下了寨栅，听候圣旨。

且说宿太尉并御驾指挥使入城，至朝前面奏天子，说："宋江等军马屯住新曹门外，听候我王圣旨。"天子乃曰："寡人久闻梁山泊宋江等，有一百八人，上应天星，更兼英雄勇猛，人不可及。今已归降，作为良臣，到于京师。寡人来日引百官登宣德楼。可教宋江等众，俱以临敌披挂，本身戎装服色，休带大队人马，只将三五百步军马军进城。自东过西，寡人亲要观看。也教在城黎庶军民官僚知此英雄豪杰，为国良臣。然后却令卸其衣甲，除去军器，都穿所赐锦袍，从东华门而入，就文德殿朝见。"御驾指挥使领圣旨，直至行营寨前，口传圣旨与宋江等说知。

次日，宋江传令教铁面孔目裴宣，选拣彪形大汉五七百人，步军前面打着金鼓旗幡，后面摆着枪刀斧钺，中间竖着"顺天""护国"二面红旗。军士各悬刀剑弓矢，众人各各都穿本身披挂，戎装袍甲，摆成队伍，从东郭门而入。只见东京百姓军民，扶老挈幼，迫路观看，如睹天神。是时天子引百官在宣德楼上临轩观看。见前面摆列金鼓旗幡，枪刀斧钺，尽都摆列。队伍中有踏白马军，打起"顺天""护国"二面红旗，外有二三十骑马上随军鼓乐。后面众多好汉，簇簇而行。解珍、解宝开路，朱武压后。怎见得一百八员英雄好汉入城朝觐？但见：

和风开御道，细雨润香尘。东方晓日初升，北阙珠帘半卷。南薰门外，一百八员义士朝京；宣德楼中，万万岁君王刮目。解珍、解宝，仗钢叉相对而行；孔明、孔亮，执兵器齐肩而过。前列着邹渊、邹润，次分着李立、李云。韩滔、彭玘显精神，薛永、施恩逞猛烈。单廷圭皂袍闪烁，魏定国红甲光辉。宣赞紧对郝思文，凌振相随神算子。黄信左朝孙立，欧鹏右向邓飞。鲍旭、樊瑞仗双锋，郭盛、吕方持画戟。纱巾吏服，左手下铁面孔目裴宣；乌帽儒衣，右手下圣手书生萧让。丝缰玉勒，山东豪杰宋公明；画镫雕鞍，河北英雄卢俊义。吴加亮纶巾羽扇，公孙胜鹤氅道袍。豹子头与关胜连鞍，呼延灼同秦明共辔。花荣相连杨志，索超紧对董平。鲁智深烈火袈裟，武行者香皂直裰。柴进与李应相随趁，杨雄共石秀并肩行。徐宁不离张清，刘唐紧随史进。朱仝与雷横作伴，燕青和戴宗同行。李逵居左，穆弘在右。诸阮内阮二为尊，两张内李俊居长。陶宗旺共郑天寿为双，王矮虎与一丈青作配。项充、李衮，宋万、杜迁。菜园子相对小尉迟，孙二娘紧随顾大嫂。后面有蔡福、蔡庆、陈达、杨春，前头列童威、

第八十二回　梁山泊分金大买市　宋公明全伙受招安

童猛、侯健、孟康。燕顺、杨林，对对挨肩；穆春、曹正，双双接踵。朱贵对连朱富，周通相接李忠。左有玉臂匠，右有铁笛仙。宋清相接乐和，焦挺追陪石勇。汤隆共杜兴作伴，得孙与龚旺同行。王定六面目狰狞，郁保四身躯长大。时迁乖觉，白胜高强。段景住马上超群，随后有三人压阵。安道全身披素服，皇甫端胸拂紫髯。神机朱武在中间，马上随军全乐部。护国旗盘旋瑞气，顺天旗招飐祥云。重重铠甲烁黄金，对对锦袍盘软翠。有如帝释，引天男天女下天宫；浑似海神，共龙子龙孙离洞府。正是：夹道万民齐束手，临轩帝主喜开颜。

且说道君天子，同百官在宣德楼上，看了梁山泊宋江等这一行部从，喜动龙颜，心中大悦。与百官道："此辈好汉真英雄也！"观看叹羡不已。命殿头官传旨，教宋江等各换御赐锦袍见帝。殿头官领命，传与宋江等。向东华门外，脱去戎装惯带，各穿御赐红绿锦袍，悬带金银牌面，各带朝天巾帻，抹绿朝靴。惟公孙胜将红锦裁成道袍，鲁智深缝做僧衣，武行者改作直裰，皆不忘君赐也。宋江、卢俊义为首，吴用、公孙胜为次，引领众人，从东华门而入。只见仪礼司整肃朝仪，陈设銮驾。正是：

金殿当头紫阁重，仙人掌上玉芙蓉。太平天子朝元日，五色云车驾六龙。皇风清穆，温温霭霭气氤氲；丽日当空，郁郁蒸蒸云暧叇。微微隐隐，龙楼凤阙散满天香雾；霏霏拂拂，珠宫贝阙映万缕朝霞。文德殿灿灿烂烂，金碧交辉；未央宫光光彩彩，丹青炳焕。苍苍凉凉，日映着玉砌雕阑；袅袅英英，花簇着皇宫禁苑。紫扉黄阁，宝鼎内缥缥纱纱，沉檀齐爇；丹陛彤墀，玉台上明明朗朗，玉烛高焚。笼笼冬冬，振天鼓擂叠三通；铿铿鍧鍧，长乐钟撞

批注

百八下。枝枝杈杈,叉刀手互相磕撞;摇摇曳曳,龙虎旗来往飞腾。锦袄花帽,擎着的是圆盖伞,方盖伞,上下开展;玉节龙旗,驾着的是大辂辇,玉辂辇,左右相陈。立金瓜,卧金瓜,三三两两;双龙扇,单龙扇,叠叠重重。群群队队,金鞍马,玉辔马,性貌驯习;双双对对,宝匣象,驾辕象,勇力狰狞。镇殿将军,长长大大甲披金;侍朝勋卫,齐齐整整刀晃银。严严肃肃,殿门内摆列着纠仪御史官;端端正正,姜擦边立站定近侍锦衣人。金殿上参参差差,齐开宝扇;画栋前轻轻款款,卷起珠帘。文楼上嘚嘚哕哕,报时鸡人三唱;玉阶下刮刮剌剌,肃静鞭响三声。济济楚楚,侍螭头,列簪缨,有五等之爵;巍巍荡荡,坐龙床,倚绣褥,瞻万乘之尊。晴日照开青琐闼,天风吹下御炉香。千条瑞霭浮金阙,一朵红云捧玉皇。

　　当日辰牌时候,天子驾升文德殿。仪礼司郎官引宋江等依次入朝,排班行礼。殿头官赞拜舞起居,山呼万岁已毕,天子欣喜,敕令宣上文德殿来。照依班次赐坐。命排御筵,敕光禄寺排宴,良酝署进酒,珍羞署进食,掌醢署造饭,大官署供膳,教坊司奏乐。天子亲御宝座陪宴宋江等。只见:

　　九重门启,鸣哕哕之鸾声;阊阖天开,睹巍巍之龙衮。当重熙累洽之日,致星曜降附之时。光禄珍羞具陈,大官水陆毕集。销金御帐,上有舞鹤飞鸾;织锦围屏,中画盘龙走凤。合殿金花紫翠,满庭锦绣绮罗。楼台宝座千层玉,案桌龙床一块金。筵开玳瑁,七宝器黄金嵌就;炉列麒麟,百和香龙脑修成。玻璃盏间琥珀盅,玛瑙杯联珊瑚斝。赤瑛盘内,高堆麟脯鸾肝;紫玉碟中,满钉驼蹄熊掌。桃花汤洁,缕塞北之黄羊;银丝脍鲜,剖江南之赤

第八十二回　梁山泊分金大买市　宋公明全伙受招安

鲤。黄金盏满泛香醪，紫霞杯滟浮琼液。宝瓶中金菊对芙蓉，争妍竞秀；玉沼内芳兰和蕙荶，荐馥呈芬。翠莲房掩映宝珠榴，锦带羹相称胡麻饭。五俎八簋，百味庶羞。黄橙绿橘，合殿飘香。雪藕冰桃，盈盘沁齿。糖浇就甘甜狮仙，面制成香酥定胜。四方珍果，盘中色色绝新鲜；诸郡佳肴，席上般般皆奇异。方当进酒五巡，正是汤陈三献。教坊司凤鸾韶舞，礼乐司排长伶官。朝鬼门道，分明开说。头一个装外的，黑漆幞头，有如明镜；描花罗襴，俨若生成。虽不比持公守正，亦能辨律吕宫商。第二个戏色的，系离水犀角腰带，裹红花绿叶罗巾。黄衣襴长衬短靸靴，彩袖襟密排山水样。第三个末色的，裹结络球头帽子，着筱役叠胜罗衫。最先来提掇甚分明，念几段杂文真罕有。说的是敲金击玉叙家风；唱的是风花雪月梨园乐。第四个净色的，语言动众，颜色繁过。开呵公子笑盈腮，举口王侯欢满面。依院本填腔调曲，按格范打诨发科。第五个贴净的，忙中九伯，眼目张狂。队额角涂一道明创，劈门面搭两色蛤粉。裹一顶油油腻腻旧头巾，穿一领剌剌塌塌泼戏袄。吃六棒枒板不嫌疼，打两杖麻鞭浑是耍。这五人引领著六十四回队舞优人，百二十名散做乐工，搬演杂剧，装孤打諢。个个青巾桶帽，人人红带花袍。吹龙笛，击鼍鼓，声震云霄；弹锦瑟，抚银筝，韵惊鱼鸟。悠悠音调绕梁飞，济济舞衣翻月影。吊百戏众口喧哗，纵谐语齐声喝采。妆扮的是太平年万国来朝，雍熙世八仙庆寿；搬演的是玄宗梦游广寒殿，狄青夜夺昆仑关。也有神仙道办，亦有孝子顺孙。观之者真可坚其心志，听之者足以养其性情。须臾间，八个排长簇拥着四个金翠美人，歌舞双行，吹弹并举。歌的是《朝天子》《贺圣朝》《感皇恩》《殿前欢》，治世之音；舞的是《醉回回》《活观音》《柳青娘》《鲍老儿》，淳正之态。歌喉似新莺宛啭，舞腰如细柳牵风。当殿上鱼水同欢，君臣共乐。果然道：百宝壮腰带，珍珠络臂鞴；笑时花近眼，舞罢锦缠头。大宴已成，众乐齐举。主上无为千万寿，天颜有喜万方同。

有诗为证：

尧舜垂衣四恶摧，宋皇端拱叛臣归。

九重凤阙新开宴，十载龙墀旧赐衣。

盖世功名须早进，矢心忠义莫相违。

乾坤好作奇男子，珍重诗章足佩韦。

且说天子赐宋江等筵宴，至暮方散。谢恩已罢，宋江等俱各簪花出内。在西华门外，各各上马，回归本寨。次日入城，礼仪司引至文德殿谢恩。喜动龙颜，天子欲加官爵，敕令宋江等来日受职。宋江等谢恩出内回寨，不在话下。

又说枢密院官具本上奏："新降之人，未效功劳，不可辄便加爵。可待日后征讨，建立功勋，量加官赏。见今数万之众，逼城下寨，甚为不宜。陛下可将宋江等所部军马，原是京师有被陷之将，仍还本处。外路军兵，各归原所。其余之众，分作五路。山东、河北，分调开去。此为上策。"次日，天子命御驾指挥使，直至宋江营中，口传圣旨："宋江等分开军马，各归原所。"众头领听的，心中不悦。回道："我等投降朝廷，都不曾见些官爵，便要将俺弟兄等分遣调开。俺等众头领生死相随，誓不相舍。端的要如此，我们只的再回梁山泊去！"宋江急忙止住。遂用忠言恳求来使，烦乞善言回奏。那指挥使回到朝廷，那里敢隐蔽，只得把上项所言，奏闻天子。天子大惊，急宣枢密院官计议。奏道:"这厮们虽降朝廷,其心不改,终贻大患。以臣愚意,不若陛下传旨,赚入京城,将此一百八人尽数剿除。然后分散他的军马,以绝国家之患。"天子听罢,圣意沉吟未决。向那御屏风背后,转出一大臣,紫袍象简,高声喝道:"四边狼烟未息,中间又起祸胎,都是汝等忘家败国之臣,坏了圣朝天下!"正是:只凭立国安邦口,来救惊天动地人。毕竟御屏风后喝的那员大臣是谁,且听下回分解。

批注

本回我评论:

煮酒论英雄

梁山泊买市十日,我道胜如道学先生讲十年道学,何也?以其实有益于人耳!可笑宋室好一伙君臣,赐宴于殿上,与谋斩于城中,都是一般见识。

——李卓吾

1. 你如何理解李卓吾的上述评论?

2. 有人说梁山被招安后,必然是悲剧结局,结合宋朝历史,说说你的看法。

水浒校场

1. 假如可以给梁山好汉做一张"招安意愿调查表",你会如何设计?并根据小说里的信息,列一张梁山好汉招安意愿统计表。

2. 假如梁山好汉没有后面的抗大辽和征方腊,结局会怎样?写出你设想的结局。

3. 辩一辩:《水浒传》中充斥着贿赂与收买,本回却大赞张叔夜"一廉水月更分明",是否证明其清廉?

4. 演一演:根据本回情节,改编剧本,从群臣的角度表现梁山好汉被招安的情景,排练并演出。

第四篇

英雄的落幕

第四章

池田勇人

第九十九回

鲁智深浙江坐化　宋公明衣锦还乡

诗曰：

　　铁石禅机已点开，钱塘江上早心灰。
　　六和寺内月明夜，三竺山中归去来。
　　衲子心空圆寂去，将军功遂锦衣回。
　　两人俱是男儿汉，不忝英雄济世才。

　　话说当下方腊殿前启奏愿领兵出洞征战的，正是东床驸马主爵都尉柯引。方腊见奏，不胜之喜。"是今日天幸，得驸马冒矢石之威，出战草寇，愿逞奇才，复兴社稷。"柯驸马当下同领南兵，带了云璧奉尉，披挂上马出师。方腊将自己金甲锦袍，赐与驸马。又选一骑好马，叫他出战。那驸马怎生结束？

　　头戴凤翅金盔，身披连环铁甲，上穿团龙锦袍，腰系狮蛮束带，足穿抹绿皂靴，胯悬雕弓铁箭。使一条穿心透骨点钢枪，骑一匹能征惯战青骢马。

　　那柯驸马与同皇侄方杰，引领洞中护御军兵一万人马，驾前上将二十余员，出到帮源洞口，列成阵势。

批注

　　却说宋江军马，困在洞口，已教将佐分调守护。宋江在阵中，因见手下弟兄，三停内折了二停，方腊又未曾拿得，南兵又不出战，眉头不展，面带忧容。只听得前军报来说："洞中有军马出来交战。"宋江、卢俊义见报，急令诸将上马，引军出战。摆开阵势，看南军阵里当先是柯驸马出战。宋江军中谁不认得是柴进。宋江便令花荣出马迎敌。花荣得令，便横枪跃马，出到阵前，高声喝问："你那厮是甚人，敢助反贼与吾天兵敌对？我若拿住你时，碎尸万段，骨肉为泥。好好下马受降，免汝一命。"柯驸马答道："吾乃山东柯引，谁不闻我大名！量你这厮们是梁山泊一伙强徒草寇，何足道哉！偏俺不如你们手段！我直把你们杀尽，克复城池，是吾之愿。"宋江与卢俊义在马上听了，寻思："柴进说的话，语言中必无背逆之心。他把'柴'字改作'柯'字，'柴'即是'柯'也；'进'字改作'引'字，'引'即是'进'也。"吴用道："我想柴大官人未曾落草时，尚且专藏犯罪做私商之人，今日安肯忘本？"卢俊义道："且看花荣与他迎敌。"

　　当下花荣挺枪跃马，来战柯引。两马相交，二般军器并举，两将斗到间深里，绞做一团，扭做一块。柴进低低道："兄长可且诈败，来日议事。"花荣听了，略战三合，拨回马便走。柯引喝道："败将，吾不赶你。别有了得的，叫他出来和俺交战。"花荣跑马回阵，对宋江、卢俊义说知就里。吴用道："再叫关胜出战交锋。"当时关胜舞起青龙偃月刀，飞马出战，大喝道："山东小将，敢与吾敌！"那柯驸马挺枪便来迎敌。两个交锋，全无惧怯。二将斗不到五合，关胜也诈败佯输，走回本阵。柯驸马不赶，只在阵前大喝："宋兵敢有强将出来与吾对敌？"宋江再叫朱

第九十九回　鲁智深浙江坐化　宋公明衣锦还乡

仝出阵，与柴进交锋，往来厮杀，只瞒众军。两个斗不过五七合，朱仝诈败而走。柴进赶来，虚搠一枪，朱仝弃马跑归本阵。南军先抢得这匹好马。柯驸马招动南军，掩杀过来。宋江急令诸将，引军退去十里下寨。柯驸马引军追赶了一程，收兵退回洞中。

已自有人先去报知方腊，说道："柯驸马如此英雄，战退宋兵，连胜三将。宋江等又折一阵，杀退十里。"方腊大喜，叫排下御宴，等待驸马卸了戎装披挂，请入后宫赐坐，亲捧金杯，满劝柯驸马道："不想驸马有此文武双全！寡人只道贤婿只是文才秀士，若早知有此等英雄豪杰，不致折许多州郡。烦望驸马大展奇才，立诛贼将，重兴基业，与寡人共享太平无穷之富贵，同乐悠久，兴复家邦！"柯引奏道："主上放心。为臣子当以尽心报效，同兴国祚。明日谨请圣上登山看柯引厮杀，立斩宋江等辈。"方腊见奏，心中大喜。当夜宴至更深，各还宫中去了。次早，方腊设朝，叫洞中敲牛宰马，令三军都饱食已了，各自披挂上马，出到帮源洞口，摇旗发喊，擂鼓搦战。方腊却领引近侍内臣，登帮源洞山顶，看柯驸马厮杀。有诗为证：

　　驸马提兵战六师，佯输诈败信为之。
　　勾连方腊亲临阵，一鼓功成计更奇。

且说宋江当日传令，分付诸将："今日厮杀，非比他时，正在要紧之际。汝等军将，各各用心擒获贼首方腊，休得杀害。你众军士只看南军阵上柴进回马引领，就便杀入洞中，并力追捉方腊，不可违误。"三军诸将得令，各自磨拳擦掌，掣剑拔枪，都要掳掠洞中金帛，尽要活捉方腊，建功请赏。当时宋江诸将，都到洞前，把军马摆开，

批注

批注

列成阵势。只见南兵阵上，柯驸马立在门旗之下，正待要出战。只见皇侄方杰，立马横戟道："都尉且押手停骑，看方某先斩宋兵一将，然后都尉出马，用兵对敌。"宋兵望见燕青跟在柴进后头，众将皆喜道："今日计必成矣。"各人自行准备。

且说皇侄方杰争先纵马搦战。宋江阵上，关胜出马，舞起青龙刀，来与方杰对敌。两将交马，一往一来，一翻一复。战不过十数合，宋江又遣花荣出阵，共战方杰。方杰见两将来夹攻，全无惧怯，力敌二将。又战数合，虽然难见输赢，也只办得遮拦躲避。宋江队里，再差李应、朱仝，骤马出阵，并力追杀。方杰见四将来夹攻，方才拨回马头，望本阵中便走。柯驸马却在门旗下截住，把手一招，宋将关胜、花荣、朱仝、李应四将赶过来。柯驸马便挺起手中铁枪，奔来直取方杰。方杰见头势不好，急下马逃命时，措手不及，早被柴进一枪戳着。背后云奉尉燕青赶上一刀，杀了方杰。南军众将，惊得呆了，各自逃生。柯驸马大叫："我非柯引，吾乃柴进，宋先锋部下正将小旋风的便是。随行云奉尉即是浪子燕青。今者已知得洞中内外备细，若有人活捉得方腊的，高官任做，细马拣骑。三军投降者，俱免血刃有生；抗拒者，斩首全家。"回身引领四将，招起大军，杀入洞中。方腊领着内侍近臣，在帮源山顶上看见杀了方杰，三军溃乱，情知事急，一脚踢翻了金交椅，便望深山中奔走。宋江领起大队军马，分开五路，杀入洞来，争捉方腊。不想已被方腊逃去，止拿得侍从人员。燕青抢入洞中，叫了数个心腹伴当，去那库里掳了两担金珠细软出来，就内宫禁苑放起火来。柴进杀入东宫时，那金芝公主自缢身死。柴进见了，就连宫苑烧化。

第九十九回　鲁智深浙江坐化　宋公明衣锦还乡

以下细人，放其各自逃生。众军将都入正宫，杀尽嫔妃彩女，亲军侍御，皇亲国戚，都掳掠了方腊内宫金帛。宋江大纵军将入宫，搜寻方腊。

却说阮小七杀入内苑深宫里面，搜出一箱，却是方腊伪造的平天冠、衮龙袍、碧玉带、白玉圭、无忧履。阮小七看见上面都是珍珠异宝，龙凤锦文，心里想道："这是方腊穿的，我便着一着也不打紧。"便把衮龙袍穿了，系上碧玉带，着了无忧履，戴起平天冠，却把白玉圭插放怀里，跳上马，手执鞭，跑出宫前。三军众将只道是方腊，一齐闹动，抢将拢来看时，却是阮小七，众皆大笑。这阮小七也只把做好嬉，骑着马东走西走，看那众将多军抢掳。正在那里闹动，早有童枢密带来的大将王禀、赵谭入洞助战，听得三军闹嚷，只说拿得方腊，径来争功。却见是阮小七穿了御衣服，戴着平天冠，在那里嬉笑。王禀、赵谭骂道："你这厮莫非要学方腊，做这等样子！"阮小七大怒，指着王禀、赵谭道："你这两个直得甚鸟！若不是俺哥哥宋公明时，你这两个驴马头，早被方腊已都砍下了。今日我等众将弟兄成了功劳，你们颠倒来欺负！朝廷不知备细，只道是两员大将来协助成功。"王禀、赵谭大怒，便要和阮小七火并。当时阮小七夺了小校枪，便奔上来戳王禀。呼延灼看见，急飞马来隔开。已自有军校报知宋江，飞马到来。见阮小七穿着御衣服，宋江、吴用喝下马来，剥下违禁衣服，丢去一边。宋江陪话解劝。王禀、赵谭二人虽被宋江并众将劝和了，只是记恨于心。

当日帮源洞中，杀的尸横遍野，流血成渠。按《宋鉴》所载，斩杀方腊蛮兵二万余级。当下宋江传令，教四下举火，监临烧毁宫殿，龙楼凤阁，内苑深宫，珠轩翠

✍ 批注

343

屋，尽皆焚化。但见：

黑烟罩地，红焰遮天。金钉朱户灰飞，碧瓦雕檐影倒。三十六宫煨烬火，七十二苑坐飞灰。金殿平空，不见嵯峨气象；玉阶迸裂，全无锦绣花纹。金水河不见丹墀御道，午门前已无臣宰官僚。龙楼移上九重天，凤阁尽归南极院。

当时宋江等众将，监看烧毁了帮源洞中宫殿器皿屋宇楼阁，引军都来洞口屯驻，下了寨栅。计点生擒人数，只有贼首方腊未曾获得。传下将令，教军将沿山搜捉。告示乡民，但有人拿得方腊者，奏闻朝廷，高官任做；知而首者，随即给赏。

却说方腊从帮源洞山顶落路而走，忙忙似丧家之狗，急急如漏网之鱼，便望深山旷野，透岭穿林，脱了赭黄袍，丢去金花幞头，脱下朝靴，穿上草履麻鞋，爬山奔走，要逃性命，连夜退过五座山头，走到一处山凹边。见一个草庵，嵌在山凹里。方腊肚中饥饿，却待正要去茅庵内寻讨些饭吃。只见松树背后，转出一个胖大和尚来，一禅杖打翻，便取条绳索绑了。那和尚不是别人，是花和尚鲁智深。拿了方腊，带到草庵中，取了些饭吃，正解出山来。却好迎着搜山的军健，一同帮住，擒捉方腊，来见宋先锋。宋江见拿得方腊，大喜，便问道："吾师，你却如何正等得这贼首着？"鲁智深道："洒家自从在乌龙岭上万松林里厮杀，追赶夏侯成入深山里去，被洒家杀了。贪战贼兵，直赶入乱山深处，迷踪失径，迤逦随路寻去。正到旷野琳琅山内，忽遇一个老僧，引领洒家到此处茅庵中，嘱付道：'柴米菜蔬都有，只在此间等候。但见个长大汉从松林深处来，你便捉住。'夜来望见山前火起，小僧看了

第九十九回　鲁智深浙江坐化　宋公明衣锦还乡

一夜。又不知此间山径路数是何处。今早正见这贼爬过山来，因此俺一禅杖打翻，就捉来绑了。不想正是方腊。"宋江又问道："那一个老僧今在何处？"鲁智深道："那个老僧自引小僧到茅庵里，分付了柴米出来，竟不知投何处去了。"宋江道："那和尚眼见得是圣僧罗汉，如此显灵。今吾师成此大功，回京奏闻朝廷，可以还俗为官，在京师图个荫子封妻，光耀祖宗，报答父母劬劳之恩。"鲁智深答道："洒家心已成灰，不愿为官，只图寻个净了去处，安身立命足矣。"宋江道："吾师既不肯还俗，便到京师去住持一个名山大刹，为一僧首，也光显宗风，亦报答得父母。"智深听了，摇首叫道："都不要，要多也无用。只得个囫囵尸首，便是强了。"宋江听罢，默上心来，各不喜欢。点本部下将佐，俱已数足。教将方腊陷车盛了，解上东京，面见天子。催起三军，带领诸将，离了帮源洞清溪县，都回睦州。

却说张招讨会集都督刘光世，童枢密，从、耿二参谋，都在睦州聚齐，合兵一处，屯驻军马。见说宋江获了大功，拿住方腊，解来睦州，众官都来庆贺。宋江等诸将参拜已了张招讨、童枢密等众官，张招讨道："已知将军边塞劳苦，损折弟兄。今已全功，实为万幸。"宋江再拜泣涕道："当初小将等一百八人破大辽，还京都不曾损了一个。谁想首先去了公孙胜，京师已留下数人。克复扬州，渡大江，怎知十停去七。今日宋江虽存，有何面目再见山东父老，故乡亲戚！"张招讨道："先锋休如此说。自古道：贫富贵贱，宿生所载。寿夭命长，人生分定。常言道：有福人送无福人。何以损折将佐为羞为耻！今日功成名显，朝廷知道，必当重用，封官赐爵，光显门闾，衣

批注

锦还乡，谁不称羡！闲事不须挂意，只顾收拾回军朝觐。"宋江拜谢了总兵等官，自来号令诸将。张招讨已传下军令，教把生擒到贼徒伪官等众，除留方腊另行解赴东京，其余从贼，都就睦州市曹斩首施行。所有未收去处，衢、婺等县贼役赃官，得知方腊已被擒获，一半逃散，一半都来睦县自行投首，拜参张招讨并众官。尽皆准首，复为良民。就行出榜，去各处招抚，以安百姓。其余随从贼徒，不伤人者，亦准其自首投降，复为乡民，拨还产业田园。克复州县已了，各调守御官军，护境安民，不在话下。有诗为证：

　　柴进勾连用计深，帮源军马乱骎骎。
　　奇功更有花和尚，一杖生擒僭号人。

所有这新克复睦州、歙州、清溪、帮源二处城郭镇市，民安物阜，乡村溪岛山林，俱各民安复业。

再说张招讨众官都在睦州设太平宴，庆贺众将官僚，赏劳三军将校。传令教先锋头目，收拾朝京。军令传下，各各准备行装，陆续登程。

且说先锋使宋江，思念亡过众将，洒然泪下。不想患病在杭州张横、穆弘等六人，朱富、穆春看视，共是八人在彼。后亦各患病身死，止留得杨林、穆春到来，随军征进。想起诸将劳苦，今日太平，当以超度。便就睦州宫观净处扬起长幡，修设超度九幽拔罪好事，做三百六十分罗天大醮，追荐前亡后化列位偏正将佐已了。次日，椎牛宰马，致备牲醴，与同军师吴用等众将，俱到乌龙神庙里，焚帛享祭乌龙大王，谢祈龙君护祐之恩。回至寨中，所有部下正偏将佐阵亡之人，收得尸骸者，俱令各自安葬已了。宋江与卢俊义收拾军马将校人员，随张招讨回杭

第九十九回 鲁智深浙江坐化 宋公明衣锦还乡

州,听候圣旨,班师回京。众多将佐功劳,俱各造册,上了文簿,进呈御前。先写表章申奏天子。三军齐备,陆续起程。宋江看了部下正偏将佐,止剩得三十六员回军。那三十六人是:

呼保义宋江、玉麒麟卢俊义、智多星吴用、大刀关胜、豹子头林冲、双鞭呼延灼、小李广花荣、小旋风柴进、扑天雕李应、美髯公朱仝、花和尚鲁智深、行者武松、神行太保戴宗、黑旋风李逵、病关索杨雄、混江龙李俊、活阎罗阮小七、浪子燕青、神机军师朱武、镇三山黄信、病尉迟孙立、混世魔王樊瑞、轰天雷凌振、铁面孔目裴宣、神算子蒋敬、鬼脸儿杜兴、铁扇子宋清、独角龙邹润、一枝花蔡庆、锦豹子杨林、小遮拦穆春、出洞蛟童威、翻江蜃童猛、鼓上蚤时迁、小尉迟孙新、母大虫顾大嫂。

当下宋江因为征剿方腊,自渡江已过,损折了许多将佐,止剩得正偏将三十六员回京。催促起人马,俱要到杭州取齐,与张招讨约会,听命朝觐。宋江与同诸将引兵马离了睦州,前望杭州进发。诗曰:

宋江三十六,回来十八双。

内中有四个,谈笑又还乡。

正是收军锣响千山震,得胜旗开十里红。马上将敲金镫响,三军齐唱凯歌回。宋先锋军马,于路无话,已回到杭州。因张招讨军马在城,宋先锋且屯兵在六和塔驻扎。诸将都在六和寺安歇。先锋使宋江、卢俊义,早晚入城听令。

且说鲁智深自与武松在寺中一处歇马听候,看见城外江山秀丽,景物非常,心中欢喜。是夜月白风清,水天同碧。二人正在僧房里睡,至半夜,忽听得江上潮声雷响。

鲁智深是关西汉子，不曾省得浙江潮信，只道是战鼓响，贼人生发，跳将起来，摸了禅杖，大喝着便抢出来。众僧吃了一惊，都来问道："师父何为如此，赶出何处去？"鲁智深道："洒家听得战鼓响，待要出去厮杀。"众僧都笑将起来，道："师父错听了，不是战鼓响，乃是钱塘江潮信响。"鲁智深见说，吃了一惊，问道："师父，怎地唤做潮信响？"寺内众僧推开窗，指着那潮头叫鲁智深看，说道："这潮信日夜两番来，并不违时刻。今朝是八月十五日，合当三更子时潮来。因不失信，为之潮信。"鲁智深看了，从此心中忽然大悟，拍掌笑道："俺师父智真长老，曾嘱付与洒家四句偈言，道是：'逢夏而擒'，俺在万松林里厮杀，活捉了个夏侯成；'遇腊而执'，俺生擒方腊。今日正应了'听潮而圆，见信而寂'，俺想既逢潮信，合当圆寂。众和尚，俺家问你，如何唤做圆寂。"寺内众僧答道："你是出家人，还不省得？佛门中圆寂便是死。"鲁智深笑道："既然死乃唤做圆寂，洒家今已必当圆寂。烦与俺烧桶汤来，洒家沐浴。"寺内众僧，都只道他说要，又见他这般性格，不敢不依他。只得唤道人烧汤来与鲁智深洗浴，换了一身御赐的僧衣，便叫部下军校："去报宋公明先锋哥哥，来看洒家。"又问寺内众僧处，讨纸笔写下一篇颂子。去法堂上，捉把禅椅，当中坐了。焚起一炉好香，放了那张纸在禅床上，自叠起两只脚，左脚搭在右脚，自然天性腾空。比及宋公明见报，急引众头领来看时，鲁智深已自坐在禅椅上不动了。看其颂曰：

"平生不修善果，只爱杀人放火。忽地顿开金枷，这里扯断玉锁。咦！钱塘江上潮信来，今日方知我是我。"

宋江与卢俊义看了偈语，嗟叹不已。众多头领都来看视

第九十九回　鲁智深浙江坐化　宋公明衣锦还乡

鲁智深，焚香拜礼。城内张招讨并童枢密等众官，亦来拈香拜礼。宋江教把鲁智深衣钵并朝廷赏赐，出来俵散众僧，做了三昼夜功果，合个朱红龛子盛了，直去请径山住持大惠禅师，来与鲁智深下火。五山十刹禅师，都来诵经忏悔。迎出龛子，去六和塔后烧化那鲁智深。那径山大惠禅师手执火把，直来龛子前，指着鲁智深，道几句法语，是：

"鲁智深，鲁智深，起身自绿林。两只放火眼，一片杀人心。忽地随潮归去，果然无处跟寻。咄！解使满空飞白玉，能令大地作黄金。"

大惠禅师下了火已了，众僧诵经忏悔，焚化龛子，在六和塔山后，收取骨殖，葬入塔院。所有鲁智深随身多余衣钵金银并各官布施，尽都纳入六和寺里，常住公用。

当下宋江看视武松，虽然不死，已成废人。武松对宋江说道："小弟今已残疾，不愿赴京朝觐，尽将身边金银赏赐，都纳此六和寺中陪堂公用，已作清闲道人，十分好了。哥哥造册，休写小弟进京。"宋江见说："任从你心。"武松自此只在六和寺中出家，后至八十善终，这是后话。

再说先锋宋江每日去城中听令，待张招讨中军人马前进，已将军兵入城屯扎。半月之间，朝廷天使到来，奉圣旨：令先锋宋江等班师回京。张招讨，童枢密，都督刘光世，从、耿二参谋，大将王禀、赵谭，中军人马，陆续先回京师去了。宋江等随即收拾军马回京。比及起程，不想林冲染患风病瘫了，杨雄发背疮而死，时迁又感搅肠沙而死。宋江见了，感伤不已。丹徒县又申将文书来，报说杨志已死，葬于本县山园。林冲风瘫，又不能痊，就留在六和寺中，教武松看视，后半载而亡。

再说宋江与同诸将，离了杭州，望京师进发。只见浪子燕青私自来劝主人卢俊义道:"小乙自幼随侍主人,蒙恩感德,一言难尽。今既大事已毕,欲同主人纳还原受官诰,私去隐迹埋名,寻个僻净去处,以终天年。未知主人意下若何?"卢俊义道:"自从梁山泊归顺宋朝已来,北破辽兵,南征方腊,勤劳不易,边塞苦楚,弟兄殒折,幸存我一家二人性命。正要衣锦还乡,图个封妻荫子,你如何却寻这等没结果?"燕青笑道:"主人差矣。小乙此去,正有结果。只恐主人此去,定无结果。"若燕青,可谓知进退存亡之机矣。有诗为证:

　　略地攻城志已酬,陈辞欲伴赤松游。
　　时人苦把功名恋,只怕功名不到头。

卢俊义道:"燕青,我不曾存半点异心,朝廷如何负我?"燕青道:"主人岂不闻韩信立下十大功劳,只落得未央宫前斩首。彭越醢为肉酱,英布弓弦药酒。主公,你可寻思,祸到临头难走。"卢俊义道:"我闻韩信,三齐擅自称王,教陈豨造反;彭越杀身亡家,大梁不朝高祖;英布九江受任,要谋汉帝江山。以此汉高帝诈游云梦,令吕后斩之。我虽不曾受这般重爵,亦不曾有此等罪过。"燕青道:"既然主公不听小乙之言,只怕悔之晚矣。小乙本待去辞宋先锋,他是个义重的人,必不肯放。只此辞别主公。"卢俊义道:"你辞我,待要那里去?"燕青道:"也只在主公前后。"卢俊义笑道:"原来也只恁地。看你到那里?"燕青纳头拜了八拜,当夜收拾了一担金珠宝贝挑着,径不知投何处去了。

次日早晨,军人收得字纸一张,来报复宋先锋。宋江看那一张字纸时,上面写道是:

"辱弟燕青百拜恳告先锋主将麾下:自蒙收录,多感厚恩。效死干功，补报难尽。今自思命薄身微，不堪国家任用，情愿退居山野，为一闲人。本待拜辞，恐主将义气深重，不肯轻放，连夜潜去。今留口号四句拜辞，望乞主帅恕罪。

情愿自将官诰纳，不求富贵不求荣。
身边自有君王赦，淡饭黄齑过此生。"

宋江看了燕青的书并四句口号，心中郁悒不乐。当时尽收拾损折将佐的官诰牌面，送回京师，缴纳还官。

宋兵人马，迤逦前进。比及行至苏州城外，只见混江龙李俊诈中风疾，倒在床上，手下军人来报宋先锋。宋江见报，亲自领医人来看治李俊。李俊道："哥哥休误了回军的程限，朝廷见责，亦恐张招讨先回日久。哥哥怜悯李俊时，可留下童威、童猛看视兄弟，待病体痊可，随后赶来朝觐。哥哥军马，请自赴京。"宋江见说，心虽不然，倒不疑虑，只得引军前进。又被张招讨行文催趱，宋江只得留下李俊、童威、童猛三人，自同诸将上马赴京去了。

且说李俊三人竟来寻见费保四个，不负前约。七人都在榆柳庄上商议定了，尽将家私打造船只，从太仓港乘驾出海，自投化外国去了。后来为暹罗国之主。童威、费保等都做了化外官职，自取其乐，另霸海滨。这是李俊的后话。

再说宋江等诸将一行军马，在路无话。复过常州、润州相战去处，宋江无不伤感。军马渡江，十存二三，过扬州，进淮安，望京师不远了。宋江传令，叫众将各各准备朝觐。三军人马，九月二十后回到东京。张招讨中军人马，先进城去。宋江等军马，只就城外屯住，扎营于旧时陈桥驿，听候圣旨。宋江叫裴宣写录见在朝京大小正偏将佐数目，共计二十七员。正将一十二员：宋江、卢俊

> 批注

义、吴用、关胜、呼延灼、花荣、柴进、李应、朱仝、戴宗、李逵、阮小七。偏将一十五员：朱武、黄信、孙立、樊瑞、凌振、裴宣、蒋敬、杜兴、宋清、邹润、蔡庆、杨林、穆春、孙新、顾大嫂。是日，宋江将大小诸将见在者，殁于王事者，录其名数，写成谢恩表章。仍令正偏将佐，俱各准备幞头公服，伺候朝见天子。三日之后，上皇设朝，近臣奏闻。天子教宣宋江等面君朝见。正是：

> 鸡鸣紫陌曙光寒，莺啭皇州春色阑。
> 金阙晓钟开万户，玉阶仙仗拥千官。
> 花迎剑珮星初落，柳拂旌旗露未干。
> 宣召边庭征战士，九重深处见天颜。

当下早朝，道君天子升座，命侍御引进宋江等，各具公服，入内朝见。此日东方渐明，宋江、卢俊义等二十七员将佐承旨，即忙上马入城。东京百姓看了时，此是第三番朝见。想这宋江等初受招安时，却奉圣旨，都穿御赐的红绿锦袄子，悬挂金银牌面，入城朝见。破大辽之后回京师时，天子宣命，都是披袍挂甲，戎装入城朝见。今番太平回朝，天子特命文扮，却是幞头公服，入城朝觐。东京百姓看了只剩得这几个回来，众皆嗟叹不已。

宋江等二十七人，来到正阳门下，齐齐下马入朝。侍御史引至丹墀玉阶之下，宋江、卢俊义为首，上前八拜，退后八拜，进中八拜，三八二十四拜，扬尘舞蹈，山呼万岁，君臣礼足。徽宗天子看见宋江等只剩得这些人员，心中嗟念。上皇命都宣上殿。宋江、卢俊义引领众将，都上金阶，齐跪在珠帘之下。上皇命赐众将平身。左右近臣，早把珠帘卷起。天子乃曰："朕知卿等众将，收剿江南，多负劳苦。卿之弟兄，损折大半，朕闻不胜伤悼。"宋江垂泪不起，仍自再拜奏曰："以臣卤钝薄才，肝脑涂地，亦不能报国家大恩。昔日念臣共聚义兵一百八人，登五台发愿。谁想今日十损其八！谨录人数，未敢擅便具奏。伏望天慈，俯赐圣鉴。"上皇曰："卿等部下殁于王事者，朕命各坟加封，不没其功。"宋江再拜，进上表文一通。表曰：

"平南都总管正先锋使臣宋江等谨上表：伏念臣江等，愚拙庸才，孤陋俗吏，往犯天涯之罪，幸蒙莫大之恩，高天厚地岂能酬，粉骨碎身何足报。股肱竭力，离水泊以除邪；兄弟同心，登五台而发愿。全忠秉义，护国保民。幽州城鏖战辽兵，清溪洞力擒方腊。虽则微功上达，奈缘良将下沉。臣江日夕怀忧，旦暮悲怆。伏望天恩，俯赐圣鉴，使已殁者皆蒙恩泽，见在生者得庇洪休。臣江乞归田野，愿作农民。实陛下仁育之赐，遂微臣退休之心。诚惶诚恐，稽首顿首。臣江等不胜战悚之至！谨录存殁人数，随表上进以闻。

阵亡正偏将佐五十九员：

正将一十四员：

秦明、徐宁、董平、张清、刘唐、史进、索超、张顺、雷横、石秀、解珍、解宝、阮小二、阮小五

偏将四十五员：

宋万、焦挺、陶宗旺、韩滔、彭玘、曹正、宣赞、孔亮、郑天寿、施恩、邓飞、周通、龚旺、鲍旭、段景住、侯健、孟康、王英、项充、李衮、单廷圭、吕方、燕顺、马麟、郭盛、欧鹏、郁保四、陈达、杨春、李忠、薛永、李云、丁得孙、石勇、杜迁、邹渊、李立、汤隆、王定六、蔡福、张青、郝思文、扈三娘、魏定国、孙二娘

于路病故正偏将佐一十员：

正将五员：林冲、杨志、张横、穆弘、杨雄

偏将五员：孔明、朱贵、朱富、白胜、时迁

杭州六和寺坐化正将一员：鲁智深

折臂不愿恩赐，六和寺出家正将一员：武松

旧在京，回还蓟州出家正将一员：公孙胜

不愿恩赐，于路辞去正偏将四员：

正将二员：燕青、李俊

偏将二员：童威、童猛

旧留在京师，并取回医士，见在京偏将五员：安道全、皇甫端、金大坚、萧让、乐和

见在朝觐正偏将佐二十七员：

正将一十二员：

宋江、卢俊义、吴用、关胜、花荣、柴进、李应、呼延灼、朱仝、戴宗、李逵、阮小七

偏将一十五员：

朱武、黄信、孙立、樊瑞、凌振、裴宣、蒋敬、杜兴、宋清、邹润、蔡庆、杨林、穆春、孙新、顾大嫂

宣和五年九月　日，先锋使臣宋江，副先锋臣卢俊义等谨上表。"

上皇览表，嗟叹不已，乃曰："卿等一百八人，上应星曜。今止有二十七人见存，又辞去了四个，真乃十去其八矣！"随降圣旨，将这已殁于王事者，正将偏将，各授名爵。正将封为忠武郎，偏将封为义节郎。如有子孙者，就令赴京，照名承袭官爵；如无子孙者，敕赐立庙，所在享祭。惟有张顺显灵有功，敕封金华将军。僧人鲁智深擒获方腊有功，善终坐化于大刹，加封义烈昭暨禅师。武松对敌有功，伤残折臂，见于六和寺出家，封赠清忠祖师，赐

钱十万贯,以终天年。已故女将二人,扈三娘加封花阳郡夫人,孙二娘加封旌德郡君。见在朝觐,除先锋使另封外,正将十员,各授武节将军,诸州统制;偏将十五员,各授武奕郎,诸路都统领。管军管民,省院听调。女将一员顾大嫂,封授东源县君。

先锋使宋江,加授武德大夫、楚州安抚使、兼兵马都总管。

副先锋卢俊义,加授武功大夫、庐州安抚使、兼兵马副总管。

军师吴用,授武胜军承宣使。

关胜授大名府正兵马总管。

呼延灼授御营兵马指挥使。

花荣授应天府兵马都统制。

柴进授横海军沧州都统制。

李应授中山府郓州都统制。

朱仝授保定府都统制。

戴宗授兖州府都统制。

李逵授镇江润州都统制。

阮小七授盖天军都统制。

上皇敕命各各正偏将佐,封官授职,谢恩听命,给付赏赐。偏将一十五员,各赐金银三百两,采段五表里。正将一十员,各赐金银五百两,采段八表里。先锋使宋江、卢俊义,各赐金银一千两,锦段十表里,御花袍一套,名马一匹。宋江等谢恩毕。又奏睦州乌龙大王,二次显灵,护国保民,救护军将,以全德胜。上皇准奏,圣敕加封忠靖灵德普祐孚惠龙王。御笔改睦州为严州,歙州为徽州,因是方腊造反之地,各带反文字体。清溪县改为淳安县,帮源洞凿开为山岛。敕委本州官库内支钱起建乌龙大王庙，御赐牌额，至今古迹尚存。江南但是方腊残破去处，被害人民，普免差徭三年。

当日宋江等，各各谢恩已了。天子命设太平筵宴，庆贺功臣。文武百官，九卿四相，同登御宴。但见：

屏开孔雀，褥绣芙蓉。黄金殿上开筵，白玉阶前设宴。朱红台上，摆列着百味珍羞；龙凤桌围，设放着金银器皿。玻璃碗内，供献上熊掌驼蹄；琥珀杯中，满斟下瑶池玉液。珊瑚碟四时异果，玛瑙盘凤髓龙肝。教坊司搬演新文杂剧，承应院摆列舞女歌姬。光禄寺进呈御酒，帝王开颜；鸿胪寺报名赏宴，臣宰欢忻。大官署宰马敲牛，供筵赐饭；珍羞署推装果品，美味时新。往来进酒，无非是紫衣陪臣；上下传杯，尽都是锦衣内侍。太平设宴，显皇上不负功臣；得胜回朝，是武将赤心报国。画鼓振敲欢宴美，教坊齐贺太平歌。

上皇设宴，庆贺太平，御筵已毕，众将谢恩。宋江又奏："臣部下自梁山泊受招安，军卒亡过大半。尚有愿还家者，乞陛下圣恩优恤。"天子准奏，降敕：如愿为军者，赐钱一百贯，绢十匹，于龙猛、虎威二营收操，月支俸粮养赡。如不愿者，赐钱二百贯，绢十匹，各令回乡，为民当差。宋江又奏："臣生居郓城县，获罪以来，自不敢还乡。乞圣上宽恩，给假回乡，拜扫省视亲族，却还楚州之任。未敢擅便，乞请圣旨。"上皇闻奏大喜，再赐钱十万贯，作还乡之资。当日饮宴席终，谢恩已罢，辞驾出朝。次日，中书省作太平筵宴，管待众将。第三日，枢密院又设宴庆贺太平。其张招讨，刘都督，童枢密，从、耿二参谋，王、赵二大将，朝廷自升重爵，不在此本话内。太乙

第九十九回　鲁智深浙江坐化　宋公明衣锦还乡

院题本，奏请圣旨，将方腊于东京市曹上凌迟处死，剐了三日示众。有诗为证：

宋江重赏升官日，方腊当刑受剐时。

善恶到头终有报，只争来早与来迟。

再说宋江奏请了圣旨，给假回乡省亲。当部下军将，愿为军者，报名送发龙猛、虎威二营收操，关给赏赐，马军守备。愿为民者，关请银两，各各还乡，为民当差。部下偏将，亦各请受恩赐，听除管军管民，护境为官，关领诰命，各人赴任，与国安民。

宋江分派已了，与众暂别，自引兄弟宋清，带领随行军健一二百人，挑担御物行李衣装赏赐，离了东京，望山东进发。宋江、宋清在马上衣锦还乡，回归故里。离了京师，于路无话。自来到山东郓城县宋家村，乡中故旧，父老亲戚，都来迎接。宋江回到庄上，不期宋太公已死，灵柩尚存。宋江、宋清痛哭伤感，不胜哀戚。家眷庄客，都来拜见宋江。庄院田产家私什物，宋太公存日，整置得齐备，亦如旧时。宋江在庄上修设好事，请僧命道，修建功果，荐拔亡过父母宗亲。州县官僚，探望不绝。择日选时，亲扶太公灵柩，高原安葬。是日，本州官员，亲邻父老，宾朋眷属，尽来送葬已了，不在话下。

宋江思念玄女娘娘，愿心未酬，将钱五万贯，命工匠人等，重建九天玄女娘娘庙宇，两廊山门，妆饰圣像，彩画两庑，俱已完备。不觉在乡日久，诚恐上皇见责，选日除了孝服，又做了几日道场。次后设一大会，请当村乡尊父老，饮宴酌杯，以叙间别之情。次日，亲戚亦皆置筵庆贺，以会故旧之心。不在话下。宋江将庄院交割与次弟，宋清虽受官爵，只在乡中务农，奉祀宗亲香火。将多余钱

批注

批注

帛，散惠下民。把闲话都打叠起。有诗为证：

　　衣锦还乡实可夸，承恩又复入京华。
　　戴宗指点迷途破，身退名全遍海涯。

再说宋江在乡中住了数月，辞别乡老故旧，再回东京来，与众弟兄相见。众人亦各自搬取老小家眷回京住的，有往任所去的；亦有夫主兄弟殁于王事的，朝廷已自颁降恩赐金帛，令归乡里，优恤其家。宋江自到东京，每日给散三军。诸将已亡过者，家眷老小，发遣回乡，都已完足。朝前听命，辞别省院诸官，收拾赴任。

只见神行太保戴宗，来相探宋江，坐间说出一席话来，有分教：宋公明生为郓城县英雄，死作蓼儿洼土地。只教名标史记几千年，事载丹书百万载。正是：凛凛清风生庙宇，堂堂遗像在凌烟。毕竟戴宗对宋江说出甚话来，且听下回分解。

本回我评论：

煮酒论英雄

　　人但知鲁智深成佛、李俊为王，都是顶天立地汉子。不知燕青更不可及，意者其犹龙乎？意者其犹龙乎？

——李卓吾

1. 你是否同意李卓吾对燕青的评价？

2. 怎样看待本回幸存好汉的各自选择？分别评论一下。

水浒校场

1. 阅读本回及最后一回，列一个水浒英雄结局表。

2. 辩一辩：以农民起义军镇压农民起义军，宋江是否看破朝廷阴谋？

3. 演一演：改编宋江衣锦还乡情节，着重表现还乡前、还乡时、还乡后，乡亲们的言行评价。排练并演出。

第一百回

宋公明神聚蓼儿洼　徽宗帝梦游梁山泊

《满庭芳》：

罡星起河北，豪杰四方扬。五台山发愿，扫清辽国转名香。奉诏南收方腊，催促渡长江。一自润州破敌，席卷过钱塘。抵清溪，登昱岭，涉高冈。蜂巢剿灭，班师衣锦尽还乡。堪恨当朝谗佞，不识男儿定乱，谁主降遗殃。可怜一场梦，令人泪两行。

话说宋江衣锦还乡，拜扫回京。自离郓城县，还至东京，与众弟兄相会，令其各人收拾行装，前往任所。当有神行太保戴宗来探宋江，二人坐间闲话。只见戴宗起身道："小弟已蒙圣恩，除受衮州都统制。今情愿纳下官诰，要去泰安州岳庙里，陪堂求闲，过了此生，实为万幸。"宋江道："贤弟何故行此念头？"戴宗道："兄弟夜梦崔府君勾唤，因此发了这片善心。"宋江道："贤弟生身既为神行太保，他日必当岳府灵聪。"自此相别之后，戴宗纳还了官诰，去到泰安州岳庙里，陪堂出家。在彼每日殷勤奉祀圣帝香火，虔诚无忽。后数月，一夕无恙，请众道伴相辞作别，大笑而终。后来在岳庙里累次显灵，州人庙祝，随塑戴宗神像于庙里，胎骨是他真身。

又有阮小七受了诰命，辞别宋江，已往盖天军做都统制职事。未及数月，被大将王禀、赵谭怀挟帮源洞辱骂旧恨，累累于童枢密前诉说阮小七的过失："曾穿着方腊的赭黄袍，龙衣玉带，虽是一时戏耍，终久怀心造意。"待要杀他。"亦且盖天军地僻人蛮，必致造反。"童贯把此事达知蔡京，奏过天子，请降了圣旨，行移公文到彼处，追夺阮小七本身的官诰，复为庶民。阮小七见了，心中也自欢喜。带了老母回还梁山泊石碣村，依旧打鱼为生，奉养老母，以终天年。后自寿至六十而亡。

且说小旋风柴进在京师，见戴宗纳还官诰求闲去了，又见说朝廷追夺了阮小七官诰，不合戴了方腊的平天冠，龙衣玉带，意在学他造反，罚为庶民。寻思："我亦曾在方腊处做驸马，倘或日后奸臣们知得，于天子前谗佞，见责起来，追了诰命，岂不受辱？不如闻早自省，免受玷辱。"推称风疾病患，不时举发，难以任用，不堪为官，情愿纳还官诰，求闲为农，辞别众官，再回沧州横海郡为民，自在过活。忽然一日，无疾而终。

李应授中山府都统制，赴任半年，闻知柴进求闲去了，自思也推称风瘫，不能为官。申达省院，缴纳官诰，复还故乡独龙冈村中过活。后与杜兴一处作富豪，俱得善终。

关胜在北京大名府总管兵马，甚得军心，众皆钦伏。一日操练军马回来，因大醉失脚，落马得病身亡。

呼延灼受御营指挥使，每日随驾操备。后领大军破大金兀术四太子，出军杀至淮西阵亡。只有朱仝在保定府管军有功，后随刘光世破了大金，直做到太平军节度使。

花荣带同妻小妹子，前赴应天府到任。吴用自来单身，只带了随行安童，去武胜军到任。李逵亦是独自带了两个仆从，自来润州到任。话说为何只说这三个到任，别的都说了绝后结果？为这七员正将，都不断见着，先说了结果。后这五员正将，宋江、卢俊义、吴用、花荣、李逵还有斯会处，以此未说绝了结果。下来便见。有诗为证：

　　百八英雄聚义间，东征西讨日无闲。
　　苟能待得功成后，死别生离意莫还。

再说宋江、卢俊义在京师，都分派了诸将赏赐，各各令其赴任去讫。殁于王事者，正将家眷人口，关给与恩赏钱帛金银，仍各送回故乡，听从其便。再有见在朝京偏将一十五员，除兄弟宋清还乡为农外，杜兴已自跟随李应还乡去了。黄信仍任青州。孙立带同兄弟孙新、顾大嫂并妻小，自依旧登州任用。邹润不愿为官，回登云山去了。蔡庆跟随关胜，仍回北京为民。裴宣自与杨林商议了，自回饮马川，受职求闲去了。蒋敬思念故乡，愿回潭州为民。朱武自来投授樊瑞道法，两个做了全真先生，云游江湖，去投公孙胜出家，以终天年。穆春自回揭阳镇乡中，后为良民。凌振炮手非凡，仍授火药局御营任用。旧在京师偏将五员，安道全钦取回京，就于太医院做了金紫医官。皇甫端原受御马监大使。金大坚已在内府御宝监为官。萧让在蔡太师府中受职，作门馆先生。乐和在驸马王都尉府中，尽老清闲，终身快乐。不在话下。

且说宋江自与卢俊义分别之后，各自前去赴任。卢俊义亦无家眷，带了数个随行伴当，自望庐州去了。宋江谢恩辞朝，别了省院诸官，带同几个家人仆从，前往楚州赴

第一百回　宋公明神聚蓼儿洼　徽宗帝梦游梁山泊

任。自此相别，都各分散去了。亦不在话下。

且说宋朝原来自太宗传太祖帝位之时，说了誓愿，以致朝代奸佞不清。至今徽宗天子，至圣至明，不期致被奸臣当道，谗佞专权，屈害忠良，深可悯念。当此之时，却是蔡京、童贯、高俅、杨戬四个贼臣，变乱天下，坏国坏家坏民。当有殿帅府太尉高俅、杨戬，因见天子重礼厚赐宋江等这伙将校，心内好生不然。两个自来商议道："这宋江、卢俊义皆是我等仇人，今日倒吃他做了有功大臣，受朝廷这等钦恩赏赐，却教他上马管军，下马管民。我等省院官僚，如何不惹人耻笑！自古道：恨小非君子，无毒不丈夫。"杨戬道："我有一计，先对付了卢俊义，便是绝了宋江一只臂膊。这人十分英勇。若先对付了宋江，他若得知，必变了事，倒惹出一场不好。"高俅道："愿闻你的妙计如何。"杨戬道："排出几个庐州军汉，来省院首告卢安抚招军买马，积草屯粮，意在造反。便与他申呈去太师府启奏，和这蔡太师都瞒了。等太师奏过天子，请旨定夺，却令人赚他来京师。待上皇赐御食与他，于内下了些水银，却坠了那人腰肾，做用不得，便成不得大事。再差天使，却赐御酒与宋江吃，酒里也与他下了慢药，只消半月之间，一定没救。"高俅道："此计大妙。"有诗为证：

　　自古权奸害善良，不容忠义立家邦。
　　皇天若肯明昭报，男作俳优女作倡。

两个贼臣计议定了，着心腹人出来寻觅两个庐州土人，写与他状子，叫他去枢密院，首告卢安抚在庐州即日招军买马，积草屯粮，意欲造反；使人常往楚州，结连安抚宋江，通情起义。枢密院却是童贯，亦与宋江等有仇。当即收了原告状子，径呈来太师府启奏。蔡京见了申文，便会官计议。此时高俅、杨戬各在彼，四个奸臣定了计策，引领原告人入内启奏天子。上皇曰："朕想宋江、卢俊义，破大辽，收方腊，掌握十万兵权，尚且不生歹心。今已去邪归正，焉肯背反？寡人不曾亏负他，如何敢叛逆朝廷？其中有诈，未审虚的，难以准信。"当有高俅、杨戬在傍奏道："圣上道理虽是忠爱，人心难忖，想必是卢俊义嫌官卑职小，不满其心，复怀反意，不幸被人知觉。"上皇曰："可唤来寡人亲问，自取实招。"蔡京、童贯又奏道："卢俊义是一猛兽，未保其心。倘若惊动了他，必致走透，深为未便，今后难以收捕。只可赚来京师，陛下亲赐御膳御酒，将圣言抚谕之，窥其虚实动静。若无，不必究问。亦显陛下不负功臣之念。"上皇准奏，随即降下圣旨，差一使命径往庐州宣取卢俊义还朝，有委用的事。天使奉命来到庐州，大小官员出郭迎接，直至州衙，开读已罢。

话休絮繁。卢俊义听了圣旨宣取回朝，便同使命离了庐州，一齐上了铺马来京。于路无话，早至东京皇城司前歇了。次日早，到东华门外伺候早朝。时有太师蔡京，枢密院童贯，太尉高俅、杨戬，引卢俊义于偏殿朝见上皇。拜舞已罢，天子道："寡人欲见卿一面。"又问："庐州可容身否？"卢俊义再拜奏道："托赖圣上洪福齐天，彼处军民亦皆安泰。"上皇又问了些闲话。俄延至午，尚膳厨官奏道："进呈御膳在此，未敢擅便，乞取圣旨。"此时高俅、杨戬，已把水银暗地着放在里面，供呈在御案上。天子当面将膳赐与卢俊义，卢俊义拜受而食。上皇抚谕道："卿去庐州，务要尽心安养军士，勿生非意。"卢俊义顿首谢恩，出朝回还庐州，全然不知四个贼臣设计相害。高俅、杨戬相谓曰："此后大事定矣。"有诗为证：

第一百回　宋公明神聚蓼儿洼　徽宗帝梦游梁山泊

奸贼阴谋害善良，共为谗语惑徽皇。
潜将鸩毒安中膳，俊义何辜一命亡。

再说卢俊义星夜便回庐州来，觉道腰肾疼痛，动举不得，不能乘马，坐船回来。行至泗州淮河，天数将尽，自然生出事来。其夜因醉，要立在船头上消遣。不想水银坠下腰胯并骨髓里去，册立不牢，亦且酒后失脚，落于淮河深处而死。可怜河北玉麒麟，屈作水中冤抑鬼！从人打捞起尸首，具棺椁殡于泗州高原深处。本州官员动文书申复省院，不在话下。且说蔡京、童贯、高俅、杨戬四个贼臣，计较定了，将赍泗州申达文书，早朝奏闻天子说："泗州申复：卢安抚行至淮河，坠水而死。臣等省院，不敢不奏。今卢俊义已死，只恐宋江心内设疑，别生他事。乞陛下圣鉴，可差天使，赍御酒往楚州赏赐，以安其心。"上皇沉吟良久，欲道不准，未知其心意；欲准理，诚恐害人。上皇无奈，终被奸臣谗佞所惑，片口张舌，花言巧语，缓里取事，无不纳受。遂将御酒二樽，差天使一人，赍往楚州，限目下便行。眼见得这使臣亦是高俅、杨戬二贼手下心腹之辈。天数只注宋公明合当命尽，不期被这奸臣们将御酒内放了慢药在里面，却教天使赍擎了，径往楚州来。

且说宋公明自从到楚州为安抚，兼管总领兵马。到任之后，惜军爱民，百姓敬之如父母，军校仰之若神明，讼庭肃然，六事俱备，人心既服，军民钦敬。宋江赴任之后，时常出郭游玩。原来楚州南门外有个去处，地名唤做蓼儿洼。其山四面都是水港，中有高山一座。其山秀丽，松柏森然，甚有风水，和梁山泊无异。虽然是个小去处，其内山峰环绕，龙虎踞盘，曲折峰峦，坡阶台砌，四

批注

围港汊，前后湖荡，俨然似水浒寨一般。宋江看了，心中甚喜，自己想道："我若死于此处，堪为阴宅。"但若身闲，常去游玩，乐情消遣。

话休絮烦。自此宋江到任以来，将及半载，时是宣和六年首夏初旬，忽听得朝廷降赐御酒到来，与众出郭迎接。入到公廨，开读圣旨已罢。天使捧过御酒，教宋安抚饮毕。宋江亦将御酒回劝天使，天使推称自来不会饮酒。御酒宴罢，天使回京。宋江备礼馈送天使，天使不受而去。

宋江自饮御酒之后，觉道肚腹疼痛，心中疑虑，想被下药在酒里。却自急令从人打听那来使时，于路馆驿却又饮酒。宋江已知中了奸计，必是贼臣们下了药酒。乃叹曰："我自幼学儒，长而通吏。不幸失身于罪人，并不曾行半点异心之事。今日天子信听谗佞，赐我药酒，得罪何辜！我死不争，只有李逵见在润州都统制，他若闻知朝廷行此奸弊，必然再去啸聚山林，把我等一世清名忠义之事坏了。只除是如此行方可。"有诗为证：

　　奸邪误国太无情，火烈擎天白玉茎。
　　他日三边如有警，更凭何将统雄兵。

连夜使人往润州唤取李逵星夜到楚州，别有商议。

且说黑旋风李逵自到润州为都统制，只是心中闷倦，与众终日饮酒，只爱贪杯。听得楚州宋安抚差人到来有请，李逵道："哥哥取我，必有话说。"便同干人下了船，直到楚州，径入州治拜见。宋江道："兄弟，自从分散之后，日夜只是想念众人。吴用军师，武胜军又远。花知寨在应天府，又不知消耗。只有兄弟在润州镇江较近，特请你来商量一件大事。"李逵道："哥哥，甚么大事？"宋江道:"你且饮酒。"宋江请进后厅,见成杯盘,随即管待李逵,吃了半晌酒食。将至半酣,宋江便道:"贤弟不知,我听得朝廷差人赍药酒来赐与我吃。如死,却是怎的好?"李逵大叫一声:"哥哥,反了罢!"宋江道:"兄弟,军马尽都没了,兄弟们又各分散,如何反得成?"李逵道:"我镇江有三千军马,哥哥这里楚州军马,尽点起来,并这百姓都尽数起去,并气力招军买马,杀将去。只是再上梁山泊倒快活,强似在这奸臣们手下受气!"宋江道:"兄弟且慢着,再有计较。"不想昨日那接风酒内,已下了慢药。当夜,李逵饮酒了。

次日,具舟相送。李逵道:"哥哥,几时起义兵?我那里也起军来接应。"宋江道:"兄弟,你休怪我!前日朝廷差天使赐药酒与我服了,死在旦夕。我为人一世,只主张忠义二字,不肯半点欺心。今日朝廷赐死无辜,宁可朝廷负我,我忠心不负朝廷。我死之后,恐怕你造反,坏了我梁山泊替天行道忠义之名,因此请将你来,相见一面。昨日酒中已与了你慢药服了,回至润州必死。你死之后,可来此处楚州南门外,有个蓼儿洼,风景尽与梁山泊无异,和你阴魂相聚。我死之后,尸首定葬于此处,我已看定了也!"言讫,堕泪如雨。李逵见说,亦垂泪道:"罢,罢,罢!生时伏侍哥哥,死了也只是哥哥部下一个小鬼。"言讫,泪下。便觉道身体有些沉重。当时洒泪,拜别了宋江下船。回到润州,果然药发身死。有诗为证:

宋江饮毒已知情,恐坏忠良水浒名。
便约李逵同一死,蓼儿洼内起佳城。

李逵临死之时,付嘱从人:"我死了,可千万将我灵柩,去楚州南门外蓼儿洼,和哥哥一处埋葬。"嘱罢而死。

从人置备棺椁盛贮，不负其言，扶柩而往。

原来楚州南门外蓼儿洼，果然风景异常，四面俱是水，中有此山。宋江自到任以来，便看在眼里，常时游玩乐情。虽然窄狭，山峰秀丽，与梁山泊无异。常言："我死当葬于此处。"不期果应其言。宋江自与李逵别后，心中伤感，思念吴用、花荣，不得会面。是夜药发，临危嘱付从人亲随之辈："可依我言，将我灵柩，殡葬此间南门外蓼儿洼高原深处，必报你众人之德。乞依我嘱。"言讫而逝。有诗为证：

> 受命为臣赐锦袍，南征北伐有功劳。
>
> 可怜忠义难容世，鸩酒奸谗竟莫逃。

宋江从人置备棺椁，依礼殡葬楚州。官吏听从其言，不负遗嘱，当与亲随人从，本州吏胥老幼，扶宋公明灵柩，葬于蓼儿洼。数日之后，李逵灵柩亦从润州到来，从人不违其言，扶柩葬于宋江墓侧，不在话下。有诗为证：

> 始为放火图财贼，终作投降受命人。
>
> 千古英雄两坏土，暮云衰草倍伤神。

且说宋清在家患病，闻知家人回来报说，哥哥宋江，已故在楚州。病在郓城，不能前来津送。后又闻说葬于本州南门外蓼儿洼。只令得家人到来祭祀，看视坟茔，修筑完备，回复宋清。不在话下。

却说武胜军承宣使军师吴用，自到任之后，常常心中不乐，每每思念宋公明相爱之心。忽一日，心情恍惚，寝寐不安。至夜，梦见宋江、李逵二人，扯住衣服说道："军师，我等以忠义为主，替天行道，于心不曾负了天子。今朝廷赐饮药酒，我死无辜。身亡之后，见已葬于楚州南门外蓼儿洼深处。军师若想旧日之交情，可到坟茔，亲来看

第一百回 宋公明神聚蓼儿洼 徽宗帝梦游梁山泊

视一遭。"吴用要问备细,撒然觉来,乃是南柯一梦。吴用泪如雨下,坐而待旦。得了此梦,寝食不安。次日,便收拾行李,径往楚州来。不带从人,独自奔来。于路无话。前至楚州。到时,果然宋江已死。只闻彼处人民,无不嗟叹。吴用安排祭仪,直至南门外蓼儿洼,寻到坟茔,哭祭宋公明、李逵,就于墓前,以手捆其坟冢,哭道:"仁兄英灵不昧,乞为昭鉴!吴用是一村中学究,始随晁盖,后遇仁兄,救护一命,坐享荣华,到今数十余载,皆赖兄长之德。今日既为国家而死,托梦显灵与我。兄弟无以报答,愿得将此良梦,与仁兄同会于九泉之下。"言罢,痛哭。正欲自缢,只见花荣从船上飞奔到于墓前。见了吴用,各吃一惊。吴学究便问道:"贤弟在应天府为官,缘何得知宋兄长已丧?"花荣道:"兄弟自从分散到任之后,无日身心得安,常想念众兄之情。因夜得一异梦,梦见宋公明哥哥和李逵,前来扯住小弟,诉说:'朝廷赐饮药酒鸩死,见葬于楚州南门外蓼儿洼高原之上。兄弟如不弃旧,可到坟前看望一遭。'因此小弟掷了家间,不避驱驰,星夜到此。"吴用道:"我得异梦,亦是如此,与贤弟无异,因此而来看探坟所。今得贤弟知而到来在此,最好。吴某心中想念宋公明恩义难报,交情难舍,正欲就此处自缢一死,魂魄与仁兄同聚一处,以表忠义之心。"花荣道:"军师既有此心,小弟便当随之,亦与仁兄同尽忠义。"似此真乃死生契合者也。有诗为证:

红蓼洼中客梦长,花荣吴用苦悲伤。
一腔义烈原相契,封树高悬两命亡。

吴用道:"我指望贤弟看见我死之后,葬我于此。你如何也行此义?"花荣道:"小弟寻思宋兄长仁义难舍,恩

批注

念难忘。我等在梁山泊时,已是大罪之人,幸然不死。累累相战,亦为好汉。感得天子赦罪招安,北讨南征,建立功勋。今已姓扬名显,天下皆闻。朝廷既已生疑,必然来寻风流罪过。倘若被他奸谋所施,误受刑戮,那时悔之无及。如今随仁兄同死与黄泉,也留得个清名于世,尸必归坟矣。"吴用道:"贤弟,你听我说。我已单身,又无家眷,死却何妨。你今见有幼子娇妻,使其何依?"花荣道:"此事不妨,自有囊箧,足以餬口。妻室之家,亦自有人料理。"两个大哭一场,双双悬于树上,自缢而死。船上从人,久等不见本官出来,都到坟前看时,只见吴用、花荣自缢身死。慌忙报与本州官僚,置备棺椁,葬于蓼儿洼宋江墓侧。宛然东西四丘。楚州百姓感念宋江仁德,忠义两全,建立祠堂,四时享祭。里人祈祷,无不感应。

且不说宋江在蓼儿洼,累累显灵,所求立应。却说道君皇帝在东京内院,自从赐御酒与宋江之后,圣意累累设疑。又不知宋江消息,常只挂念于怀。每日被高俅、杨戬议论奢华受用所惑,只要闭塞贤路,谋害忠良。忽然一日,上皇在内宫闲玩,猛然思想起李师师,就从地道中,和两个小黄门,径来到他后园中,拽动铃索。李师师慌忙迎接圣驾,到于卧房内坐定。上皇便叫前后关闭了门户。李师师盛妆向前,起居已罢。天子道:"寡人近感微疾,见今神医安道全看治。有数十日不曾来与爱卿相会,思慕之甚。今一见卿,朕怀不胜悦乐。"有诗为证:

不见芳卿十日余,朕心眷恋又踟蹰。
今宵得遂风流兴,美满恩情锦不如。

李师师奏道:"深蒙陛下眷爱之心,贱人愧感莫尽。"房内铺设酒肴,与上皇饮酌取乐。才饮过数杯,只见上皇

第一百回 宋公明神聚蓼儿洼 徽宗帝梦游梁山泊

神思困倦，点的灯烛荧煌，忽然就房里起一阵冷风。上皇见个穿黄衫的立在面前。上皇惊起，问道："你是甚人，直来到这里？"那穿黄衫的人奏道："臣乃是梁山泊宋江部下神行太保戴宗。"上皇道："你缘何到此？"戴宗奏曰："臣兄宋江，只在左右，启请陛下车驾同行。"上皇曰："轻屈寡人车驾何往？"戴宗道："自有清秀好去处，请陛下游玩。"上皇听罢此语，便起身随戴宗出得后院来，见马车足备。戴宗请上皇乘马而行，但见如云似雾，耳闻风雨之声，到一个去处。则见：

漫漫烟水，隐隐云山。不观日月光明，只见水天一色。红瑟瑟满目蓼花，绿依依一洲芦叶。双双鸂鶒，游戏在沙渚矶头；对对鸳鸯，睡宿在败荷汀畔。林峦霜叶，纷纷万片火龙鳞；堤岸露花，簇簇千双金兽眼。淡月疏星长夜景，凉风冷露九秋天。

当下上皇在马上，观之不足，问戴宗道："此是何处，屈寡人到此？"戴宗指着山上关路道："请陛下行去，到彼便知。"上皇纵马登山，行过三重关道。至第三座关前，见有百余人俯伏在地，尽是披袍挂铠，戎装革带，金盔金甲之将。上皇大惊，连问道：卿等皆是何人？"只见为头一个，凤翅金盔，锦袍金甲，向前奏道："臣乃梁山泊宋江是也。"上皇曰："寡人已教卿在楚州为安抚使，却缘何在此？"宋江奏道："臣等谨请陛下到忠义堂上，容臣细诉衷曲枉死之冤。"上皇到忠义堂前下马，上堂坐定。看堂下时，烟雾中拜伏着许多人。上皇犹豫不定。只见为首的宋江，上阶跪膝，向前垂泪启奏。上皇道："卿何故泪下？"宋江奏道："臣等虽曾抗拒天兵，素秉忠义，并无分毫异心。自从奉陛下敕命招安之后，北退辽兵，东擒方腊，弟

批注

兄手足，十损其八。臣蒙陛下命守楚州，到任已来，与军民水米无交，天地共知臣心。陛下赐以药酒，与臣服吃。臣死无憾，但恐李逵怀恨，辄起异心。臣特令人去润州，唤李逵到来，亲与药酒鸩死。吴用、花荣亦为忠义而来，在臣冢上，俱皆自缢而亡。臣等四人，同葬于楚州南门外蓼儿洼。里人怜悯，建立祠堂于墓前。今臣等与众已亡者，阴魂不散，俱聚于此，伸告陛下，诉平生衷曲，始终无异。乞陛下圣鉴。"上皇听了，大惊曰："寡人亲差天使，亲赐黄封御酒，不知是何人换了药酒赐卿？"宋江奏道："陛下可问来使，便知奸弊所出也。"上皇看见三关寨栅雄壮，惨然问曰："此是何所，卿等聚会于此？"宋江奏曰："此是臣等旧日聚义梁山泊也。"上皇又曰："卿等已死，当往受生于阳世，何故相聚于此？"宋江奏道："天帝哀怜臣等忠义，蒙玉帝符牒敕命，封为梁山泊都土地。因到乡中为神，众将已会于此。有屈难伸，特令戴宗屈万乘之主，亲临水泊，恳告平日之衷曲。"上皇曰："卿等何不诣九重深苑，显告寡人？"宋江奏道："臣乃幽阴魂魄，怎得到凤阙龙楼。今者陛下出离宫禁，屈邀至此。"上皇曰："寡人久坐，可以观玩否？"宋江等再拜谢恩。上皇下堂，回首观看堂上牌额，大书"忠义堂"三字。上皇点头下阶。忽见宋江背后转过李逵，手搦双斧，厉声高叫道："皇帝，皇帝！你怎地听信四个贼臣挑拨，屈坏了我们性命？今日既见，正好报仇！"黑旋风说罢，抡起双斧，径奔上皇。天子吃这一惊，撒然觉来，乃是南柯一梦。浑身冷汗，闪开双眼，见灯烛荧煌，李师师犹然未寝。有诗为证：

偶入青楼访爱卿，梦经水浒见豪英。
无穷冤抑当阶诉，身后何人报不平。

第一百回　宋公明神聚蓼儿洼　徽宗帝梦游梁山泊

上皇问曰："寡人恰才何处去来？"李师师奏道："陛下适间伏枕而卧。"上皇却把梦中神异之事，对李师师一一说知。李师师又奏曰："凡人正直者，必然为神也。莫非宋江端的已死，是他故显神灵托梦与陛下？"上皇曰："寡人来日，必当举问此事。若是如果真实，必须与他建立庙宇，敕封烈侯。"李师师奏曰："若圣上如此加封，显陛下不负功臣之德。"上皇当夜嗟叹不已。

次日早朝，传圣旨会群臣于偏殿。当有蔡京、童贯、高俅、杨戬朝罢，虑恐圣上问宋江之事，已出宫去了。只有宿太尉等近上大臣，在彼侍侧。上皇便问宿元景曰："卿知楚州安抚宋江消息否？"宿太尉奏道："臣虽一向不知宋安抚消息，臣昨夜得一异梦，甚是奇怪。"上皇曰："卿得异梦，可奏与寡人知道。"宿太尉奏曰："臣梦见宋江亲到私宅，戎装惯带，顶盔挂甲，见臣诉说陛下以药酒见赐而亡。楚人怜其忠义，葬于本州南门外蓼儿洼内，建立祠堂，四时享祭。"上皇听罢，摇着头道："此诚异事！与朕梦一般。"又分付宿元景道："卿可使心腹之人，往楚州体察此事有无，急来回报。"宿太尉是日领了圣旨，自出宫禁，归到私宅，便差心腹之人，前去楚州打听宋江消息，不在话下。

次日，上皇驾坐文德殿，见高俅、杨戬在侧。圣旨问道："汝等省院近日知楚州宋江消息否？"二人不敢启奏，各言不知。上皇展转心疑，龙体不乐。

且说宿太尉干人，已到楚州打探回来，备说宋江蒙御赐饮药酒而死。已丧之后，楚人感其忠义，今葬于楚州蓼儿洼高原之上。更有吴用、花荣、李逵三人，一处埋葬。百姓哀怜，盖造祠堂于墓前。春秋祭赛，虔诚奉事，士庶

批注

　　祈祷，极有灵验。宿太尉听了，慌忙引领干人入内，备将此事面奏天子。上皇见说，不胜伤感。次日早朝，天子大怒，当百官前，责骂高俅、杨戬："败国奸臣，坏寡人天下！"二人俯伏在地，叩头谢罪。蔡京、童贯亦向前奏道："人之生死，皆由注定。省院未有来文，不敢妄奏，其实不知。昨夜楚州才有申文到院，目今臣等正欲启奏圣上，正待取问此事。"上皇终被四贼曲为掩饰，不加其罪。当即喝退高俅、杨戬，便教追要原赍御酒使臣。不期天使自离楚州回还，已死于路。

　　宿太尉次日见上皇于偏殿驾坐，再以宋江忠义为神，显灵士庶之事，奏闻天子。上皇准宣宋江亲弟宋清，承袭宋江名爵。不期宋清已感风疾在身，不能为官。上表辞谢，只愿郓城为农。上皇怜其孝道，赐钱十万贯，田三千亩，以赡其家。待有子嗣，朝廷录用。后来宋清生一子宋安平，应过科举，官至秘书学士。这是后话。

　　再说上皇具宿太尉所奏，亲书圣旨，敕封宋江为忠烈义济灵应侯，仍敕赐钱，于梁山泊起盖庙宇，大建祠堂，妆塑宋江等殁于王事诸多将佐神像。敕赐殿宇牌额，御笔亲书"靖忠之庙"。济州奉敕，于梁山泊起造庙宇。但见：

　　金钉朱户，玉柱银门，画栋雕梁，朱檐碧瓦。绿栏干低应轩窗，绣帘幕高悬宝槛。五间大殿，中悬敕额金书；两庑长廊，采画出朝入相。绿槐影里，灵星门高接青云；翠柳阴中，靖忠庙直侵霄汉。黄金殿上，塑宋公明等三十六员天罡正将；两廊之内，列朱武为头七十二座地煞将军。门前侍从狰狞，部下神兵勇猛。纸炉巧匠砌楼台，四季焚烧楮帛；桅竿高竖挂长幡，二社乡人祭赛。庶民恭敬正神祇，祀典朝参忠烈帝。万年香火享无穷，千载功勋标史记。

又有绝句一首，诗曰：

　　天罡尽已归天界，地煞还应入地中。

　　千古为神皆庙食，万年青史播英雄。

后来宋公明累累显灵，百姓四时享祭不绝。梁山泊内，祈风得风，祷雨得雨。又在楚州蓼儿洼，亦显灵验。彼处人民，重建大殿，添设两廊，奏请赐额。妆塑神像三十六员于正殿，两廊仍塑七十二将，侍从人众。楚人行此诚心，远近祈祷，无有不应。护国保民，受万万年香火。年年享祭，岁岁朝参。万民顶礼保安宁，士庶恭祈而赐福。至今古迹尚存。太史有唐律二首哀挽，诗曰：

　　莫把行藏怨老天，韩彭当日亦堪怜。

　　一心征腊摧锋日，百战擒辽破敌年。

　　煞曜罡星今已矣，谗臣贼相尚依然。

　　早知鸩毒埋黄壤，学取鸱夷泛钓船。

　　生当庙食死封侯，男子平生志已酬。

　　铁马夜嘶山月暗，玄猿秋啸暮云稠。

　　不须出处求真迹，却喜忠良作话头。

　　千古蓼洼埋玉地，落花啼鸟总关愁。

本回我评论：

煮酒论英雄

施罗二公真是妙手，临了以梦结局，极有深意。见得从前种种都是说梦。不然，天下那有强盗生封侯而死庙食之理？只是借此以发泄不平耳。读者认真，便是痴人说梦。

——李卓吾

1. 你是否同意李卓吾认为施罗二公只是"说梦"？试查找相关史实，反驳李氏观点。

2. 水浒中的四大奸臣作恶多端，为何却屡屡逃脱惩罚，还能稳坐高位？作者这样安排是否合理？

水浒校场

1. 你如何看宋江死后显灵之事？如果不考虑时代和认识的局限性，你还能给出怎样的解读？查找有关传统文学作品中死后显灵的资料，做一下深入研究。

2.本回结尾处两首律诗各有深意，说说你的理解。

3.辩一辩：本回宋江饮毒酒而死，却怕李逵造反，把李逵也毒死了；吴用和花荣因宋江鬼魂托梦，来到宋江、李逵二人坟前拜祭，最后为全其"忠义"双双上吊而死。对此，你一定有很多话想说。

4.写一写：有人认为小说的结尾不好，仍然未脱"皇恩浩荡"的窠臼。请你改写一个水浒结局，并说说你的创作意图。

图书在版编目（CIP）数据

李老师的水浒课 / 李金财编著 . — 南京：南京大学出版社，2019.6
（领读经典 / 王召强主编）
ISBN 978-7-305-21859-0

Ⅰ.①李… Ⅱ.①李… Ⅲ.①阅读课—中学—教学参考资料 Ⅳ.① G634.333

中国版本图书馆 CIP 数据核字（2019）第 062958 号

出版发行	南京大学出版社
社　　址	南京市汉口路22号　邮　编 210093
出 版 人	金鑫荣

丛 书 名	领读经典
丛书主编	王召强
书　　名	李老师的水浒课
编　　著	李金财
策　　划	夏德元
责任编辑	纪玉媛　　　　编辑热线 025-83621412
封面设计	叶　茂
插图绘制	史建期

印　　刷	常州市武进第三印刷有限公司
开　　本	718×1000　1/16　印张 24.75　字数 329 千
版　　次	2019年6月第1版　2019年6月第1次印刷
ISBN 978-7-305-21859-0	
定　　价	58.00元

网　　址	http://www.njupco.com
官方微博	http://weibo.com/njupco
官方微信	njupress
销售热线	025-83594756

* 版权所有，侵权必究
* 凡购买南大版图书，如有印装质量问题，请与所购图书销售部门联系调换